Natalità, Mortalità e Demografia dell'Italia Medievale sulla Base dei Dati Archeologici

Fabio Giovannini

BAR International Series 950
2001

Published in 2019 by
BAR Publishing, Oxford

BAR International Series 950

Natalità, Mortalità e Demografia dell'Italia Medievale sulla Base dei Dati Archeologici

© Fabio Giovannini and the Publisher 2001

ISBN 9781841711775 paperback
ISBN 9781407352992 e-book

DOI https://doi.org/10.30861/9781841711775

A catalogue record for this book is available from the British Library

This book is available at www.barpublishing.com

BAR Publishing is the trading name of British Archaeological Reports (Oxford) Ltd.
British Archaeological Reports was first incorporated in 1974 to publish the BAR
Series, International and British. In 1992 Hadrian Books Ltd became part of the BAR
group. This volume was originally published by John and Erica Hedges in conjunction
with British Archaeological Reports (Oxford) Ltd / Hadrian Books Ltd, the Series
principal publisher, in 2001. This present volume is published by BAR Publishing,
2019.

BAR
PUBLISHING

BAR titles are available from:

BAR Publishing
122 Banbury Rd, Oxford, OX2 7BP, UK
EMAIL info@barpublishing.com
PHONE +44 (0)1865 310431
FAX +44 (0)1865 316916
www.barpublishing.com

INDICE

INTRODUZIONE

Tasso di natalità, indice di mortalità, numero di figli, accrescimento della popolazione, età di matrimonio, speranza di vita individuale, composizione delle famiglie, età di morte: questi sono i principali aspetti trattati in uno studio demografico. Purtroppo per l'età medievale abbiamo ereditato dalle fonti scritte (epigrafi, inventari, cronache) ben poche indicazioni su questi temi. Tuttavia gli ultimi decenni di scavi archeologici hanno portato in luce una documentazione sempre più consistente e lo sviluppo di letture "biologiche" dei dati di scavo: è forse possibile affrontare il tema della struttura demografica delle popolazioni italiane nel medioevo sulla base dei dati archeologici ?

È inutile nascondere i limiti metodologici e scientifici della paleodemografia; le uniche fonti documentali su cui essa si può basare sono costituite dai reperti scheletrici rinvenuti nei cimiteri. Come è noto, costumi funerari particolari, che escludano dalle necropoli parte dei bambini o, per esempio, i più poveri, porterebbero inevitabilmente a valutazioni statistiche errate; inoltre, a ciò bisogna aggiungere l'oggettiva difficoltà nell'individuazione di età posteriori ai 50-60 anni, come anche il sesso degli individui più giovani, attraverso normali analisi macroscopiche. Tenendo conto di queste difficoltà ci si potrebbe davvero domandare se sia realistico tentare un approccio demografico nei confronti delle popolazioni antiche.

Tuttavia questi ostacoli non possono impedirci di affrontare società scomparse o trasformate dal punto di vista demografico. Come potrebbe essere possibile conoscere la storia di queste comunità senza tener conto di aspetti fondamentali della loro vita quotidiana ? L'allevamento dei bambini, la vita sessuale, il modo in cui veniva vissuta la nascita di una figlia piuttosto che di un figlio, la condizione degli anziani, il tasso di accrescimento, la struttura per età della popolazione, la speranza di vita, il numero di parti che ogni donna doveva sopportare, la mortalità infantile, l'età di matrimonio... È possibile cercare di ricostruire questi secoli cancellando dall'orizzonte storico gli esseri umani che ne facevano parte ?

Non esiste alternativa: la discussione e la critica delle analisi antropologiche e archeologiche in genere è ad oggi uno dei pochi elementi in grado di permetterci di studiare la demografia delle società antiche. Si tratta di una necessità scientifica sempre più conclamata, soprattutto per il mondo del medioevo italiano. I dati di scavo, siano resti umani o altro, anche se in alcuni casi troppo carenti per tentare delle vere e proprie ricostruzioni, restano poi fondamentali per verificare ipotesi elaborate in campo storico: l'archeologia medievale forse non è ancora in grado di scrivere una "storia demografica", ma può essere l'unico mezzo per mettere alla prova le ricostruzioni finora tentate. Nel corso di questa ricerca si vedrà che i dati di scavo in effetti entrano in contraddizione e mettono spesso in discussione alcune ipotesi consolidate, e perfino il "sentire comune" di molti studiosi nei confronti del medioevo.

Alla domanda se ci si può fidare dei dati archeologici in campo demografico si è quindi costretti a dare una risposta positiva, fatte salve le necessarie valutazioni critiche e la contestualizzazione storica dei dati. Se poi sia possibile una vera e propria "demografia antica" che salvi il costume e i moduli della scienza demografica, va invece risposto negativamente; non esistono documentazioni del tutto attendibili, non esiste la possibilità di generare modelli demografici di riferimento affini o simili a quelli che è possibile costruire, per esempio, per l'Italia dal secolo XIV in poi. Ma qui vale l'interrogativo che ci si poneva poche righe fa: è possibile cancellare dalla storia di una popolazione i secoli "non documentati" ? Dal punto di vista strettamente storico-demografico molto probabilmente sì, dal punto di vista storico - è evidente - no.

Per questa ricerca vale lo stesso discorso. La discussione che qui si fa dei dati bioarcheologici non ha forse alcun valore puramente demografico, ma si spera lo abbia dal punto di vista storico sociale.

La necessità di tentare una lettura demografica della società medievale è quindi chiara dal punto di vista storico. Ma anche nel campo archeologico l'impatto della demografia non può più essere considerato marginale. Solo per citare due argomenti di cui gli archeologi medievisti italiani si sono occupati in modo approfondito - e su cui si sono divisi – come la ruralizzazione della società altomedievale e la continuità o discontinuità tra città romana e medievale, è impossibile evitare di connettere tali questioni al problema del ridimensionamento numerico della popolazione urbana e dei caratteri demografici del mondo rurale. Si tratta di interrogativi nascosti - per esempio - in un recente riepilogo di Chris Wickham sugli effetti in campo storico dei contributi dell'archeologia medievale in Italia negli ultimi 20 anni (1999).

Nella ricerca che qui si presenta, parlare di "Italia Medievale" è una pura necessità di sintesi: la frammentazione della penisola italiana in questo periodo sotto molti punti di vista (lingua, religione, cultura ed etnia) è ovvia per tutti i medievisti. Tuttavia nel corso della ricerca si vedrà come, al di là delle differenze, le popolazioni rurali ebbero costumi analoghi, sia dal punto di vista economico sociale che demografico: sebbene si tratti di comportamenti che riguardano in qualche caso anche aree poste al di là delle Alpi (la Francia meridionale, per esempio), appare sorprendente l'omogeneità di alcuni risultati di scavo.
I dati hanno indicato un modello demografico caratteristico di questi secoli, strettamente connesso con i costumi rurali e alimentari di queste comunità; la ricerca ha quindi tentato di mettere in evidenza il complesso di questi sistemi, cercando di delineare "segnali archeologici" che potessero rivelarne i principali aspetti. Resta da dimostrare il fatto che questi "segni archeologici" siano sempre validi per ricostruire i modelli seguiti da queste comunità; inoltre non si ha alcuna pretesa di aver sciolto i tanti dubbi che esistono sugli andamenti del popolamento durante il medioevo italiano. Sembra però emergere con tutta evidenza la necessità di fare sempre i conti con le analisi bioarcheologiche, e di discutere queste analisi tenendo conto dei dati ceramologici e faunistici rinvenuti copiosamente durante gli scavi. Solo in questo modo sembra possibile una lettura efficace della demografia della società medievale rispettosa delle specificità culturali di quegli anni, anche per evitare le semplificazioni che ancora caratterizzano tante ricostruzioni dei secoli tra VI e XII-XIII secolo.

Questa ricerca nasce da una tesi di specializzazione in archeologia medievale dell'università di Roma "La Sapienza" sulla natalità e la mortalità in età medievale e da una tesi di laurea in antichità medievali, sempre presso la stessa università, sull'alimentazione medievale in Italia. Oltre alle relatrici delle tesi, Professoressa Letizia Pani Ermini e Professoressa Giulia Barone, si vuole qui ringraziare l'Ufficio Beni Archeologici della Provincia Autonoma di Bolzano, nella persona del Dottor Lorenzo Dal Rì, per aver potuto effettuare analisi antropologiche specifiche. La traduzione in inglese dell'estratto è della dott.ssa Sharon Dunbar, quello in francese della dott.ssa Chiara Mercuri, che ringrazio per tutto.

Capitolo I. GLI ANDAMENTI DEMOGRAFICI DELL'ITALIA MEDIEVALE NELLE IPOTESI DEGLI STORICI

1. Natalità e mortalità in età premoderna

Sul numero degli abitanti dell'Italia prima che si svolgessero i primi censimenti di età moderna è possibile solo costruire ipotesi; tuttavia si può discutere dei numeri, ma gli andamenti sono largamente condivisi. I primi grandi lavori di demografia storica hanno visto la luce a partire dagli inizi del secolo XX, e sono stati poi rivisti e aggiornati. Il Beloch (1908) fu tra i primi a realizzare una affidabile ricostruzione del popolamento in Italia, e le sue ipotesi sono tuttora sostanzialmente condivise dalla gran parte degli studi. Poco dopo la metà del secolo Bennett (1954) formalizzò una serie di indicazioni sulla distribuzione della popolazione nella storia europea, seguendo – più o meno – le dinamiche ipotizzate dal Beloch per l'Italia: nelle tavole statistiche in fondo a questa ricerca si possono leggere tali ricostruzioni. A grandi linee si può affermare che tali ipotesi corrispondono alle idee che un qualsiasi antichista ha facilità ad immaginare: l'Italia – come gli altri paesi europei - emerge dall'età protostorica quasi disabitata e subisce un lento accrescimento che culmina con l'età romana imperiale; il tardo antico è un periodo di decremento demografico, mentre l'età altomedievale segna il punto più basso di popolamento in età storica; dall'età carolingia si segnala una certa ripresa che accelera dopo il Mille fino a culminare all'inizio del secolo XIV; alla metà del Trecento l'intera Europa è sconvolta dalla Peste Nera e l'Italia torna alla situazione pre-epidemica solo nel secolo XVI; un certo arresto si ha nel secolo XVII per poi giungere al boom demografico del XIX-XX secolo. Queste dinamiche non sono sempre valide per tutti gli altri paesi europei, come si vedrà nelle prossime pagine, ma restano generalmente condivise per quanto riguarda la penisola italiana; l'Italia di VI-VII secolo sarebbe quindi stato un territorio decisamente meno popolato rispetto a pochi secoli prima, ed il periodo medievale avrebbe segnato per la penisola una età di relativa stabilità demografica. Uno dei più importanti storici della demografia in Italia, il Bellettini (1973), così si esprime: *"la tendenza a lungo termine pone in luce, almeno per i primi quindici secoli dell'era cristiana, la mancanza di un reale e sistematico processo di espansione demografica (...) solo verso il 1500 la popolazione europea eguagliava appena le* dimensioni che essa aveva già raggiunto negli anni della massima potenza dell'impero romano (...) il meccanismo demografico che determina questi tipo di evoluzione dipende essenzialmente dagli aspetti particolari che assumono le manifestazioni della natalità e della mortalità"* (p. 493). Ecco, questo è il punto essenziale: la condizione demografica di una popolazione dipende essenzialmente dal ciclo della natalità (nei suoi diversi aspetti, quali età di matrimonio, nuzialità, fecondità) e della mortalità (infantile, da parto, generica). La natalità e la mortalità di una popolazione sono strettamente connesse ad una serie di condizioni socioeconomiche: come sosteneva Malthus (1798, discusso in Schofield 1987) la crescita della popolazione è in diretto rapporto con le risorse disponibili o che si è in grado di produrre in un dato territorio. Per Malthus i fenomeni di espansione demografica, così come le crisi e le stagnazioni delle popolazioni, sono guidati da uno specifico meccanismo economico; l'inevitabile – e talvolta irrefrenabile - aumento demografico è governato e gestito dall'intervento di "freni recessivi": malattie, fame e guerre. Tali freni costringerebbero i gruppi umani ad uno sviluppo popolazionistico sempre limitato alle risorse di cibo e spazio possibili; ogni tentativo di superare questo livello per così dire "naturale", provocherebbe l'innescarsi di uno di questi freni. I principali freni sarebbero costituiti da aumenti della mortalità e/o diminuzioni della fecondità (e della nuzialità) per motivi militari, di denutrizione, di epidemie. Sempre Malthus mise in evidenza come accanto al tasso di mortalità, esistesse un altro elemento di limitazione dell'accrescimento demografico: il tasso di natalità, in cui vanno compresi gli indici di fertilità coniugale, e la "limitazione prudenziale del matrimonio". Si deve quindi distinguere tra controllo "preventivo" - sulla fertilità - e controllo "positivo" - dato dalla mortalità infantile -. Le ipotesi di Malthus, che scriveva alla fine del secolo XVIII, cioè ai primordi della grande rivoluzione demografica che investì l'Europa occidentale a seguito dello sviluppo dell'industrializzazione, hanno subito alcune riletture e discussioni; una delle più significative, portata avanti da alcuni studiosi (Schofield 1987) sulla scorta dell'esperienza di alcuni paesi del secolo XIX, dove vi fu una enorme spinta demografica provocata dalla progressiva diminuzione della mortalità infantile, riguarda *"il valore della mortalità infantile come elemento di maggiore importanza nella limitazione della crescita demografica, almeno nelle società* *preindustriali*" (Schofield 1987, p. 81). Nelle società preindustriali dunque, l'alto indice di mortalità infantile – oltre al periodico scatenarsi di fame, guerre e pestilenze - era la causa principale del limitato accrescimento demografico. Sono queste le basi culturali attraverso le quali gli storici della demografia hanno a lungo interpretato aumenti, diminuzioni e stagnazioni delle popolazioni antiche. L'approccio storico demografico nei confronti delle società preindustriali ha riguardato – ovviamente – anche il tasso di natalità: "*le documentazioni disponibili e le ricerche compiute hanno consentito di accertare che per tutte le fasi storiche che precedono la rivoluzione demografica dei nostri tempi la dinamica della popolazione é stata normalmente caratterizzata da una natalità molto elevata, oscillante attorno ad un saggio annuo di circa il 40 per mille...*" (Bellettini 1973, p. 493). Il tasso di mortalità e la sua variazione sarebbe quindi il vero dato per una lettura del popolamento umano nelle età premoderne: la natalità è considerata un elemento fisso. Come si vedrà, una serie di dati archeologici e documentali mostrano come tale indicazione – soprattutto per l'Italia altomedievale – vada messa almeno in parte in discussione. Ma come si è giunti all'idea dell'esistenza di un tasso di natalità del 40 per 1000 ?

Questo tasso, definito "naturale" o "primitivo", sarebbe "*il dato costante in cui si manifesta il comportamento puramente istintuale delle popolazioni fino all'epoca contemporanea*" (Bellettini 1973, p. 518). Questo indice - secondo cui in un gruppo "premoderno" di 1000 persone nascevano 40 bambini ogni anno - non é astratto, tutt'altro: la documentazione disponibile, che per l'Italia inizia ad essere consistente soprattutto a partire dall'età napoleonica offre indici molto vicini a questo dato: nel triennio 1810-1812 l'indice di natalità nel "Regno Italico" (un'area dell'Italia del nord posta sotto controllo francese) era del 39,2 per 1000 abitanti. Tale indice rimase sostanzialmente invariato per l'intero secolo XIX se si pensa che fino al 1890 il tasso di natalità dell'unito Regno d'Italia oscillava ancora tra il 37 ed il 38 per 1000 abitanti (Bellettini 1973, p. 518). Tra l'altro i dati italiani – l'Italia è il tema centrale di questa ricerca – non sono affatto distanti (con alcuni ritardi e peculiarità rispetto ad altre società occidentali) da quelli di altri paesi europei. L'ipotesi di un tasso di natalità naturale del 40 per 1000 nasce quindi da studi storici basati su statistiche europee relative all'età moderna, ma anche da fonti bassomedievali.

Con buona logica, non essendo praticamente disponibili dati storici per le epoche precedenti, questo indice è stato considerato "naturale" per tutte le società preindustriali: "*possiamo chiamare "primitivo" o "naturale" il regime demografico durante i secoli che corrono dall'antichità classica fino alla rivoluzione industriale che si apre nella seconda metà del Settecento*" (Bellettini 1973, p. 491). Ma se il tasso di natalità – legato agli "istinti" fisiologici degli esseri umani – rimase nell'antichità sostanzialmente invariato, come spiegare le variazioni demografiche dei secoli passati ? I dati disponibili - dai dati catastali e di archivio dei secoli XIV-XVIII alle prime statistiche complesse di inizio XIX - hanno indotto a stabilire la netta supremazia della mortalità (come elemento variabile) rispetto alla natalità (elemento stabile). Sempre osservando i dati relativi all'Italia del XIX secolo, si pensi che alla già citata natalità del 39,2 per 1000 negli anni 1810-12, corrispondeva una mortalità generica del 39,1 per 1000: praticamente il numero di bambini che nasceva ogni anno serviva a mantenere stazionaria la popolazione. Il grande boom demografico dell'Italia ottocentesca e soprattutto di inizio secolo XX dipese quindi solo e soltanto dalla lenta flessione della mortalità infantile: essa scese dal 320 x 1000 del 1810-12, al 300 x 1000 già nel 1861-1870, fino al 230 per 1000 della fine del secolo, mentre la natalità, come si é ricordato, rimase pressoché stabile. Come scrive Massimo Livi Bacci (1987b, p. 109) "*una variazione anche piccola nel livello di mortalità, insieme a modelli stabili di fertilità e nuzialità, può determinare a lungo andare, una differenza significativa nei modelli di crescita demografica*". A questo punto appare chiaro come queste considerazioni siano state applicate su vasta scala allo studio della demografia antica: in età antica e medievale natalità e mortalità dovevano essere vicine al 40 per 1000, lo "standard" delle società preindustriali. Le crescite, le crisi e le stagnazioni demografiche che si susseguirono nelle varie epoche furono provocate - seguendo la legge di Malthus sui "freni recessivi" - da minimi mutamenti nei tassi di mortalità generale: quelli che sopravvivevano vivevano qualche anno più a lungo, facevano più figli, si sposavano prima. L'attenzione al popolamento in età antica è stata rivolta quindi quasi sempre alle variazioni dei tassi di mortalità: ed in particolare alla categoria di mortalità che é stata indicata universalmente come principale elemento di pressione o depressione demografica: come sintetizzato bene sempre dal Bellettini nel 1973 (p. 494) "*l'alta mortalità generale é soprattutto influenzata dal livello di mortalità infantile, che costituisce la più eloquente e drammatica testimonianza delle condizioni in cui vivevano le popolazioni del tempo"*. Studiosi di demografia e storici dell'antichità accettano così senza grandi problemi che la mortalità infantile, cioè il "controllo positivo" delle nascite, fosse il principale fattore di crescita o crisi delle popolazioni. Anche sui tassi di mortalità infantile l'esperienza dell'Europa moderna non consente dubbi: il già citato caso del Dipartimento del Reno (età napoleonica, area del bolognese), mostra una percentuale di mortalità tra 0 e 1 anno, ogni 100 nati vivi, del 33 % circa (Bellettini 1973); si possono fare molti altri esempi: a Mosca, nella metà del secolo XVIII, tale mortalità era del 334 per 1000 (Livi Bacci 1998, p. 158). Anche alcuni studi su sepolture di popolazioni antiche (citati in Macchiarelli, Passarello 1988, pp. 28-29) indicano mortalità infantili simili se non superiori (tra il 40 ed il 50 % per l'età 0-1). Va segnalato che esistono anche paesi dove – sempre per l'età moderna - la mortalità entro il 1° anno di vita appare meno grave: 165 per 1000 in Inghilterra, 191 per 1000 in Danimarca; ma nella Francia della seconda metà del XVIII secolo questa raggiungeva invece il 273 per 1000, ed a questa mortalità entro il 1° anno si accompagnava, tra il 1° ed il 5° anno di vita, un'altra strage (mortalità del 215 per 1000). A proposito di queste differenze tra paesi, si può osservare che l'indice inglese - più o meno dimezzato rispetto a quello francese – rispecchia la realtà di un paese che all'epoca era economicamente più sviluppato e molto meno popolato della Francia (Livi Bacci 1998, pp. 135-136 e p. 157). Molto spesso, insomma, su tre bambini che nascevano uno moriva entro il primo anno di vita. La flessione di questa spaventosa percentuale accompagnò – con grande lentezza – l'intero secolo e mezzo di espansione demografica italiana ed europea. La diminuzione del tasso di mortalità neonatale e della prima infanzia è considerato per tutto il mondo, per il periodo che va dalla metà del XIX secolo alla metà del secolo XX (ma per alcune aree del pianeta ancora oggi), il principale punto di riferimento per osservare il progresso economico, tecnico e sanitario di una società; il decremento di questo tipo di mortalità è in grado di spiegare il grande boom demografico di tante società avanzate e non. Come esempio statistico si può citare il caso (Arden Miller 1985 citato in Bar-Ilan 1990) della drastica diminuzione della mortalità infantile 0-1 anno negli Stati Uniti tra 1910 (124 per 1000) e 1940 (47 per

1000); nel 1979 negli Usa tale tasso era sceso al 13 per 1000. La ipotesi dei demografi sulla grande "transizione demografica" tra età premoderna ed età moderna non sono però sempre concordi (Livi Bacci 1998, pp. 58-60): c'è chi sottolinea l'importanza del declino della mortalità come punto di partenza della spirale di accrescimento demografico, chi invece evidenzia la presenza di risposte "regionali" alle spinte demografiche, sottolineando l'importanza dell'andamento economico, dell'emigrazione, dell'alimentazione e dell'inurbamento come elementi decisivi nel passaggio da "antico" a "nuovo" regime demografico. Ma su una cosa gli studiosi sono concordi: tra gli inizi del secolo XIX e il primo decennio del secolo XX in Europa si uscì (con diversi passaggi e gradienti) dall'antico regime demografico, basato su una alta o altissima natalità e un altrettanto alta mortalità, specialmente infantile; il nuovo regime che si instaurò molto recentemente in Occidente si basò invece su una bassa natalità e una bassa mortalità. Nell'antico regime demografico alcuni elementi in grado di influire sul tasso di natalità, come "l'età di matrimonio" o "il controllo delle nascite", sarebbero stati governati (Livi Bacci 1998, pp. 190-193) secondo i meccanismi repressivi malthusiani, cioè il primo con la limitazione o il posticipo del matrimonio, il secondo con l'abbandono dei bambini o addirittura, con l'infanticidio.

A partire dalle ipotesi demografiche qui rapidamente sintetizzate si sono sviluppate le ricostruzioni sulle popolazioni italiane del medioevo. Questo periodo storico viene considerato - ovviamente – come appartenente all'antico regime demografico: oltre ad essere caratterizzato da alti indici di natalità e di mortalità, soprattutto infantile, doveva basarsi su una precoce età di matrimonio, una disponibilità alimentare mediocre e la presenza di epidemie improvvise e violente: un regime naturale e istintivo governato dai tipici freni recessivi "malthusiani" (guerre, carestie e epidemie) che avrebbero provocato ulteriori e temporanei abbassamenti della natalità e aumenti della mortalità in grado di stabilizzare il pur lieve accrescimento della popolazione entro limiti sopportabili. Anche la diffusione della Peste Nera in Europa, colpevole della morte di un terzo dei suoi abitanti alla metà del secolo XIV, é sempre stata vista come parametro fondamentale di questo discorso sul riequilibrio demografico; è infatti opinione di molti studiosi (Braudel 1982, Abel 1976) che la diminuzione della pressione demografica provocata a seguito della diffusione della Peste Nera abbia provocato successivamente un generale miglioramento della disponibilità di cibo. Non esistendo consistenti fonti catastali o altri tipi di documentazioni per i secoli fino al XIII-XIV, la lettura dei secoli precedenti é stata giocoforza basata su queste consolidate idee.

2. Una consolidata immagine dell'Italia medievale

La condizione demografica dell'Europa e dell'Italia medievale é quasi sempre tratteggiata dagli storici con tinte fortemente drammatiche: *"uno dei dati più impressionanti, in tempo di vita normali, era la mortalità infantile* - scrive Maria Serena Mazzi (1978, pp. 42-43) - *(...) e dopo l'infanzia i tassi di mortalità più elevati, ovviamente, erano per la vecchiaia (...) e infine altre vittime preferite rispetto al resto della popolazione erano le donne, soprattutto nel terzo decennio di vita, poiché alle difficoltà generali dell'esistenza e della salute esse aggiungevano i rischi e il peso di gravidanze continue e molto numerose. Nascite di otto-dieci figli in tempi brevissimi, senza alcuna igiene della gravidanza e del parto rappresentavano una consuetudine..."*. Numerosi demografi (citati in Boswell 1991, p. 314) ritengono del tutto realistica una media di otto figli a coppia; ma ovviamente ne sopravvivevano molti meno. Le popolazioni dell'Europa medievale, strette tra carestie e sottoalimentazione, ignare di pratiche contraccettive ed esposte a miserevoli condizioni igieniche, avrebbero quindi avuto tassi di natalità estremamente alti. La mortalità, in special modo quella infantile, colpiva le famiglie senza pietà e disinnescava qualsiasi possibile aumento demografico: la speranza di vita molto bassa non consentiva di raggiungere una età elevata, decimando le classi anziane e colpendo soprattutto le donne in età fertile e le primipare attraverso frequenti decessi da parto. A favore di queste idee esiste una ricca documentazione sui secoli XIV e XV e soprattutto questa ipotesi parrebbe la sola in grado di spiegare l'andamento demografico stagnante dell'Italia medievale.

Riepilogando, il giudizio sulla condizione della natalità e della mortalità nel mondo medievale è il seguente: la precoce età di matrimonio (su cui si tornerà subito) e la grande ignoranza delle pratiche contraccettive da parte delle donne (e assoluta – secondo la Opitz (1990, pp. 357-362) - da parte dei maschi), provocavano un tasso di fecondità molto forte che poteva facilmente far raggiungere gli 8-10 figli a coppia. La precoce età di matrimonio, si è appena detto, è sicuramente documentata almeno per i centri toscani di Prato e Firenze della seconda metà del secolo XIV: nel 1371, delle ragazze di Prato che si sposavano, il 67 % l'aveva già fatto ancor prima d'aver compiuto 17 anni (Klapisch 1981, p. 175). Hajnal (1965) sostiene che il sistema matrimoniale basato sulle nozze precoci sarebbe stato diffuso con continuità in età antica e medievale (citato in Livi Bacci 1998, p. 145). I frequenti parti – oltre ad indebolire le donne e provocarne l'esposizione ad infezioni e complicanze, con susseguente alta mortalità femminile - erano "annullati" demograficamente da una altissima mortalità infantile. Come abbiamo visto nel paragrafo precedente questa equivalenza di natalità e mortalità è una delle poche spiegazioni esistenti per comprendere l'andamento demografico del continente europeo (e dell'Italia) in età medievale. Tornando infati alle ipotesi ricostruttive sulle popolazioni italiane ed europee di Beloch e Bennett come abbiamo accennato esse sono generalmente considerate ancora valide. In lavori più recenti (Livi Bacci 1998, p. 264) calcoli di questo tipo sono accettati solo se presi come punto di riferimento: per l'anno 1000 si accetta una possibilità d'errore del 50 %, per il 1500 un errore del 20 %, per il 1700 del 10 %; ma le dinamiche storico demografiche non sono poste in discussione. Queste ricostruzioni (che forse andrebbero messe in discussione più per la scansione cronologica che per gli andamenti quantitativi) ipotizzano che l'Italia altomedievale, presentatasi nel VII secolo con una popolazione di circa 4-4,5 milioni di persone (e quindi al suo minimo storico per questi due millenni) rimase fondamentalmente stabile fino al secolo XI (5-6 milioni di abitanti) per poi raddoppiare all'inizio del secolo XIV prima di venire ridimensionata dall'avvento della Peste Nera; quindi si deve parlare di stagnazione demografica in Italia tra fine VI secolo e fine XI secolo, tra l'altro nel quadro abbastanza simile del resto del continente europeo. Con lo sviluppo delle città mercantili, lo sfruttamento di nuovi territori agricoli disboscati, l'apertura di vie commerciali e il nuovo impulso all'urbanizzazione, nei secoli XII e XIII Italia ed Europa riuscirono finalmente a gestire con nuovi spazi fisici ed economici l'accrescimento demografico senza subire immediate conseguenze, ed il popolamento ebbe una accelerazione: il forte aumento demografico presto però congestionò la condizione alimentare e igienica delle città sin dall'inizio del secolo XIV rendendo ancor più devastante l'effetto del contagio pestilenziale del 1348. Con grande lentezza la popolazione italiana si sarebbe poi ripresa tornando solo alla metà del secolo XVI al numero precedente alla Peste Nera e crescendo da lì in poi con grande lentezza (e qualche arretramento, come alla metà del secolo XVII) fino ai limiti del grande boom tardottocentesco. L'arretramento del secolo XVII – che colpì vaste aree dell'Europa oltre all'Italia – fu dovuto a rilevanti crisi di sussistenza, eventi militari e scoppi di epidemie (Livi Bacci 1998, pp. 112-125). Commentando simili ricostruzioni del Medioevo italiano la Mazzi scriveva alla fine degli anni '70 (1978, p. 41) che *"se una popolazione non aumenta in maniera significativa, in presenza di tassi di natalità normali e in assenza di particolari fenomeni migratori, ciò é dovuto al prevalere di un'alta mortalità. E' quanto accadde, in maniera molto schematica all'Italia di questi secoli"*. Per far capire quanto questo discorso sulla stagnazione demografica dell'Italia altomedievale e medievale sia importante, basti riflettere su questo semplice calcolo esemplificativo: se una cittadina di 1000 abitanti ha un tasso di natalità annuo del 40 per 1000, un tasso di mortalità anche solo del 35 per 1000 (molto vicino quindi a quello di natalità) é in grado di far aumentare in pochi decenni la popolazione in modo molto sensibile. E' evidente che se la popolazione italiana rimase più o meno stazionaria per mezzo millennio, il tasso di mortalità doveva essere davvero molto alto; e siccome un tasso di mortalità così elevato implica un tasso di mortalità infantile estremamente forte, gli studiosi di storia sociale medievale ritengono che questi secoli fossero caratterizzati da una elevatissima mortalità infantile. Alcuni dati bassomedievali (Trexler 1973, citato da Mazzi 1978, p. 42), d'altra parte, rafforzano questa idea: su 100 neonati ammessi nell'Ospedale degli Innocenti di Firenze nell'anno 1445, ne erano morti il 26,2 % entro il 1° anno, il 39,3 % entro il 5°, il 44,3 % entro il 7°. Altri studiosi della Firenze degli anni tra il 1385 ed il 1430 (Herlihy, Klapisch-Zuber 1978) (Mazzi 1978, p. 43) hanno potuto documentare come il 40,6 % delle morti fosse ascrivibile a "decessi infantili". Anche nella Pistoia del 1427, la mortalità infantile é definita (Mazzi 1978, p. 43) *"impressionante"*. Storici del medioevo e demografi appaiono in questo del tutto concordi (Bellettini 1973, p. 494): *"I documenti che ci sono pervenuti dimostrano che normalmente un quarto dei nati moriva entro il 1° anno di vita; ma non di rado l'eliminazione raggiungeva e superava il terzo delle nascite, mentre la metà dei nati di una generazione non superava il 5° anno di età"*. L'idea di altissimi tassi di natalità e mortalità è sostenuta anche da importanti storici del medioevo come George Duby (1972, I, pp. 192-193), che parla di un tasso di mortalità (tra infantile e adulto) del 70 per 1000 annuo *"cioè molto più alto che in tutte le popolazioni, anche le più arretrate, che le statistiche moderne permettono di osservare"*; le sue osservazioni si basano però su documentazioni scritte d'area francosettentrionale e inglese relative ai secoli XIII e XIV. Come si è visto nel paragrafo precedente, anche i primi dati "italiani" segnalano la terribile percentuale di 33 bambini morti entro il 1° anno di vita su 100 nati vivi. Occorre inoltre aggiungere che una serie di dati provenienti da altre aree dell'Europa preindustriale segnalano simili percentuali (oscillanti appunto tra 25 e 35 % di morti entro il 1° anno di vita), e che la gran parte degli studiosi di demografia antica immaginano (Hopkins 1983, p. 225), sulla base sia di dati antropologici che di raccolte epigrafiche (MacDonnell 1913) (Sgarlata 1991), una mortalità entro il 1° anno di vita, per la Roma imperiale, del 28 % circa. Ma il discorso sulla mortalità infantile in età romana verrà ripreso nelle prossime pagine, visto che esistono anche valutazioni meno negative (Salmon 1974, pp. 97 sgg). Infine, per valutare il tasso di mortalità generale, all'impatto senza dubbio forte della mortalità infantile andava aggiunta la scarsa possibilità di raggiungere un'età molto avanzata: per le popolazioni altomedievali alcuni studi (Kruger, 1986 citato in Cipriano-Bechtle et al. 1996, p. 268) ipotizzano che gli ultrasessantenni non superassero di molto il 3 % del totale della popolazione. Un altro impatto, come si diceva, derivava anche dalla elevata mortalità da parto. Queste concause spiegherebbero, a fronte della forte natalità, lo scarso accrescimento demografico dei secoli medievali. Se poi, in certi anni, a questi fattori si aggiungevano guerre, carestie ed epidemie (e nel medioevo europeo queste furono senza dubbio presenti), ulteriori rialzi della mortalità rendevano del tutto nullo (se non deficitario) il più o meno accentuato surplus popolazionistico. In sintesi, in questo modo si spiegherebbe (senza addentrarsi nelle problematiche più direttamente storiche, ma sempre rimanendo nell'ambito specificatamente demografico) la secolare stagnazione dell'Italia medievale, peraltro coerente con quella di altri paesi dell'Europa occidentale. Bisogna aggiungere che tassi di natalità e mortalità molto elevati per questo periodo non sono messi in discussione neanche da chi ritiene che l'Italia altomedievale abbia goduto (almeno nel settentrione) di una buona condizione alimentare (De Robertis 1972) (Fumagalli 1976)

(Montanari 1979): le due dinamiche, sostengono con vari argomenti questi studiosi, scorrono su binari del tutto differenti. In realtà é un po' difficile che questi due andamenti siano assolutamente slegati, in un "regime antico": molti di questi autori, ipotizzando un buon livello nutritivo (carneo, in particolare) per la sola Italia del nord e limitandolo ai secoli tra VI e XI sono tuttavia costretti ad operare questa distinzione, visto che proprio dall'XI secolo - quando per loro sarebbero peggiorate le condizioni di nutrizione della popolazione - la crescita demografica si accentuerebbe. Anche le letture più ottimistiche sull'Italia altomedievale danno insomma per scontati tassi di natalità e mortalità "naturali". Da qualche anno, però, l'idea dell'età di matrimonio, del nubilato e del celibato, della nuzialità, della fecondità, della natalità, della mortalità infantile, della mortalità puerperale e della speranza di vita come elementi sostanzialmente fissi nel mondo preindustriale é stata messa progressivamente in discussione da molti demografi, ma soprattutto per l'età moderna: Schofield (1981) considera molto più importante il tasso di fertilità coniugale rispetto alla mortalità; inoltre anche diversi modelli demografici d'età moderna sono meno statici di quel che appare, come dimostrato dal lavoro di Massimo Livi Bacci (1998). Ciò nonostante, anche i più recenti tentativi di ricostruire gli andamenti demografici e la storia della popolazione in Italia nell'età altomedievale e medievale ripropongono in maniera acritica i consolidati stereotipi catastrofisti che caratterizzano l'immagine del medioevo presso alcuni studiosi (Pinto in Del Panta et al 1996). Verso molti aspetti della società medievale, e in particolare verso quella italiana, si resta quindi spesso ancora legati a ipotesi e teorie consolidate; e una delle principali cause di questa mancata rilettura della realtà medievale è la carente documentazione scritta utilizzabile dai demografi. Proprio per questo motivo i dati provenienti dai sepolcreti altomedievali e medievali possono essere utili; ma é un po' tutto l'insieme dei dati archeologici che può costituire una risorsa, e in particolare anche gli studi sulle funzioni delle ceramiche e le analisi dei resti faunistici. Perché - come si vedrà nei capitoli successivi - nuove indicazioni e ipotesi arriveranno proprio dal campo dell'alimentazione umana; quella dei bambini, certo, ma soprattutto quella delle madri, delle ragazze dell'Italia medievale.

Proprio sulle analisi bioarcheologiche si basa la rilettura dei tassi di natalità e di mortalità dell'Italia medievale che qui si propone. Antropologi e archeologi stanno infatti offrendo alla ricostruzione demografica un numero sempre più ampio di analisi di sepolcreti e di studi biologici di popolazioni antiche. E' però spesso necessario discutere a fondo questi dati, anche perché in alcuni commenti di questi studiosi traspare un approccio verso la società medievale ancora legato alle idee di cui si è appena detto: "*l'alta mortalità infantile é legata senza dubbio all'alta natalità; ma, in generale, la vita e la sopravvivenza in epoca medievale erano in stretto rapporto alle oscillazioni della produzione agricola, mentre le condizioni igieniche delle popolazioni erano generalmente precarie (Bellettini 1987); all'assenza di qualsiasi difesa sanitaria (dovuta sia alla mancanza di cognizioni mediche che alle misere condizioni di vita, di lavoro, di alimentazione e di abitazione), faceva inevitabilmente seguito la diffusione di una serie di malattie (principalmente infettive) che in forma epidemica, e a volte pandemica, si sviluppavano pressoché periodicamente (Mazzi 1978)*" (Ronco 1990, p. 248). E' chiaro come anche nelle relazioni bioarcheologiche sui sepolcreti queste idee spesso non vengano messe in discussione (talvolta giustamente, in altri casi no). Per esempio, quando in un cimitero viene riscontrata una scarsa presenza di neonati, spesso si ipotizza (Manzi et al. 1995, p. 260) che "*la porzione degli individui riferibili al primo anno di vita, con una frequenza dell'8,6 % rispetto al campione subadulto (3,1 % sul totale) appare (...) scarsamente rappresentata, in quanto l'attesa teorica per la classe di età 0-1 anni in un campione di questa numerosità supera i 30 individui...*"; insomma, per fare un esempio, nel cimitero de La Selvicciola, rinvenendo su quasi 100 individui solo 3 bambini di età inferiore ad 1 anno (pari all'8,6 % del gruppo tra 0 e 15 anni), ci si pone il dubbio (in questo caso ragionevole) se questa percentuale sia realistica, e si pensa che non lo sia perché esiste una vasta letteratura scientifica che considera valida, per quella età, una "attesa teorica" del 30 %. Questa attesa teorica è quindi talmente condivisa da poter influenzare perfino antropologi e archeologi. Prima di affrontare la discussione dei metodi e dei dati archeologici che ci possono permettere – finalmente – di verificarla attraverso la sperimentazione, è quindi opportuno metterla in luce, dalle diverse angolazioni e valutando tutte le sue conseguenze demografiche. Oltre alla letteratura demografica e statistica – di cui s'è detto già abbastanza - l'idea che una gran parte dei bambini morisse entro il 1° anno di vita deriva anche da altre considerazioni, soprattutto di natura medica e fisiologica: tra la nascita ed il primo compleanno si situa *"l'età più vulnerabile"* (Livi Bacci 1987a, p. 102). Inoltre, come si é potuto osservare nei secoli passati e per alcune aree del mondo purtroppo tuttora, *"più di tre quarti della mortalità del primo anno si concentrava nei primi 6 mesi di vita"* (Livi Bacci 1987a, p. 107). E' vero che possono esistere consistenti differenze nei tassi di mortalità infantile da regione a regione: nel secolo XVIII, per esempio, la mortalità infantile in Toscana risultava del 200 per 1000, mentre quella del Veneto si aggirava intorno al 300 per 1000 (Livi Bacci 1987a, p. 112); ma la si ipotizza comunque sempre alta e – soprattutto - quasi sempre condensata entro i primi sei mesi; e questo anche perché in caso di morte del neonato entro i primi sei mesi di vita tale episodio non avrebbe influito sul tasso di natalità; un neonato morto a questa età non rallentava infatti il ciclo della fecondità femminile, consentendo un rapido ritorno alla fertilità e quindi un nuovo concepimento. In effetti una pur elevatissima mortalità entro il 1° anno di vita ha un forte effetto sulla mortalità ma non sulla natalità, che resta molto alta grazie al rapido recupero della fertilità da parte della donna. Al contrario, un bambino che moriva dopo aver raggiunto la soglia dello svezzamento (1-2 anni), tenendo conto che l'allattamento diminuisce la fertilità femminile (per il fenomeno dell'amenorrea post parto, su cui torneremo abbondantemente), può avere - soprattutto se l'allattamento é molto prolungato - effetti considerevoli sulla fertilità della donna e quindi diminuire di fatto la natalità. Se però l'alta mortalità infantile non avesse un corrispettivo nell'alta natalità, il modello demografico medievale risulterebbe differente da quello "preindustriale" e non si sarebbe più in grado di spiegare la stagnazione demografica tra VI e XI secolo. L'attesa teorica di una altissima mortalità infantile entro i primi sei mesi è quindi sostegno fondamentale di una teoria, logica quanto si vuole, ma pur sempre ipotetica. Non metterla mai in discussione vuol dire di fatto impedirne qualsiasi verifica sperimentale, né per provarla né per contraddirla. Prima di affrontare questa verifica archeologica, è forse opportuno sintetizzare i punti fondamentali su cui si articolano le attuali ipotesi sul modello demografico dell'Italia medievale; Secondo le attuali ipotesi era un sistema:

1. ad alta natalità:

a) perché le ragazze si sposavano molto presto, come in tutte le società arcaiche e rurali, e la loro prima gravidanza era quindi precoce.

b) poiché non esistevano o si conoscevano metodi contraccettivi affidabili.

c) perché, quando il bambino moriva, ciò accadeva spesso entro i 6-8 mesi di età, per cui nel giro di poco tempo la donna poteva restare nuovamente incinta.

d) per una serie di motivi culturali (scarsa diffusione del nubilato, funzione sociale femminile legata alla maternità, necessità - per il lavoro dei campi - di famiglie numerose e allargate).

2. ad alta mortalità:

a) poiché la mortalità infantile uccideva un terzo dei bambini entro il 1° anno e – comunque - una metà entro il 5°, sia a causa delle infezioni che per carenze alimentari.

b) poiché molte ragazze morivano di parto, per la frequenza delle gravidanze e per la giovane età a cui partorivano il primo bambino (oltre che per l'assenza di aiuto medico, ovviamente).

c) per le condizioni di vita (alimentare e igienica) che non facevano raggiungere in genere una età anziana (la speranza di vita alla nascita, oscillava tra i 20 ed i 25 anni).

d) A causa delle frequenti epidemie, dei periodi di carestia e degli eventi militari che falciavano ciclicamente la popolazione.

Esprimendosi in termini statistici, si ritiene quindi (Mazzi 1978, pp. 43-44) che la natalità fosse all'incirca del 40 per 1000 all'anno, la mortalità generale in periodo normale fosse (sempre all'anno) in media del 35 per 1000, e che quella "episodica" (carestie, guerre, epidemie) fosse all'incirca del 250-350 per 1000.

Esprimendosi in termini di grossolano modello demografico, potremmo dire che per esempio in una cittadina di 1000 abitanti nascevano ogni anno 40 bambini. Di questi sopravvivevano al primo compleanno all'incirca in 28. Intanto tra persone più anziane (dai 30 in poi, cioè oltre la speranza di vita alla nascita che s'aggirava intorno a quell'età), donne in travaglio, bambini tra i 6 e i 10 anni (età del primo lavoro) e maschi uccisi per altre cause morivano altre 25 persone. Potremmo ipotizzare questi 25 fossero almeno 10 bambini entro i 10 anni, 5 donne, 10 "anziani". Il villaggio, l'anno successivo poteva quindi arrivare a 1003 abitanti. Un incremento demografico lento, ma che sarebbe stato in grado di accrescere questa popolazione nel corso di qualche decennio in modo notevole, se almeno un paio di volte in un secolo non fosse intervenuta una crisi: senza pensare ad una peste o ad una guerra vera e propria, anche un contagio di tifo, di colera, una infezione provocata dall'inquinamento di un pozzo per l'acqua, il semplice passaggio di un esercito, o anche un paio di anni di cattivo raccolto potevano annullare tale lieve incremento di abitanti nella cittadina: divenuti in 50 anni all'incirca 1350 un paio di anni di mortalità intorno al 200 per 1000 (al di sotto a quella ipotizzata, per esempio, per contagi e distruzioni) avrebbe riportato gli abitanti più o meno al numero precedente: 1° anno di crisi : 1350+50-280=1120; 2° anno di crisi : 1120+45-233=932). Su questi aspetti ricostruttivi si tornerà in fondo al libro con una serie di simulazioni demografiche. Questo modello é, nella sua semplicità, molto logico (anche perché in effetti rispecchia - con tutti i distinguo e le diversità immaginabili - ciò che accadde per lunghi periodi tra XIV e XVIII secolo) e mostra come la più piccola variazione nell'indice di mortalità o di natalità era in grado di innescare - nel giro di qualche anno - un importante mutamento demografico. Anche applicato al medioevo un tale "modello" risulta certamente per molti versi efficace. Si basa però sulla supposizione che la natalità femminile fosse così forte, che le ragazze si sposassero presto, che facessero molti figli, che non li allattassero a lungo, che molti bambini morissero nei primi sei mesi della loro vita, che ne morissero altrettanti tra il 12° mese e i 7/10 anni, che molte donne morissero per complicazioni durante o subito dopo il parto, che ben pochi individui raggiungessero l'età anziana e che - soprattutto - le condizioni alimentari, igieniche e le conoscenze mediche o contraccettive fossero fondamentalmente assenti. Fu proprio così ?

Capitolo II. I DATI ARCHEOLOGICI. Parte A: FONTI E METODI

1. Caratteri e problemi delle fonti bioarcheologiche.

Abbiamo visto come la scarsezza di documentazione storica e di archivio utile alla ricostruzione demografica della società medievale rende particolarmente necessario cercare di interpretare e comprendere le indicazioni provenienti dagli studi archeologici. Lo studio dei sepolcreti altomedievali e medievali consente in molti casi di avvicinarci ad aspetti importanti della vita quotidiana delle popolazioni, come la dieta alimentare o la durata della vita, ma per una reale ricostruzione paleodemografica di realtà distanti e complesse dal punto di vista storico sarebbe necessario affidarsi a dati statisticamente certi; bisognerebbe avere a disposizione campioni numericamente e tipologicamente coerenti, provenienti da territori diversi ma secondo una distribuzione uniforme, o comunque logica. Il che, va detto subito, non è il caso dei sepolcreti medievali italiani. Si devono quindi utilizzare dati molto diversi tra loro, studiati da persone con approcci professionali anche molto lontani. Nonostante questi evidenti ostacoli, i dati bioarcheologici costituiscono un materiale molto utile per verificare teorie e ipotesi portate avanti da studiosi di demografia e storia sociale dell'antichità. Gli studi paleodemografici basati sui resti scheletrici hanno una tradizione consolidata (Pearson 1901-2) (Acsàdi, Nemeskéri 1970) (Ward, Weiss 1976) (Boucquet, Masset 1982) e sono tema di un dibattito metodologico ancora vivace: per limitarsi ai dati bioarcheologici i principali problemi sono stati classificati in tre importanti aspetti:

"A. Le distribuzioni per età alla morte delle popolazioni del passato tenderebbero a riflettere quelle delle popolazioni di riferimento sulle quali sono stati generati gli standards usualmente impiegati per le determinazioni stesse di età alla morte degli individui.

B. Le attuali metodiche elaborate per la determinazione dell'età alla morte del materiale scheletrico umano non consentirebbero ancora un'attribuzione sufficientemente attendibile dei soggetti di età maturo avanzata e senile, compromettendo conseguentemente i risultati globali delle analisi paleodemografiche.

C. Le frequenti variazioni riscontrate tra i modelli demografici di diversi gruppi umani del passato potrebbero, almeno in parte, essere il prodotto dell'applicazione di metodologie ancora imperfette e di variazioni stocastiche, piuttosto che il riflesso di reali differenze bio-culturali tra i gruppi stessi" (Macchiarelli, Passarello 1988, p. 6).

Come si è visto nel capitolo precedente, nel caso della demografia dell'Italia medievale, le ricostruzioni degli storici sono giocoforza basate sull'applicazione di categorie socio-culturali e indici matematici ricavati, per la gran parte, da dati scritti relativi all'Italia e l'Europa tra basso medioevo ed età moderna. Cercare di comprendere l'andamento demografico dell'Italia medievale vuol dire tentare di addentrarci in aspetti che hanno un legame strettissimo con la cultura, le idee, le condizioni di vita, il quotidiano e perfino l'intimo, di popolazioni che - soprattutto su questi temi - ci appaiono lontanissime e sconosciute. L'età di matrimonio delle ragazze, la presenza e la violenza delle infezioni, la speranza di vita, la mortalità dei bambini e degli adulti, la grandezza del nucleo familiare, la partecipazione degli anziani alla vita sociale e produttiva, la dieta alimentare e la diffusione di conoscenze contraccettive e mediche tra le popolazioni dell'Italia medievale, nonostante gli sforzi di molti studiosi, ci appaiono ancora per gran parte ignote. Per tutti questi motivi i pur limitati dati archeologici relativi ai cimiteri dell'Italia medievale vanno considerati una fonte di informazioni decisiva. Questa ricerca ha l'obiettivo di analizzare le indicazioni che scaturiscono da una serie di studi antropologici e paleopatologici su sepolcreti d'età medievale, e confrontarli e interpretarli alla luce delle problematiche storiche ed archeologiche che riguardano il tema della natalità, della fertilità femminile e della mortalità nel territorio italiano tra VI e XIV secolo.

L'analisi dei reperti osteologici umani, attraverso la lettura macroscopica e/o microscopica dei tessuti ossei e dei denti, consente una serie di studi interdipendenti ma autonomi, che sinteticamente è possibile raggruppare in cinque campi: antropometrico, paleopatologico, paleonutrizionale, demografico, genetico.

L'analisi antropometrica riguarda le misurazioni dello scheletro, secondo parametri e convenzioni stabilite sin dal secolo scorso dalla scienza antropologica. In questo modo si presentano dati coerenti universalmente confrontabili, e ciò consente in molti casi di stabilire connessioni con altri campioni di popolazioni (Martin, Saller, 1959). Stature, morfologie craniche, dentarie e ossee in genere possono avere significati etnici, alimentari, fisiologici. Uno scheletro umano può fornire indicazioni morfometriche, aiutarci a comprendere la storia biologica delle popolazioni (Borgognini Tarli, Giusti 1986), indicare il rapporto tra statura, morfologia craniale e – per esempio - alimentazione (Wurm 1990). I testi fondamentali di riferimento per la determinazione del sesso, dell'età e dei principali aspetti interpretativi di uno scheletro umano sono (o comunque sono citati) in: Acsadi e Nemeskery (1970), Brothwell (1981), Ubelaker (1984).

L'analisi paleopatologica consiste nella individuazione delle malattie che hanno lasciato traccia sull'apparato scheletrico e quello dentario: oltre che per la lotta contro malattie tuttora diffuse, é importante per lo studio delle popolazioni storiche; alcune patologie sono chiaramente connesse con l'attività lavorativa, la dieta alimentare, le condizioni di vita delle persone, e questo ha un indubbio impatto scientifico; si vedano, in questo campo gli studi di Gino Fornaciari e il testo di Capasso (1985). Di grande importanza è il campo della antropologia dentale (Hillson 1986).

L'analisi paleonutrizionale riguarda il complesso di esami mirante a definire la dieta adottata dall'individuo. In diversi casi é possibile stabilire quella di interi gruppi storicamente noti, e ciò consente utili indicazioni per la storia socio-economica e per quella agraria. Si avvale di tecniche (tra cui la spettroscopia ad assorbimento atomico) utilizzate dall'equipe di Gino Fornaciari (citato anche in Bartoli 1992).

L'analisi demografica riguarda i calcoli (statistici e non) che cercano di individuare - soprattutto nel caso di consistenti campioni popolazionistici - la struttura demografica (per età, per sesso, per speranza di vita) di gruppi umani presi in esame. I principali studiosi che si sono occupati di queste problematiche sono stati citati nelle pagine precedenti.

L'analisi genetica cerca di mettere in evidenza gli scambi di patrimonio genetico tra etnie differenti e di rilevare le caratteristiche fondamentali del patrimonio biologico delle popolazioni antiche. Per la discussione degli aspetti legati all'archeologia si veda un recente articolo di Hanni (1994).

E' evidente come ci si trovi di fronte a studi che hanno una base comune ma approcci molto differenti: provengono infatti da filoni scientifici diversi: biologico, medico, matematico. Le analisi di cui si può disporre sono così molto diversificate, e spesso gli studi sui sepolcreti non sono seccamente confrontabili fra loro. Ma anche se l'interpretazione di questi dati é difficoltosa, é tuttavia possibile discuterli tenendo conto delle specificità del sito, dell'epoca e della popolazione di cui si parla. Nella prima parte di questo capitolo si cercherà di illustrare sinteticamente i diversi dati di cui si dispone per l'Italia medievale e affrontare alcuni problemi di lettura, rimandando alla seconda parte la discussione dei risultati.

2. Dati provenienti da sepolture sincroniche.

Per alcuni rinvenimenti di scheletri umani ci troviamo di fronte non a vere e proprie necropoli, bensì a sepolture sincroniche di un numero più o meno alto di individui. Per l'epoca che ci interessa abbiamo due casi: si tratta di Castro dei Volsci (VI sec.) nel Lazio, analizzato da Rubini (1991) e di Venosa (VIII-X secc.) in Lucania, studiato da Macchiarelli e Salvadei (1989); a questi casi é possibile aggiungere, come confronto e stimolo, sepolture sincroniche d'età tardoantica e umanistica. Sia per Castro dei Volsci che per Venosa si può parlare di sepolture a seguito di epidemie, o comunque di episodi che provocarono la morte di molte persone più o meno contemporaneamente e che spinsero i superstiti a preparare grandi fosse comuni: lo si deduce dalle tracce archeologiche di un seppellimento affrettato e per il processo di decomposizione degli individui sepolti nelle fosse. I 48 individui rinvenuti a Venosa, un piccolo centro rurale della Basilicata (Italia meridionale), furono seppelliti simultaneamente in cinque fosse comuni adiacenti in un momento databile tra VIII e X secolo. A causa della strutturazione per età del campione gli studiosi hanno ipotizzato fossero stati colpiti da una epidemia di peste, di cui non é stato trovato riscontro diretto nelle fonti, anche se alcuni documenti mostrerebbero che dei contagi avrebbero interessato l'area venosana tra 746 e 1007. Tra i 48 sepolti non compare alcun bambino inferiore ai 5 anni, c'è una esagerata proporzione di maschi rispetto alle donne, così come la porzione di morti tra i 5 e i 25 é nettamente sovradimensionata, raggiungendo il 76 %. Questi due ultimi aspetti hanno fatto pensare, come si diceva, ad una epidemia pestilenziale, perché alcuni studi (Hollingsworth, Hollingsworth 1971) segnalano come i soggetti più esposti al rischio epidemico (per fattori socio-comportamentali, non biologici) fossero i soggetti in età di accrescimento e i maschi giovani-adulti. Ma si tratta di considerazioni – discutibili - che verranno riprese nelle prossime pagine. Castro dei Volsci, in provincia di Frosinone (Italia centrale), ha restituito agli studiosi 148 individui sepolti in alcune grandi fosse comuni. L'analisi del processo di decomposizione ha mostrato come si trattasse indubbiamente di una sepoltura sincronica. Il villaggio rurale di Castro dei Volsci fu quindi colpito da una epidemia che uccise una parte (non si sa quanto consistente) della popolazione, e ciò avvenne in una imprecisabile data del secolo VI. L'analisi antropologica condotta su una buona parte degli inumati (sono stati studiati 60 individui adulti, 30 maschi e 30 femmine) non ha permesso di individuare dalle ossa le cause della morte, visto che il contagio – ovviamente – aveva colpito i tessuti molli. Il fatto importante é che, nonostante un certo squilibrio nella sex ratio (i maschi sono all'incirca due terzi rispetto alle donne), le sepolture di Castro rispecchiano la situazione cristallizzata ai giorni immediatamente precedenti il mortale contagio: condizioni di vita, di salute, alimentare, presenza dei bambini e numero di anziani. Questo sepolcreto è una fonte di informazioni preziosa: con tutte le variabili del caso abbiamo indicazioni confrontabili con quelle dei rarissimi inventari di terre e case d'età carolingia e con i primi dati catastali dell'Italia bassomedievale e rinascimentale. Altri casi di sepolture sincroniche provengono, per epoche successive, dalla Toscana. Si tratta dei casi di Firenze (chiostro di Santa Maria all'Impruneta, sec. XIV, studiato dal Fornaciari (1980)) e di Pisa (sepoltura collettiva di bambini, databile alla metà-seconda metà del XV secolo, studiata da Mallegni et al, 1994)). Ma di questi due casi, trattandosi di sepolture di bambini, si parlerà in modo più approfondito quando si affronterà il problema delle sepolture infantili.

3. Dati provenienti da cimiteri
Alcuni dei sepolcreti rinvenuti rimasero in attività per diversi decenni e in alcuni casi per secoli. Ci troviamo quindi di fronte ad un dato demograficamente del tutto diverso da quello che si può ottenere dalle sepolture sincroniche: dai cimiteri non possiamo ricavare informazioni sulla struttura della popolazione per classi di età in un dato momento (quello in cui il villaggio fu colpito dal contagio, come a Castro e Venosa), ma ne abbiamo altre: il tasso di mortalità secondo l'età, secondo il sesso, e - in qualche fortunato caso, come ad Aosta - secondo lo scorrere dei secoli durante i quali il cimitero rimase in funzione. Così come per le sepolture sincroniche bisogna essere molto cauti nel valutare i caratteri del sito preso in esame; un sepolcreto va inquadrato non solo nell'ambito della storia, dell'economia e delle caratteristiche del territorio su cui insiste, ma ne va accertata la "validità" demografica, che si specchia nella verifica di almeno quattro parametri:

1) Sex ratio: se esista o no un equilibrio tra popolazione maschile e femminile
2) se siano presenti sia individui infantili che adulti
3) se le sepolture siano o meno orientate dal punto di vista socio-economico
4) se le sepolture siano basate su caratteri etnici
Il sepolcreto di S. Pietro di Cavallermaggiore, in provincia di Cuneo (Piemonte, Italia settentrionale) pubblicato da Ronco (1990) ha restituito 197 corpi di persone defunte tra il X e il XIII secolo. S. Pietro di Cavallermaggiore era all'epoca una chiesa pievana, e quindi, come segnalato dagli studiosi che hanno scavato il sito (Micheletto 1984), la necropoli fu usata soprattutto dalle persone umili che vivevano nel territorio rurale legato a questa chiesa. Mola di Monte Gelato in provincia di Viterbo, 35 chilometri a nord di Roma (Italia centrale), ha restituito 79 corpi; gli archeologi hanno messo in guardia sul fatto che molte di queste sepolture provengono da un'area prossima ad un battistero (Conheeney 1990, p, 478); attorno a questi edifici - sin dall'età tardoantica, per motivi eminentemente religiosi - si raccoglievano spesso le sepolture infantili. Pur tenendo conto di questo fattore, il dato di Mola é molto importante perché relativo da un centro rurale probabilmente legato ad una domusculta pontificia; le sepolture vanno datate tra VIII e XII secolo. La necropoli de La Selvicciola, in provincia di Viterbo (Italia centrale), ha permesso agli antropologi (Manzi et al, 1995) di determinare età e sesso di 96 individui appartenenti - per il corredo funerario rinvenuto – a etnia o cultura longobarda; il cimitero é datato dagli archeologi al VII secolo d.C. E' molto importante che sia stata possibile tale individuazione etnica, visto che per le popolazioni germaniche sono possibili una serie di confronti sia con sepolcreti posti fuori dall'Italia che con altre necropoli italiane. Il problema della presenza e dei caratteri originali (dal punto di vista sia della dieta che della natalità e mortalità) delle popolazioni germaniche rispetto a quelle italiche é centrale, soprattutto per i primi secoli della loro presenza nella penisola. Il dato della Selvicciola può essere messo a confronto con altri dati osteologici "germanici" (o germanico-romani) provenienti da Brescia (Kiszely 1969), Testona (Torino) (Kiszely, Scaglioni 1969), Villanova di Farra (Gorizia) (Bedini 1988), Castel Trosino (Kiszely 1971), Collecchio (Parma) (Brasili Gualandi, Calanchi 1989): tutti relativi ad insediamenti dell'Italia settentrionale. La necropoli di Aosta (Mont Blanc) pubblicata da Corrain e Capitanio (1988) é uno dei più importanti dati attualmente disponibili: nella

necropoli sono state rinvenuti individui deposti nell'arco di diversi secoli, dal II all' VIII d.C. Particolarmente importante é che sia stato possibile dividere le sepolture secondo la cronologia di deposizione: 61 individui risalgono al II-IV secolo, 62 al IV-V, 48 al VI-VII e 83 ai secoli VII-VIII. La necropoli, posta appena fuori Porta Decumana, illustra quindi molto bene le classi di età di morte, la mortalità infantile, le condizioni alimentari e sanitarie della popolazione urbana di Aosta tra età imperiale e secolo VIII. Esistono molte altre necropoli studiate ma che pongono dei problemi di cronologia, di esiguità numerica o - semplicemente - di disponibilità dei risultati delle analisi antropologiche; spesso offrono informazioni spurie e parziali forse poco utilizzabili in ambito paleodemografico, ma che paiono comunque rilevanti per la comprensione della condizione di vita sociale di queste comunità; sono state quindi prese anch'esse in esame per questa ricerca. Dalla vasta necropoli sarda di Cornus, in provincia di Oristano (Sardegna), scavata da Letizia Pani Ermini (1986), proviene un piccolo gruppo di scheletri su cui é stato realizzato un approfondito studio paleopatologico e paleonutrizionale (Fornaciari, Mallegni 1986). Per quanto il campione sia limitato a soli 8 individui presenta dati scientificamente molto utili anche per la comprensione delle dinamiche riproduttive. San Michele a Trino, in provincia di Vercelli, in Italia settentrionale (Doro Garetto 1991) é stato oggetto di vaste campagne di scavo che hanno restituito anche un cimitero utilizzato per un lungo arco di secoli, dal X al XVII; non è stato sempre possibile distinguere gli inumati secondo una cronologia precisa e questo impedisce una vera lettura demografica, tuttavia le indicazioni sono rilevanti soprattutto perché il villaggio cui si riferisce il cimitero ha restituito molto materiale faunistico e ceramologico (Ferro 1991). A Villaro del Ticineto, presso Alessandria (Italia settentrionale), é stata rinvenuta una necropoli posta nei pressi di una chiesa, databile al periodo tra tardo V secolo e inizio VII. La necropoli ha restituito circa 160 individui adulti, 11 bambini e 3 neonati (Negro Ponzi Pancini 1983). Appare evidente come per questo cimitero si debba parlare di sottorappresentazione degli individui infantili. Uno studio preliminare ha riguardato circa 110 inumati (Doro Garetto, Dardano 1983, p. 110) che sono stati trovati in discrete condizioni patologiche e nutrizionali, con stature abbastanza elevate. La necropoli di Paciuri, databile al VII-VIII secolo, posta in Calabria nella provincia di Cosenza (Italia

Meridionale) non é purtroppo mai stata pubblicata integralmente. Sugli inumati di Paciuri sono state però condotte analisi paleonutrizionali (Bartoli 1992) e studi delle patologie dentarie (Fornaciari, Brogi, Balducci 1984). Anche se non si possiedono dati demografici, quelli patologici e nutrizionali sono di estremo interesse, soprattutto per una realtà poco conosciuta e documentata come l'Italia meridionale in età altomedievale. Da una serie di scavi effettuati in Sicilia, Caliata presso Agrigento, Rocca d'Entella presso Palermo (ambedue studiati da Fabbri (1992)) e Castello San Pietro a Palermo (Di Salvo, Germanà 1992), provengono delle sepolture databili al secolo X-XII e relative ad individui di religione islamica (dal tipo di sepoltura: "corpo deposto in decubito laterale destro ed orientato in modo che il viso del defunto fosse rivolto verso La Mecca" (Fabbri 1992, p. 249)). Il numero di individui per ogni sito é purtroppo estremamente ridotto (13 a Castello s. Pietro, 10 a Caliata, una cinquantina (molti meno però sono quelli ben conservati) a Rocca d'Entella) e non consente considerazioni demografiche, anche se ha permesso approfondite analisi paleonutrizionali e paleopatologiche (Bartoli 1992). Per quanto il limite di questi campioni siciliani sia evidente, esiste la possibilità di avvalersi di confronti con sepolcreti tardoantichi della stessa isola, quale quello di S. Agata presso Piana degli albanesi (Greco, Mammina, Di Salvo 1991). Sacca di Goito, presso Mantova (Italia settentrionale) ha restituito 66 individui sepolti durante il secolo VII, con un orientamento est-ovest; questa area della Lombardia ha conosciuto durante questo periodo un forte stanziamento di popolazione longobarde (o altre popolazioni insediatesi in Italia al loro seguito). La popolazione di questo villaggio presso Mantova appare, anche dall'insieme delle evidenze archeologiche, una popolazione di contadini e allevatori di animali (Nencioni 1998). L'analisi, insieme ad alcune annotazioni paleodemografiche, é restata incentrata sulle condizioni paleopatologiche. Da Savona, sulla costa della Liguria (Italia settentrionale), provengono invece 48 individui - anch'essi sepolti con andamento est-ovest - datati però tra la seconda metà del secolo IV e il VII secolo. Il campione é piccolo, soprattutto se si tiene conto dell'arco cronologico che appare difficilmente leggibile; resta il fatto però che ancora nel secolo VII l'area ligure non era una zona a forte penetrazione germanica (se si eccettuano gli eventi bellici legati alle guerre greco-gotiche) ed era rimasta nell'area d'influenza politica bizantina.

Anche per Savona (Italia settentrionale) lo studio (Nencioni 1998) é limitato all'analisi paleopatologica e alla divisione per classi di età. Sempre da vicino Savona, da Noli, provengono alcuni altri dati (Nencioni 1998) relativi però ad un arco cronologico fin troppo vasto, cioè tra V e XIV secolo, che riguardano 36 individui. A Collecchio, in provincia di Parma, posto ai piedi di una collina presso il fiume Taro (Italia settentrionale), fu rinvenuto nel 1979 un cimitero di tombe alla cappuccina tutte con orientamento est-ovest, in cui erano inumati almeno 154 individui (Brasili Gualandi, Calanchi 1989). Le risultanze archeologiche hanno permesso di datare il cimitero al secolo VII, forse alla prima metà del secolo. La popolazione, studiata sia dal punto di vista paleodemografico (purtroppo senza distinguere all'interno della classe d'età infantile) che da quello dei caratteri morfologici, é stata assegnata - anche grazie alle evidenze archeologiche - alla etnia longobarda in un momento in cui *"union between lombards and autocthons was already being carried out"* (Brasili Gualandi, Calanchi 1989, p. 195). Di rilievo sono le analisi antropologiche condotte a più riprese da Istvan Kiszely, autore anche di un vasto censimento delle inumazioni longobarde in Pannonia ed in altre regioni dell'Europa centrale (1979). Il confronto tra questi ultimi - circa 650 sepolture - e quelli provenienti dall'Italia ha permesso interpretazioni molto innovative sui mutamenti (di alimentazione, morbilità e mortalità) subiti dai longobardi una volta che si stanziarono nella penisola. Cronologicamente posteriori ma entrambi significativi sono due sepolcreti posti presso notevoli complessi religiosi. La necropoli piemontese dell'Abbazia della Novalesa, (Italia settentrionale) dove sono stati trovati più di 500 individui sepolti in età bassomedievale (Grilletto 1989) ed il sepolcreto di San Lorenzo in Damaso a Roma (Italia centrale), dove sono stati studiati soprattutto dal punto di vista paleonutrizionale (Coppa, Cucina, Lucci, Vargiu 1993) circa 150 individui sepolti nella seconda metà del secolo XV. La discussione dell'insieme dei dati archeologici relativi all'Italia medievale – da cui si cercherà di ottenere le indicazioni demografiche che ci interessano – può avvalersi anche di alcuni dati storici e archeologici. Riguardo alle fonti scritte, sono disponibili fonti catastali e registri parrocchiali di città e aree rurali dal secolo XIV al XVIII, mentre per l'Inghilterra del secolo XVII-XVIII e, con l'epoca napoleonica, anche per il resto d'Europa, sono stati fatti diversi censimenti delle popolazioni.

Riguardo all'Italia, i dati più antichi e affidabili sono senz'altro quelli di ambito toscano, studiati a fondo in numerose occasioni, in particolare dalla Klapisch (1981). Per l'età altomedievale e medievale in genere le fonti storiche sono invece purtroppo molto scarse; tuttavia alcuni preziosi inventari di beni posseduti dai monasteri in età carolingia squarciano questo silenzio; anche in alcune cronache e in diverse fonti agiografiche si possono trovare notizie talvolta molto significative; ma su questi studi si tornerà più avanti in modo esauriente. Dal punto di vista archeologico, invece, gli studi sulle popolazioni germaniche e romanze sono numerosi per l'area francese e anglosassone: ma anche su questo – come sulla bibliografia antropologica relativa al mondo tardoantico e bizantino - si avrà nelle prossime pagine occasione di scendere nel dettaglio.

4. Il problema della sottorappresentazione degli individui infantili

Il problema della presenza di bambini e neonati nei cimiteri medievali è uno degli elementi più importanti per l'archeologia degli spazi sepolcrali. Sia i dati archeologici che i calcoli paleodemografici testimoniano che in diversi casi gli individui subadulti, o anche solo i neonati e gli infanti, non sono affatto presenti nelle aree sepolcrali o lo sono in numero estremamente limitato. In diverse occasioni sono stati rinvenuti luoghi di sepoltura di neonati e bambini, assolutamente distinti dalle aree cimiteriali dove erano sepolti gli adulti, ma in alcuni casi i bambini sono stati rinvenuti sepolti all'interno delle abitazioni, o in aree comunitarie particolari (esterni di abitazioni o luoghi di culto, per esempio). La ricaduta di tale selezione, sovrappresenza o assenza nei calcoli demografici – tenendo conto dell'importanza che si affida alla mortalità infantile nel modello demografico per le popolazioni premoderne – è enorme. Per questo il problema della rappresentazione degli individui infantili, in ambito metodologico, merita un approfondimento. Dal 1977 gli studiosi francesi Bocquet e Masset (1977) hanno introdotto in paleodemografia il calcolo di alcuni indici; i due studiosi considerano - giustamente – non solo difficile la determinazione dell'età di morte dopo i 15-16 anni di età, ma giudicano altamente inaffidabile il dato sulla presenza degli infanti negli ambiti cimiteriali. Come si è cercato di risolvere il problema ? *"grazie all'elaborazione di 40 tavole di mortalità relative a popolazioni di età storica (dal XVII al XX secolo) ad elevata mortalità infantile, sono state generate una serie di regressioni*" (Masset 1986 citato in Macchiarelli, Passarello 1988, p. 11); tali indici, ricavati ricavati da "correzioni" relative a popolazioni moderne, sono spesso accettati dagli studiosi. Va affermato con chiarezza che (si spera) la ricerca archeologica e bioarcheologica che qui si presenta – insieme ai dati ed agli studi di storia della società – impediscono nel modo più assoluto di applicare categorie culturali (e a maggior ragione statistiche) relative ad altri periodi storici alla condizione della società dell'Italia medievale.

E' innanzitutto opportuno ragionare sulle cause di questa sottorappresentazione, su cui si sono tentate molte spiegazioni; per alcuni studiosi, soprattutto francesi (Alduc-Le Bagousse 1994, pp. 159-164), l'assenza o la scarsità degli individui infantili nei sepolcreti si evidenzierebbe in modo particolare per le popolazioni altomedievali di etnia germanica. In verità esistono numerosi casi che mostrano come il fenomeno fosse diffuso anche tra popolazioni italiche o provinciali di età classica e tardoantica, e fosse presente anche in età rinascimentale.

Nei sepolcreti dell'Italia medievale é abbastanza frequente trovare sepolture infantili raggruppate per conto loro o sistemate nei dintorni del locale battistero; ma questo non può far dire che in età medievale i bambini fossero sistematicamente sepolti in aree apposite. Si tratta probabilmente di pratiche legate ad antichissimi fondamenti culturali, di cui si cerca da tempo, attraverso studi storici molto avanzati di delineare la diffusione e gli andamenti nel corso dei secoli. La diffusione di tali pratiche in ambito protostorico, tardoantico, germanico o rinascimentale rende problematica una risposta davvero definitiva su qualsiasi ipotesi. Anche perché, nonostante sia stata spesso enfatizzata, la sepoltura differenziata dei bambini non fu sempre seguita: esistono molti casi in cui – per varie epoche e diverse culture - neonati e infanti furono sepolti nei cimiteri insieme agli adulti, indipendentemente dall'età. Il problema pone comunque una serie di problemi archeologici, ed esercita un certo impatto sulla possibilità di organizzare ricostruzioni demografiche. Per l'Italia medievale è forse possibile ipotizzare un problema di organizzazione funeraria e cultura religiosa (il legame tra battesimo e infanzia, per esempio) più che disinteresse verso l'individuo infantile in quanto non facente parte a pieno diritto della comunità e di conseguenza non avente diritto ad una sepoltura nell'area collettiva, come s'immagina per alcune necropoli germaniche o slave: pare attestato – anche sulla base delle raccolte epigrafiche – un aumento della attenzione nei riti funebri verso la prima infanzia con l'avvento del cristianesimo in età tardoantica (Shaw 1995). Anche per l'aumento di sepolture infantili nei cimiteri francesi si è ipotizzato l'influsso della conversione al cristianesimo da parte delle popolazioni germaniche (Alduc-Le Bagousse 1984).

A questa selezione "culturale" va talvolta aggiunto il problema della maggiore deperibilità delle ossa infantili rispetto a quelle degli adulti: la scarsa mineralizzazione delle ossa infantili le rende più sensibili al degrado; talvolta possono restare - in casi rari ma documentati - solo frustoli ossei e germi dentari (Doro Garetto, Dardano 1983, p. 108): esistono quindi diverse cause per cui si ha una sottorappresentazione degli individui infantili. Però é altrettanto vero come questa sottorappresentazione per quanto risulti diffusa non lo é in modo uniforme, almeno in Italia (ma é così anche nei contesti anglosassoni (Huggett 1992)) mentre va considerato che tenendo conto che gli scavi archeologici sono in genere legati a strutture quali per esempio gli edifici abitativi o i battisteri, si ha in alcuni casi lo scavo di aree a più fitta presenza infantile, il che ha come conseguenza una sovrarappresentazione del campione infantile rispetto a quello adulto. Solo per fare qualche provocatorio esempio, quando si trovano sepolture infantili collettive o isolate nei commenti archeologici spesso si leggono analisi molto pessimiste sulla alta mortalità infantile, quando invece non si trovano nei cimiteri si pensa che non venissero quasi nemmeno sepolti; se infine si trovano nei cimiteri ma sono pochi si conclude che sono solo in parte seppelliti; insomma, la sottorappresentazione degli infanti nei sepolcreti spesso spinge a giudizi – a volte pregiudizi – sulla mentalità delle popolazioni medievali nei confronti dell'infanzia, legata ad una idea di una mortalità neonatale talmente alta da essere vissuta ideologicamente come una morte non paragonabile a quella degli adulti. Molto probabilmente, quando nei cimiteri non venivano seppelliti gli infanti, bisognerebbe cercare – forse anche poco distante – il cimitero dei bambini; se poi questo non esistesse ma, come per alcune culture, i neonati e i bambini venissero sepolti presso o sotto le abitazioni, che questa pratica sia un segno di disinteresse verso la componente infantile (o il segno di elevatissima mortalità) sarebbe molto da discutere. La morte infantile ha un particolare valore magico religioso, e la cultura rurale presta a queste pratiche una forte attenzione da sempre. Solo per fare un esempio, nel Lazio, a Lugnano in Teverina (Italia centrale) è stata trovata una sepoltura collettiva di bambini, databile alla metà del V secolo, molto probabilmente falciati dalla malaria (Soren, Soren 1999). Vuol dire che esisteva una altissima mortalità infantile ? Forse: possiamo ragionevolmente pensare che esisteva una alta mortalità infantile, ma non lo dimostra davvero una sepoltura collettiva di bambini... Ebbene, nonostante questi bambini fossero morti più o meno tutti insieme, la comunità – che dobbiamo presupporre cristiana – seppellì i bambini con dei cuccioli di cane, praticamente "sacrificati": una sorta di rito paganeggiante. Questo caso lo si vuole citare solo per dire quanto è difficile affrontare (e conoscere) la sensibilità di queste comunità verso i bambini ed i neonati, e quanto è pericoloso giungere a conclusioni affrettate partendo solo dal ritrovamento – o dall'assenza – di sepolture infantili. Sepolture tardoantiche anche di soli neonati sono attestate con una certa frequenza: solo per fare un esempio si veda il caso del sepolcreto di soli neonati a S. Zeno di Sottocorona presso Trento, Italia settentrionale, datato al IV-V secolo d.C. (Meneghello 1989).

Per quanto riguarda i campioni che é possibile utilizzare per l'epoca che ci interessa direttamente, é possibile segnalare sia casi di assenza o sottorappresentazione, sia casi di esagerata presenza. A Villaro del Ticineto, in provincia di Alessandria, una necropoli di fine V-VI secolo mostra la sostanziale assenza di individui con meno di 5 anni (Doro Garetto, Dardano 1983, p. 108). Un caso simile lo possiamo immaginare anche per Venosa, in Italia Meridionale (VIII-X secolo) colpita da una epidemia (Macchiarelli, Salvadei 1989, pp. 117-119), dove pare davvero improbabile che gli infanti siano stati tutti risparmiati dal contagio; d'altra parte, proprio a seguito di epidemie risulta documentato il costume di seppellire i bambini in aree specifiche: oltre all'appena citato esempio di Lugnano in Teverina si ha il caso rinascimentale di Pisa, dove 174 bambini furono sepolti insieme durante il contagio dell'anno 1464 (Mallegni, Paglialunga, Ronco, Vitiello 1994). Anche a Firenze, all'Impruneta, é stato trovato un piccolo sepolcreto formato dai bambini deceduti nell'ospedale fiorentino nel Quattrocento (Fornaciari 1980, p. 81). A Mola di Monte Gelato, in Italia centrale, invece, lo studio delle sepolture ha interessato per buona parte individui sepolti vicino ad un battistero e ciò potrebbe aver influito sull'età del campione, anche se la quantità di individui infantili non appare troppo eclatante (Coonheney 1990, p. 478). Non é possibile, almeno allo stato

attuale degli studi, comprendere appieno il criterio per cui in alcune località si ha l'uso di seppellire in aree distinte infanti e adulti. Non é ancora possibile capire perché per l'epidemia di Castro si agì in un modo e per quella di Venosa gli abitanti si comportarono diversamente, o perché nella necropoli di Villaro gli abitanti abbiano distinto le due classi di età mentre ad Aosta, San Michele a Trino e in tanti altri casi, il cimitero abbia accolto tutti i defunti, dai neonati alle persone più anziane. Forse la risposta andrebbe cercata nella presenza in quei contesti di un battistero, centro - in molti casi anche se non in tutti - di aggregazione delle sepolture dei non battezzati: ma è solo una ipotesi. Va detto che esistono anche casi di sottorappresentazione in qualche modo "intermedi": per esempio, é possibile ipotizzare un troppo esiguo numero di infanti nelle necropoli di La Selvicciola (Viterbo) e di S. Pietro di Cavallermaggiore (Cuneo): a La Selvicciola (Manzi et al. 1995) gli infanti di età 0-1 sono il 3,1 % del campione; a San Pietro di Cavallermaggiore (Ronco 1990) sono il 2,6 %; si tratta di percentuali di mortalità che si raggiunsero in Italia solo cinquanta anni fa: si può evidentemente parlare di sottorappresentazione. Il fatto di trovarsi di fronte ad una percentuale simile in due contesti così diversi spinge però a fare alcune ipotesi: perché mai in questi cimiteri – dove non venivano sepolti i bambini piccoli – ne furono sepolti solo alcuni (in tutti i due casi all'incirca il 3 % degli individui) ? : si potrebbe pensare che siano i bambini morti insieme alle loro madri durante il parto – o immediatamente dopo –. Il fatto singolare, che però rafforza questa impressione è che una simile percentuale è stata rinvenuta in contesti assolutamente diversi quanto a cronologia e cultura: si tratta di tombe protostoriche trovate in Francia (Dedet 2001, pp. 308-309). "*La question qui se pose finalement n'est pas tant l'absence de la trés grande majorité des jeunes morts dans ces lieux que la présence de certains d'entre eux au sein de ces monuments*" (p. 309). In effetti, perché in necropoli dove certamente gli infanti non erano in genere sepolti se ne trova qualcuno e, con singolare coerenza, all'incirca un 3 % del campione ? Per i protostorici francesi, si tratta di un problema di "diritto ereditato alla sepoltura"; potrebbe essere un discorso valido anche per il medioevo italiano. Ma resta sempre in piedi l'ipotesi di un certo numero "naturale" per le popolazioni premoderne di mortalità da parto – o immediatamente post parto – che potrebbe spiegare quel tasso di presenza neonatale in cimiteri non destinati a loro.

Resta il fatto che non andrebbe comunque mai semplicizzata la scarsa presenza di individui infantili in molti cimiteri con la sistematica esclusione di questi dai luoghi di sepoltura collettivi. In effetti nei due casi italiani appena citati solo i neonati risultano poco rappresentati, mentre in altri contesti, come a Villaro del Ticineto (Alessandria), insieme ai neonati anche i bambini più grandi sono quasi del tutto assenti: a Villaro su 160 individui, si registrano solo 11 bambini e 3 neonati. In quest'ultimo caso (a meno che non sia avvenuta una casualità o ad una parziale opera di scavo archeologico) ci si trova di fronte ad un evidente segno di esistenza di sepolture infantili in aree differenziate. L'ipotesi che i bambini deceduti insieme alla madre fossero sepolti nei cimiteri degli adulti resta valida – però – anche per spiegare la bassa ma attestata presenza di bambini a Villaro del Ticineto. Ma i temi legati alla presenza e alla mortalità infantile sono talmente centrali che verranno ripresi in modo molto più approfondito nelle prossime pagine.

DISTRIBUZIONE GEOGRAFICA DEI CENTRI PRESI IN ESAME PER L'ELABORAZIONE DELLE STATISTICHE SULLE CLASSI DI ETA' ALLA MORTE

Capitolo II. I DATI ARCHEOLOGICI. Parte B.
DISCUSSIONE DEI DATI

1. La distribuzione della mortalità a seconda dell'età
Per tutto quello che si è detto finora, i dati provenienti dagli scavi vanno ritenuti assolutamente parziali; tuttavia essi rappresentano una imprescindibile fonte per la conoscenza di aspetti fondamentali della società medievale. La discussione di questi dati è necessaria quanto complessa; si è preferito dividere i dati disponibili secondo classi di età abbastanza larghe, ricordando due problemi interpretativi molto importanti: la distinzione per sesso è impossibile negli individui non ancora giunti alla maturazione sessuale, ma su questi è in genere molto affidabile la determinazione di età. Per gli adulti è vero l'opposto: abbastanza affidabile la determinazione di sesso, orientativa quella di età. Su quest'ultima agiscono infatti diversi fattori, biologici ma anche riconducibili · alla metodologia ed alla sensibilità dello studioso; e, non ultima, la difficoltà di leggere lo sviluppo biologico di individui di lontane epoche ed etnie attraverso tavole anatomiche ricavate da studi di popolazioni moderne. E' quindi quanto mai opportuno recepire le indicazioni bioarcheologiche per ampie fasce d'età.

Tabella 1: andamenti percentuali dell'età di morte per classi generazionali in alcuni cimiteri italiani in età altomedievale

	0-6 anni	6/7-12/13 anni	13-21 anni	post 22 anni
Sacca di Goito (Mantova) sec.VII	27.4	15.7	3.9	53
Savona, fine sec. IV-VII	25.8	9.7	16.1	48.4
S. Pietro di Cavallermaggiore (Cuneo) sec. X-XIII	25.5	19.2	9	46.1
La Selvicciola (Viterbo) sec. VII	21	15.5	7	56.5
Aosta sec. VI-VII	33.3	4.1	6.3	56
Aosta sec. VII-VIII	34.9	6	6	52

In questa tabella si presentano le classi di età alla morte di una serie di sepolcreti. La logica con cui é stato scelto di selezionarne alcuni ed escludere altri (come Collecchio, per esempio) deriva dal fatto che per alcuni siti non era possibile, vista la divisione effettuata dagli antropologi delle classi di età, ottenere un raffronto affidabile. Con tutte le cautele del caso, i dati illustrati nella tabella hanno andamenti "statisticamente" realistici e molto vicini fra loro. I dati presentati sembrano mettere in evidenza una tendenza di fondo nella distribuzione della mortalità: il che è già una notizia, perché si tratta di centri molto differenti fra loro, sia per epoche che per etnia e tipo di territorio. Come si può notare ad una lettura immediata, questi dati ci dicono che su 100 individui che nascevano almeno 25-30 morivano ancora piccoli e non riuscivano a superare il 5°-6° anno di età: altri 20-25 morivano tra i 6 ed i 20-21 anni, e solo 50 riuscivano a raggiungere l'età biologicamente definibile come adulta. Si tratta di una "spaccatura a metà" dell'età di morte che viene in qualche modo confermata da altri due sepolcreti che – per le ragioni appena addotte - non sono stati inseriti nella tabella: si tratta del sepolcreto longobardo di Collecchio e del cimitero rurale di Mola di Monte Gelato; in quest'ultimo, come si diceva nel paragrafo precedente, ci si trova di fronte – con qualche probabilità - ad una certa sovrarappresentazione degli infanti. Il dato di Mola di Monte Gelato è quindi in grado di "riequilibrare" quello del cimitero de La Selvicciola, inserito nella tabella qui sopra ma dove si registra una sottorappresentazione di infanti. Per quanto riguarda la "parzialità" dei dati di Collecchio (Brasili Gualandi, Calanchi 1989) é solo dovuta al fatto che non é stata pubblicata la divisione per classi di età del campione infantile (segnalato invece come 0-10 anni):

Tabella 2: andamenti delle età di morte per classi generazionali a Collecchio

Età	%
0-10	43.2
10-19	12.3
>20	44.5

Tabella 3: andamenti delle età di morte per classi generazionali a Mola di Monte Gelato

Età	%
0-12	49.5
13-25	9.5
>25	41.0

Con tutta la pur necessaria cautela l'indicazione della "spaccatura a metà" nella mortalità di queste popolazioni appare chiara. Per quanto vi siano alcune differenze percentuali tra i vari siti, e delle difficoltà nella comparazione, è evidente sin d'ora il valore scientifico dei dati antropologici italiani per una ricostruzione paleodemografica del periodo medievale. Ogni dieci bambini che nascevano quattro morivano entro i dieci anni, un altro negli anni immediatamente successivi, e solo cinque raggiungevano l'età del pieno sviluppo fisico e sessuale: questo andamento vale per tutti gli abitati di cui abbiamo dati. Chi nasceva aveva il 50 % di possibilità di arrivare a 20-25 anni. Com'è evidente, si tratta di un dato estremamente significativo. Nei prossimi paragrafi vedremo nel dettaglio le varie classi di età.

2. La mortalità infantile

La mortalità della classe di età tra i 0 ed i 5 anni é questione dirimente riguardo lo sviluppo demografico di qualsiasi gruppo umano, come si è visto nel capitolo precedente. Dalla Tabella 1 emerge l'indicazione che questa classe "infantile" rappresenti da sola almeno un quarto degli individui deceduti: ma – per una corretta stima demografica ed una valutazione storico sociale – esiste una enorme differenza tra i bambini morti entro i 12-20 mesi e quelli deceduti successivamente, cioè tra il primo anno (anno e mezzo) ed i 5 anni. Proprio per queste età si pongono i maggiori problemi di rinvenimento archeologico, come già ricordato più volte. In alcuni studi non vengono segnalati come due gruppi separati (Sacca di Goito, Mantova, Collecchio, Mola di Monte Gelato) e questo rende ancor più difficile interpretare i dati; per altri siti (La Selvicciola, San Pietro di Cavallermaggiore) si trovano percentuali molto basse, troppo: con singolare uniformità in questi due centri i neonati appaiono rappresentati intorno al 3 %, ma di questo si è appena discusso nelle pagine precedenti. Si può forse ulteriormente aggiungere che si tratta della stessa percentuale che si riscontra nella Aosta di età classica e tardoantica e forse, si potrebbe

immaginare che questo 3 % sia il dato "canonico" di presenza di un certo numero di neonati nel caso in cui esistesse l'uso di seppellirli in un'area distinta, come anche potrebbe essere il caso di neonati morti insieme alla madre durante o appena qualche tempo dopo il parto. Non ci si vuole ripetere, ma bisogna ricordare che questa percentuale non può essere non valutata dal punto di vista scientifico, anche per il semplice fatto che se si sommano i due gruppi (0-1 anno e 1-5 anni) il risultato appare invece uniforme a quello della totalità dei siti disponibili. Questo effetto statistico è spiegabile col fatto che qualora - come in questi casi - il dato dei decessi tra 0-1 anno sia davvero sottodimensionato, tutte le altre classi saranno di conseguenza percentualmente sovradimensionate. Ma c'è anche un'altra possibile lettura: innanzitutto la sostanziale omogeneità del dato sulla mortalità entro i 10 anni sia nei contesti dove i neonati sono presenti che dove sono assenti potrebbe far pensare ad uno scarso impatto della mortalità neonatale all'interno di questa classe di mortalità. E' vero che ci può essere l'effetto statistico, di cui si è appena detto, ma è anche vero che il dato resta singolare; se me potrebbe dedurre – con tutte le cautele del caso - una mortalità neonatale più scarsa di quanto ci si aspetti, oppure una mortalità particolarmente elevata nella classe 1-5 anni. Il quadro è quindi estremamente complesso; proprio per questo è ancora più importante utilizzare dati che - per quanti isolati - sono invece molto affidabili scientificamente: si tratta di quelli provenienti dal cimitero del Mont Blanc ad Aosta.

Tabella 4: percentuali classi di età alla morte ad Aosta nei secoli II-VIII d.C.

	Secoli II-IV	Secoli IV-V	Secoli VI-VII	Secoli VII-VIII
0-1 anni	3.2	6.5	10.4	8.4
1-2 anni	6.5	4.8	10.4*	14.5*
3-5 anni	6.5	9.7	12.5**	12**
6-10 anni	-	9.7	4.1***	6***
10-12 anni	3.2	3.2		
13-16 anni	4.9	1.6	6.3****	2.4****
app. adulti (17-22)	9.8	11.3	-	3.6
maturi (23-40)	39	29	33	30
forse senili (40-60)	11.5	6.5	23	29
senili (>60)	14.8	16		

note:
*   12-30 mesi invece di 12-24 mesi
**   3-5/6 anni invece di 3-5 anni
***   6-10/11 anni invece di 6-12 anni
****   12-14 invece di 13-16 anni

La tabella mostra un andamento dei gruppi realistico, soprattutto per l'età altomedievale; è possibile immaginare che nel centro di Aosta invalse, con l'altomedioevo, l'uso di seppellire i neonati nell'area sepolcrale comune; è un argomento difficilmente contestabile, perché altrimenti se ne dovrebbe dedurre che la mortalità neonatale in età classica e tardoantica fosse nettamente inferiore a quella altomedievale, e si aggirava (guarda caso) intorno al 3 %. Ma questo è poco verosimile per una serie di ragioni: innanzitutto per tutte le considerazioni già espresse riguardo il "canonico" 3 %, inoltre perché sepolture di bambini molto piccoli sono attestate più frequentemente per l'età romana (soprattutto tardoantica) piuttosto che per l'Italia altomedievale; a tutto ciò va aggiunto che Corrain e Capitanio (1988, pp.161-162) hanno osservato che la condizione fisica del gruppo di Aosta (compresa quella dei bambini) pare migliorare col passare dei secoli: ciò sembra invero poco comprensibile se poi la mortalità infantile in età classica dovesse essere così più bassa di quella medievale.

A queste considerazioni se ne possono aggiungere altre, che ci aiutano anche ad inquadrare Aosta dal punto di vista storico; Aosta appare in controtendenza rispetto all'area merovingia (cui Aosta, in questi secoli apparteneva politicamente, ma forse non etnicamente); tra VI-VII e VIII nei cimiteri francesi si passa spesso da una totale assenza alla massiccia presenza di infanti nelle aree sepolcrali comuni: alcuni studiosi francesi (come si è detto poche pagine fa) ritengono che questo mutamento vada connesso con la diffusione della religione cristiana tra la popolazione germanica. Come si vede nella tabella, nel passare dall'età classica all'età tardoantica aumentano le sepolture di bambini molto piccoli; Aosta segue quindi l'andamento documentato per le popolazioni romanze, noto anche grazie alle epigrafi: la cristianizzazione portò ad una maggiore attenzione verso le sepolture infantili a partire dal secolo IV (Shaw 1995). Se ne conclude che il sepolcreto di Aosta non rappresenta un cimitero con sottorappresentazione degli individui infantili per l'età altomedievale. Il dato di Aosta é importante sia perché consente di avere una certa "diacronicità" tra età classica e medievale per le diverse classi di età alla morte, sia perché rappresenta - almeno nell'andamento generale delle classi di morte - uno dei dati più completi per la penisola in età altomedievale. Il dato di Aosta, valido se non si tengono in considerazione in modo troppo

pedissequo le percentuali "attese" calcolate dagli studiosi di demografia moderna, corrisponde a quello - tra l'altro squilibrato per una certa sovrarappresentazione di infanti - di Mola di Monte Gelato, interessante perché relativo all'area centrale del paese ed ai secoli tra VII e XII.

Tabella 5: classi di età alla morte a Mola di Monte Gelato

ETA'	%
0-1	11.5
1-5	28.5
5-12	9.5
13-25	9.5
>25	41

Una indicazione proviene in modo uniforme sia da Aosta che da Mola di Monte Gelato: al di là dei dati – che hanno variabili locali e sono sempre solo orientativi – si ha la sensazione che il picco di mortalità infantile non vada fissato entro il 1° anno, ma tra i 12 mesi ed il 5° anno di vita. Tale indicazione viene rafforzata da altri dati meno precisi ma altrettanto significativi: a San Michele a Trino (sepolture quasi tutte databili tra il X ed il XIII secolo) si ha la presenza di un 30 % di soggetti infantili tra i sepolti: di questo 30 % più della metà (il 16 % del totale delle sepolture) appartiene ad individui deceduti nella primissima infanzia. Si tratta quindi di una percentuale assolutamente compatibile a quella di altri centri medievali come Aosta e Mola, ma questo ha fatto nondimeno sospettare agli antropologi che questo dato *"sembra non riflettere la realtà della mortalità infantile"* (Doro Garetto 1991, p. 427). Come si è visto non ci si trova di fronte ad un atteggiamento pregiudiziale verso il medioevo (peraltro talvolta presente) ma davanti ad un calcolo demografico, la famosa percentuale attesa (come si é cercato di spiegare nel capitolo precedente) che dovrebbe essere un'altra. Ma mentre si può parlare di sottorappresentazione per percentuali intorno al 3 %, non si può quando si trova una percentuale che, con buone probabilità – a quanto dicono l'insieme dei dati - sembra riflettere la realtà della mortalità infantile in alcuni, forse molti, centri rurali medievali italiani. Infatti allo stato attuale, la percentuale suggerita dai dati archeologici come tasso di mortalità infantile per questa epoca di primo e pieno medioevo attesta che su 100 bambini che nascevano vivi circa 10/15 ne morivano senza aver superato il primo anno di vita, mentre almeno altri 20 (o qualcuno di più) decedevano dopo aver compiuto il primo anno ma prima di aver superato il quinto anno. Ci sarà molto da ragionare su questa indicazione per la mortalità tra 0 e 1 anno, perché un tale indice avrebbe esercitato un enorme impatto sul popolamento e gli andamenti demografici dell'Italia tra VI e XIV secolo. Basti per ora aggiungere che questo tasso di mortalità della primissima infanzia, per quanto appaia spaventosamente alto, corrisponderebbe all'incirca a quello che caratterizzava l'Italia tra la fine del XIX e gli inizi del secolo XX: ancora nell'Italia del 1901-1910 tale indice raggiungeva il 16 % (Bellettini 1973); si pensi che anche in Inghilterra, tra 1879 e 1906, la mortalità 0-1 anno si mantenne in un range del 13-16 % (Bar-Ilan 1990).

3. La mortalità delle classi giovanili

Il momento del definitivo passaggio biologico dall'età infantile e subadulta a quella della piena maturità fisica e sessuale si situa intorno ai 20 anni. Andrebbe detto che – anche se scandito da ritmi fisiologici – l'interpretazione di questa età come momento di entrata nell'età adulta non può essere dato del tutto per scontato per società scomparse, di cui non conosciamo molti aspetti culturali; e questo approccio "moderno" può in alcuni casi fuorviare, anche nell'interpretazione antropologica.

Nella tabelle precedenti si poteva notare una più o meno forte preponderanza, all'interno della classe giovanile, della mortalità tra i 0 ed i 5-6 anni, oscillante tra il 25 % ed il 35 % del totale dei decessi. La mortalità nella classe di età compresa tra i 6 ed i 20 anni si può leggere per quinquennio, calcolando un gruppo di bambini tra i 5 ed i 10 anni, uno tra i 10 ed i 15, ed un altro tra i 15 ed i 20. In alcuni centri gli studiosi hanno preferito dividere questa classe tra individui ancora immaturi sessualmente (6-12) e maturati (13-21). Questi gruppi appaiono rappresentati in percentuali statisticamente sempre consistenti, divise in genere in modo abbastanza equilibrato, nel senso che in alcuni centri i gruppi hanno consistenza simile, in altri differente ma in modo poco accentuato. Può essere interessante scendere nello specifico di alcuni siti, soprattutto se si hanno dei dati confrontabili fra loro.

Tabelle 6 e 7: mortalità postinfantile-prematura in percentuale

ETA'	La Selvicciola	S.Pietro di Cavallermaggiore
5-10	10.5	16.7
10-15	5.0	2.6
15-20	7.0	9.0

ETA'	Aosta VI-VII	Aosta VII-VIII	Mola di Monte Gelato
6-12	4.1	6.0	9.5
13-22	6.3	6.0	9.5

E' stato necessario presentare i dati con due tabelle diverse a causa di differenze nella divisione delle classi di età tra i diversi autori. I dati della tabella 7 segnalano un notevole equilibrio tra i due gruppi (prima della maturità sessuale e dopo, per sintetizzare). Le percentuali provenienti da San Pietro di Cavallermaggiore e dal sepolcreto de La Selvicciola (Tabella 6) risultano complessivamente più elevate rispetto ad Aosta e Mola (Tabella 7), ma bisogna ricordare che le classi di morte postinfantili sono in questi centri enfatizzate dalla assenza di individui infantili. Tra La Selvicciola e San Pietro di Cavallermaggiore esistono condizioni molto diverse dal punto di vista della mortalità generale, della sussistenza e della condizione patologica, ma in tutti e due i centri mostrano una curva della mortalità sostanzialmente simile: si ha un più elevato picco tra i 5 ed i 10 anni, che scende nel quinquennio successivo per poi crescere nuovamente, senza però raggiungere livelli particolarmente elevati, tra i 16 ed i 20-22 anni. Questo andamento - in centri a difficile condizione alimentare e biologica - é molto realistico, così come è sintomatico che ad Aosta ed a Mola, dove invece la condizione alimentare e biologica degli individui pare migliore, la mortalità dell'età dello sviluppo e dell'adolescenza non appare né particolarmente elevata né squilibrata tra le due classi. A queste considerazioni se ne può aggiungere un'altra, che scaturisce dall'analisi del sepolcreto "sincronico" di Venosa, dove una certa difficoltà negli individui tra gli 8 ed i 10 si evidenzia nella comparsa delle "linee di Harris", uno dei classici casi di arresto della crescita (Macchiarelli, Salvadei 1989, p. 114). Resta da commentare un fatto: la mortalità in questa classe può essere giudicata abbastanza significativa, soprattutto se messa a raffronto con dati più recenti; si possono per esempio citare alcune statistiche moderne ma non provenienti da centri con condizioni di vita particolarmente positive, come la Ginevra del secolo XVII, o i distretti rurali brasiliani di inizio XIX secolo (Dedet 2001, p. 309); qui la mortalità per la classe 10-20 anni non supera in genere il 4-5 %. I dati medievali italiani segnalano senza dubbio un tasso di mortalità per queste classi più elevato, anche se non di tanto (la media è poco più del 7 %). Nelle prossime pagine si vedrà come la distribuzione della mortalità in varie età sarà una delle caratteristiche del modello popolazionistico altomedievale in Italia, portando a due principali conseguenze, una demografica e l'altra culturale: una speranza di vita relativamente più bassa di quanto ci si poteva aspettare partendo da una mortalità infantile non elevatissima, e la sensazione di una morte che – probabilmente per motivi genetici – poteva colpire a qualsiasi età, senza che infierisse particolarmente su bambini, donne e vecchi.

4. La mortalità della popolazione adulta

Resta ora da affrontare l'andamento della mortalità delle classi adulte, considerando in questa classe gli individui deceduti dai 20 anni in su. Si tratta di dati molto importanti, su cui occorre fare delle precisazioni metodologiche: contrariamente a quanto avviene per le classi infantili e giovanili per queste classi di età é possibile determinare il sesso del defunto, e quindi si può ottenere una "sex ratio" del gruppo, utile sia a testare la validità demografica del campione che a stabilire le differenti età di morte per le donne e per gli uomini. All'opposto di quanto é possibile per classi infantili e giovanili é però difficile stabilire con una certa precisione l'età di morte degli individui adulti. Particolarmente complessa é l'identificazione degli individui anziani e senili, perché (dopo che a 20-25 anni si completa la maturazione dentaria e intorno ai 35 anni quella postcraniale) tra i 50 ed i 60 anni si completa la saldatura delle suture craniali. A quel punto solo l'osservazione di alcuni processi degenerativi (sostanzialmente il livello di porosità della struttura interna ed esterna della testa delle ossa lunghe, l'usura dentaria o l'accentuarsi della parodontosi) consente di distinguere un individuo completamente maturo da uno senile. Si tratta però di variabili che hanno un forte rapporto con la dieta alimentare, le condizioni di vita e le patologie subite dall'individuo nel corso della sua esistenza. Tutto

ciò obbliga spesso gli studiosi a fermarsi al limite dei 50 anni, e comunque a non superare i 60. Questo ostacolo metodologico é in molti casi ulteriormente accentuato dalla diffusa sensibilità culturale che sottostima - sulla base di calcoli sulle speranze di vita nelle società antiche (un'altra "percentuale attesa") - l'impatto degli anziani e degli individui senili nelle popolazioni premoderne. Solo recentemente si sono diffuse nuove metodologie per l'individuazione dell'età adulta (tra cui l'analisi del cemento dei denti) che permettono calcoli più precisi su questa classe: ma su questo argomento si tornerà più avanti. Comunque rimaniamo per ora all'analisi morfologica che, con tutti i suoi limiti, é fonte preziosa di informazioni altrimenti impossibili da ottenere.

Tabella 8: andamento della mortalità nella popolazione adulta in percentuale

ETA'	Sacca di Goito	Savona	S. Pietro di Cavall.	La Selvicci ola
22-30	17.7	6.4	14.1	18.5
31-50	31.4	25.9	28.2	29.5
>50	3.9	16.1	3.8	8.5

Ad un primo approccio la tabella ci fornisce una importante notizia, su cui si tornerà in seguito: il picco di mortalità si raduna dopo i 30 anni, anzi tra i 30 ed i 50. Per alcuni centri – come Mola di Monte Gelato - non é stato possibile effettuare la divisione per età di morte della classe adulta; gli individui sopra i 25 anni, per problemi di lettura dei resti (mal conservati) sono stati tutti riuniti in una unica classe matura-adulta (Coonheney 1990, p. 477); per Collecchio si ha un gran numero di ultrasessantenni (18 persone su 88, di cui 13 maschi, 1 donna e 2 indeterminati): la sex ratio, del tutto sproporzionata verso la componente maschile, rende la divisione percentuale sostanzialmente falsata; nonostante questo lo studio dei resti è molto significativo: l'analisi è stata effettuata su 88 individui, ma il campione totale di Collecchio é di 154 (Brasili Gualandi, Calanchi 1989, pp. 196-197). Questa grande presenza di maschi anziani a Collecchio potrebbe essere conseguenza dell'insediamento, avvenuto decenni prima, di un nucleo guerriero longobardo: si noti che questo territorio si trova quasi al confine con le aree a controllo bizantino. Per Aosta, invece, i due studiosi (Corrain, Capitanio 1988, p. 128 e p. 149) hanno contraddistinto le classi di età seguendo un altro metodo e quindi il confronto con gli altri siti risulterebbe complesso; qui gli individui adulti sono stati classificati come "appena adulti" (considerabili - forse - tra i 17 ed i 23 anni) in "semplicemente adulti" (si è immaginata una età tra i 23 ed i 40) e "senili o quasi" (cui potrebbe essere ascritta una età a partire da circa 40/50 anni). Questi, comunque, sono i dati.

Tabella 9: mortalità classi adulte ad Aosta tra VI e VIII secolo in percentuale

	Aosta VI-VII	Aosta VII-VIII
adulti	33	30
senili o quasi	23	29

Con tutte le difficoltà metodologiche, di definizione e validità delle percentuali assolute (si ricordi che, quando esiste una sottostima del campione infantile esiste di fatto una sopravvalutazione di quello adulto) non si ha l'impressione di una sostanziale assenza (o presenza marginale) della popolazione maturo-senile da questi gruppi umani. Anche laddove le condizioni di vita sembrano particolarmente difficili (come per il gruppo di San Pietro di Cavallermaggiore o della Selvicciola, per esempio) gli individui che hanno superato la soglia dei 50-60 anni sono rappresentati significativamente: a San Pietro di Cavallermaggiore gli ultracinquantenni sono quasi il 4 % del campione (Ronco 1990, p. 245); a La Selvicciola sono circa l' 8 % (Manzi et al. 1995, p. 259). A conferma di questo dato, il sepolcreto di Villaro del Ticineto (Alessandria), databile al VI-VII secolo, inficiato dal punto di vista demografico dalla quasi totale assenza di individui infantili, vede le classi adulte ben rappresentate: a detta degli studiosi a Villaro "si nota una più consistente presenza di soggetti adulti giovani, ma sono anche presenti individui maturi e senili" (Doro Garetto, Dardano 1983, p. 109). Il dato della mortalità sembra uniformemente radunarsi nell'età tra i 30 ed i 50 anni, dove la percentuale di mortalità pare avvicinarsi sempre al 30 %. Ma é chiaro che le difficoltà metodologiche rendono assai difficile mettere in evidenza l'impatto della popolazione ultracinquantenne e ultrasessantenne. Il dato relativo a queste persone va considerato probabilmente cronicamente sottostimato, il che evidenzia ancor di più i casi in cui, in condizioni di vita non troppo difficili (Savona, Aosta), parecchi individui raggiungevano la senilità. Questa sottostima potrebbe riequilibrare il dato della mortalità 30-50,

spostandolo in alto di qualche anno; il che non potrebbe comunque negare che - allo stato attuale dei dati disponibili - su 100 individui nati vivi almeno 25 morivano tra i 30 ed i 50 anni. Insieme al periodo tra la nascita ed i 5 anni é questa età a costituire l'altro "picco di mortalità" nella totalità di questi centri. Al di sotto di questa fascia, forse intorno ai 26 anni, va situata la "speranza di vita" alla nascita per questi secoli.

Si tratta di un dato estremamente importante che scaturisce dalla lettura complessiva dei dati bioarcheologici attualmente disponibili. Come è possibile notare, anche se questi dati consentono una lettura della struttura demografica dell'Italia medievale probabilmente più centrata sulle specificità storiche del periodo medievale, non permettono di sconvolgere il quadro popolazionistico complessivo di questa epoca. In sede di discussione si affronterà il tema della speranza di vita in modo di raffrontarlo con altre popolazioni antiche e di ricavarne il senso, che – ovviamente – non può fermarsi a considerazioni superficiali.

Insieme alle tabelle statistiche sulle medie delle diverse classi di età alla morte, che si presentano in fondo al libro, e che sembrano dimostrare la validità scientifica dei dati finora presentati, il calcolo di una speranza di vita alla nascita corrispondente a circa 24 o 26 anni (si vedrà nel prossimo capitolo come si è giunti a queste due alternative) indica ancora una volta la sostanziale "tenuta" statistica dei dati bioarcheologici, e quindi l'opportunità e forse anche la necessità di un loro utilizzo ai fini di una reale ricostruzione demografica. Le informazioni bioarcheologiche non si limitano, ovviamente, alla distinzione delle classi di età alla morte; esistono molti altri aspetti che meritano di essere discussi: il primo, è la proporzione tra maschi e femmine, la "sex ratio".

5. Sex Ratio e mortalità a seconda del sesso

La "sex ratio", cioè la restituzione dei due gruppi sessuali all'interno dei campioni, è permessa dalla determinazione sessuale. Anche in questo caso esistono alcuni problemi tecnici: la determinazione si effettua in modo decisivo se si hanno le ossa del bacino, e sono utili anche le ossa lunghe (ad esempio la testa del femore), il cranio e la mandibola; essa trova però un ostacolo quando in un dato gruppo umano esista uno scarso grado di dimorfismo sessuale, cioè di differenza scheletrica tra maschi e femmine. Il grado di dimorfismo deriva – oltre che dal patrimonio genetico –

dall'alimentazione e dal lavoro dell'individuo. In un mondo nettamente rurale, quale quello altomedievale, è immaginabile un livello di dimorfismo senza dubbio abbastanza basso, perché le donne erano probabilmente abituate sin da piccole a svolgere compiti lavorativi faticosi e quindi – per esempio – le inserzioni muscolari avranno lasciato anche per loro evidenti tracce nella formazione dell'apparato osseo. Alcuni casi di elevata preponderanza dei maschi sulle femmine che emergono in talune analisi antropologiche vanno quindi accettati con qualche prudenza. La determinazione dell'età (che si effettua in genere seguendo il "metodo complesso") (Acsadi, Nemeskerj 1970) può influire anche sulla determinazione sessuale: secondo recenti studi, gli attuali metodi per l'analisi degli scheletri portano alla sottostima del campione femminile adulto-senile e alla enfatizzazione artificiale della mortalità da parto; sono argomenti molto convincenti portati avanti da Kemkes-Grottenhalter (1996). Il dimorfismo sessuale rappresenta un indicatore indiretto di condizioni socioculturali di una popolazione (Rubini 1991, p. 50); come si diceva, in ambito rurale il dimorfismo era meno forte rispetto ai centri urbani, visto che la "differenza" di struttura scheletrica e muscolare tra uomo e donna é direttamente legata ad alcune variabili come l'accesso al cibo, il tipo di lavoro svolto, le condizioni di vita seguite. In un ambito poco "evoluto" tecnologicamente, ambedue i sessi svolgono una forte attività fisica (legata - in genere - ai lavori agricoli) e quindi il livello di dimorfismo non sarà stato poi così accentuato. Ciò nonostante i dati bioarcheologici offrono un panorama coerente: a Collecchio si trovano valori di sex ratio di 1,44 a favore dei maschi, a La Selvicciola addirittura di 2,45 (Manzi et al. 1995, p. 260) e a Venosa di 1,91 (Macchiarelli, Salvadei 1989, p. 121); a Castro dei Volsci (Rubini 1991, p. 31), così come a San Michele a Trino (Doro Garetto 1991, p. 427) e all'Abbazia della Novalesa (Grilletto 1991, p. 351) i maschi rappresentano i due terzi del campione. Dati più moderati ma sostanzialmente simili (con un rapporto all'incirca di 1,3 maschi per 1 femmina) provengono da Aosta (Corrain, Capitanio 1988), San Pietro di Cavallermaggiore (Ronco 1990, p.250) e Villaro del Ticineto (Doro Garetto, Dardano 1983, p. 109). Si tratta di rapporti demografici abbastanza distanti da quelli biologici, che stabiliscono la nascita di 105 maschi ogni 100 femmine; tra l'altro ad Aosta abbiamo disponibile anche la sex ratio relativa all'età romana e tardoantica, che è invece favorevole alle donne. Quindi, anche si vi fosse la tendenza alla sottostima del campione femminile, la sex ratio è indubbiamente in età medievale più favorevole ai maschi: perché ?

La sex ratio biologica è influenzata anche da una serie di fattori, quali il giorno del ciclo femminile in cui avviene il rapporto o le condizioni igienico-sanitarie della donna (importante è la presenza di attività batterica) (Boswell 1991, p. 315). Che il dato archeologico sulla preponderanza maschile nella sex ratio altomedievale sia valido lo confermano alcuni studi sulle popolazioni longobarde condotti con simili tecniche e metodologie: tali analisi hanno mostrato che mentre nei cimiteri longobardi localizzati in Pannonia la sex ratio risulta favorevole alle femmine (0,92), in quelli posti in Italia si é trovato un rapporto di 1,16 (Manzi et al. 1995, p. 260). Pare quindi evidente come questa condizione vada considerata realistica e "storica". L'Italia appare più maschilizzata, oltre che in confronto ai germanici insediati in Pannonia o nel Rugiland (dove la sex ratio è di 0,95), anche in rapporto ai più di 12 cimiteri anglosassoni documentati, dove questa sproporzione, sempre restando agli scheletri, non c'è. Dalla sintesi presentata da Huggett (1992) si evince infatti che la sex ratio in circa 15 sepolcreti dell'Inghilterra meridionale non fosse particolarmente sproporzionata a favore dei maschi. Non si può pensare che tale squilibrio sia legato ad un costume funerario (con una sorta di preferenza sessuale a favore dei maschi) perché nei capitoli successivi si vedrà come anche le fonti storiche - con grande uniformità, per quanto rare - indichino questa condizione che non avrà mancato di avere un marcato impatto sulla società e sulla demografia del periodo medievale. La determinazione sessuale consente anche di osservare se vi siano delle differenze nella distribuzione della mortalità tra maschi e femmine. A La Selvicciola, le donne, in minoranza in tutte le classi di età, costituiscono la maggioranza solo in un gruppo, quello degli ultracinquantenni, e questo nonostante il rapporto sia nel complesso di 2,5 maschi ogni femmina (Manzi et al 1995, p. 259). Ad Aosta, invece, l'andamento é sostanzialmente equilibrato tra i due gruppi, e nelle classi senili i due sessi sono ambedue rappresentati (Corrain, Capitanio 1988). A Castro dei Volsci, infine, le donne che avevano superato i 60 anni sono ben più numerose rispetto agli uomini e costituiscono da sole quasi il 20 % del campione femminile del villaggio (Rubini 1991, p. 32). A San Pietro di Cavallermaggiore, il calcolo dell'età media di morte invece segnala che mentre per i maschi era di 36 anni, per le donne era di 33 (leggendo queste età si ricordi che in questo centro i neonati sono praticamente assenti); da quanto si è potuto capire, la mortalità femminile era particolarmente forte nella classe giovanile (Ronco 1990, p. 245). Occorre in questo caso affrontare il problema dell'accesso alle risorse alimentari: nella gran parte dei siti non sembra di poter osservare una differenza nel livello nutritivo tra i due sessi. Tuttavia, nel caso di San Pietro di Cavallermaggiore che rappresenta un esempio di difficoltà alimentare nel panorama in genere non sconfortante dell'Italia altomedievale e medievale, si può in effetti ipotizzare un differenziato accesso alle risorse di cibo. Ne potrebbe essere segno lo sviluppo scheletrico dei due gruppi sessuali: la statura media che tra gli uomini si aggira poco sopra cm. 170, tra le donne supera a fatica cm. 155 (Ronco 1990, p. 243). Non si tratta di stature particolarmente basse: per i maschi una tale media può essere definita medioalta; quella femminile, pur non risultando troppo inferiore alla media per questo periodo, è di ben 15 centimetri più bassa rispetto a quella maschile. Non può certo stupire che la statura delle donne sia più bassa di quella maschile (questo é un dato fisiologico) ma la differenza di valori medi tra i due sessi é tuttavia molto sensibile. Tenendo conto che la statura, in un gruppo geneticamente omogeneo quale questo, ha uno stretto rapporto con una dieta ricca di carne e proteine, e visto che la popolazione del centro appare complessivamente sottoalimentata, é ragionevole immaginare che la dieta maschile si avvicinasse alla sufficienza mentre quella femminile, soprattutto durante le fasi della crescita, fosse più carente; *"la statura é determinata oltre che da fattori ereditari anche da fattori ambientali e fisiologici, quali il tipo di nutrizione, l'incidenza di malattie in età giovanile, le condizioni di vita, che possono avere un'influenza notevole sullo sviluppo scheletrico"* (Doro Garetto, Dardano 1983, p. 109). Le stature delle popolazioni medievali italiane sono state ampiamente studiate (Borgognini Tarli, Giusti 1986, pp. 172-173), così come è stato stabilito il forte rapporto tra alimentazione e statura (Susanne 1993). Sintetizzando i risultati archeologici disponibili su questo tema (si tenga conto che purtroppo in molti scavi le divisioni per classi di età secondo i sessi non sono pubblicate) si può concludere che, quando - come nella maggioranza dei casi - alle bambine e alle ragazzine non veniva fatto mancare il "surplus" di cibo necessario all'accrescimento, anche nelle sepolture medievali si

nota la tendenza per le donne al raggiungimento di età avanzate. Una volta raggiunti i 20-21 anni, se non erano state discriminate dal punto di vista nutritivo negli anni precedenti, le donne avevano una speranza di vita maggiore rispetto agli uomini. D'altra parte si tratta di una tendenza del tutto biologica, comune anche all'epoca contemporanea: si pensi all'attuale speranza di vita che nei paesi occidentali è di circa 82 anni per le donne e di 77-78 per i maschi (Cipriano-Bechtle et al 1996, p. 273). Allo stato attuale dei risultati di scavo nella gran parte dei centri non sembra possibile notare un significativo impatto della mortalità subadulta e giovanile tra le donne, considerato comunemente segno di frequente mortalità da parto. Riguardo la questione della differenza di statura tra maschi e femmine (al di là del fattore fisiologico, si intende) è possibile discutere una serie di altri dati. A Castro dei Volsci, dove la speranza di vita femminile é superiore a quella dei maschi, questi ultimi sono in media alti cm. 169, e le donne 160 (Rubini 1991, p. 58). Tra i longobardi di Castel Trosino (etnia presso cui le donne però erano particolarmente alte) la differenza tra i due sessi é di soli 3-4 cm. (Rubini 1991, p. 58), e tra quelli di Collecchio é circa 6-7 cm. (Brasili Gualandi, Calanchi 1989, p. 202). E' bene ricordare che in tutti i casi la differenza tra i due sessi può essere molto marcata ma comunque genetica, legata allo sviluppo - geneticamente predeterminato - dell'apparato scheletrico. Laddove si hanno degli andamenti leggibili per più secoli, per uno stesso gruppo genetico, si hanno risultati molto interessanti: ad Aosta, abitata da una popolazione di tipo alpinoide, quindi a statura bassa, la statura che era di 165,1 per i maschi e 154,4 per le donne di II-IV secolo, nel VII-VIII risulta di 165,9 per i maschi e di 153,9 per le donne (Corrain Capitanio 1988, pp. 160-161). Si tratta di medie assolutamente stabili - e si tratta di misurazioni statisticamente significative, poiché eseguite su almeno un centinaio di individui - che indicano, se non altro, un accesso alle risorse nutritive simile sia per le aostane d'età romana che per quelle altomedioevali. L'analisi paleopatologica del campione di Castro dei Volsci, non può mostrare (per i limiti di questo campione che, ricordiamolo, é sincronico) una eventuale difficoltà della speranza di vita femminile dovuta alla mortalità da parto, ma ha permesso di identificare il legame tra diffusione delle carie e gravidanza, ugualmente importante per comprendere la condizione delle donne. Nel villaggio rurale di Castro, si è già detto, la speranza di vita femminile non differiva da quella maschile, anzi era probabilmente migliore (Rubini 1991, p.

32). La diffusione della carie, in questo centro peraltro modesta, mostra un picco differenziato per i due sessi: se per i maschi si ha il massimo dei casi tra i 30 ed i 35 anni, per le donne si ha la più alta diffusione della carie tra i 20 ed i 25 anni (Rubini 1991, p. 67). Quanto questa piccola notizia possa essere fondamentale per comprendere l'andamento demografico lo si potrà vedere nelle prossime pagine.

6. La consistenza demografica degli abitati medievali

Abbiamo finora analizzato dati che provengono in gran parte da sepolcreti "di lunga durata": Aosta, San Michele a Trino, San Pietro di Cavallermaggiore, Villaro del Ticineto, Collecchio, Savona, Sacca di Goito, La Selvicciola, Mola di Monte Gelato, Abbazia della Novalesa, Castel Trosino. Ma in questo paragrafo e nel successivo ci si dedicherà soprattutto ai sepolcreti collettivi sincronici, come Castro dei Volsci e Venosa. Questi sepolcreti, come anche quelli precedenti, riescono a darci molte informazioni, ma su un aspetto rischiano di essere unanimemente misteriosi: la consistenza numerica degli abitati medievali. E' chiaramente difficile ricavare notizie riguardo questo tema da sepolcreti solo parzialmente scavati e ancor meno studiati e pubblicati. Si tratta inoltre di cimiteri spesso relativi a piccole realtà, in gran parte posti in aree rurali, e questo non può che essere conseguenza delle attuali possibilità di rinvenire reperti di questo genere ancora ben conservati; d'altronde é ovvio che i cimiteri posti nelle aree urbane hanno subito nel corso dei secoli le conseguenze della "continuità di vita" che in Italia é sempre stata molto accentuata. Sarebbe quindi sbagliato cercare di immaginare il modello popolazionistico altomedievale e medievale dalla consistenza numerica dei campioni scheletrici attualmente disponibili. Resta il fatto però, che i gruppi oscillano - per le sepolture demograficamente significative, comprendendo quelle sincroniche collettive di qualche entità e quelle di complessi cimiteriali - tra la cifra di circa 50 e quella di circa 150. Può quindi essere interessante osservare la consistenza numerica di sepolcreti coevi di altre aree dell'Europa:

Tabella 10: cimiteri Anglosassoni, consistenza numerica

Brightampton	59
Charlton	44
Abingdon	125
Collingbourne Ducis	34

Droxford	41
Harnham Hill	68
Long Wittenham	190
Nassington	63
Petersfinger	71
Portway, Andover	70
Snell's Corner	33
Winnall II	47

Tabella 11: Francia altomedievale, consistenza numerica

Villiers-le-Sec (VIII-X)	48
Verson (VI-VIII)	297
Les-Rues-des-Vignes (VI-VII)	250
Sannerville (VI-VII)	121
Martray (fineV-fine VII)	394
Saint-Martin (fine V-fine VII)	130
Hordain (VI-IX)	425

Tabella 12: cimiteri medievali italiani, consistenza numerica

La Selvicciola (VII)	110
Castro dei Volsci (VI)	148
Villaro del Ticineto (VI)	160
Collecchio (VII)	154
Aosta (VI-VII)	49
San Pietro di Cavallermaggiore (X-XIII)	197
Sacca di Goito (VII)	66
Mola di Monte Gelato (VIII-XII)	123
Venosa (VIII-X)	48
Aosta (VII-VIII)	103

Forse è inutile precisare quanto questi dati non possano avere alcun valore statistico. Venosa e Castro sono sepolture sincroniche, a La Selvicciola e a Villaro del Ticineto mancano molti individui infantili, San Pietro di Cavallermaggiore e Mola di Monte Gelato rimasero in funzione per molti secoli (anche i cimiteri anglosassoni però hanno simili problemi). Non si intende insomma azzardare qualsivoglia conclusione: tuttavia, se si confronta la situazione "italiana" con quella di sepolcreti coevi d'area francese (Un Village... 1988) (Alduc-Le Bagousse 1984) (Kurzawsky, Blondiaux, Marquet 1982) e anglosassone (Huggett 1992), la sensazione per l'Italia è quella di piccoli abitati, di villaggi sparsi che, pur avendo una ristretta consistenza numerica, avevano mantenuto pratiche comunitarie sviluppate; ne potrebbe essere un segno la continuità nell'uso di aree di culto e seppellimento anche per popolazioni molto ridotte. E' come se i segni della civiltà collettiva urbana si fossero ridotti al minimo demografico restando però vivaci. Ma certamente, l'influenza della chiesa (per gli italici) e i legami etnici (per esempio per i longobardi) devono aver influito su queste pratiche. Si tratta di un tema talmente delicato che sarebbe inutile tentare di affrontarlo con i dati archeologici, che su questi aspetti sono particolarmente poco significativi. Un discorso più legato alla realtà sociale é invece possibile impostarlo partendo dai dati del villaggio lucano di Venosa.

Tabella 13: popolazione per classi di età a Venosa

ETA'	%
5-10	14
10-15	24
15-25	38
25-34	10.5
35-44	9.5
45-54	2

Gli antropologi che hanno avuto in esame il campione di Venosa hanno tratto la convinzione che ci si trovi di fronte ad un gruppo colpito da una epidemia di peste (Macchiarelli Salvadei 1989, pp. 116-119). Trattandosi di una sepoltura sincronica può essere vero, anche se potrebbe essere stata una qualsiasi epidemia a rapido exitus, così come fu per il caso di Castro; che questa sepoltura sia stata causata dalla peste non può però essere dedotto dalla consistenza demografica del campione, dove sono assenti i bambini piccoli ed anziani e donne appaiono poco numerosi. L'ipotesi della peste a Venosa é stata infatti formulata partendo da alcune idee sul modello di diffusione e morbilità di questo contagio (Hollingsworth, Hollingsworth 1971) secondo cui contagi e pestilenze colpivano preferenzialmente i maschi tra i 5 ed i 25 anni. Se anche questo fosse vero, ciò avrà comportato un aumento della mortalità per queste classi, ma non la

"scomparsa" della mortalità in altre classi. I grafici sulla mortalità nei periodi pestilenziali indicano rispetto a periodi di mortalità normale, un netto aumento dei decessi per classi normalmente poco colpite, come quella dei giovani maschi rispetto ai bambini (Macchiarelli Salvadei 1989, p. 118); questi grafici possono però trarre in errore perché hanno un effetto "ottico": trattandosi di percentuali, non é tanto il numero dei bambini deceduti a diminuire (che sarà rimasto almeno costante) ma quello dei giovani maschi ad aumentare a dismisura. In una restituzione percentuale sul totale dei decessi durante una pestilenza, l'impressione di una "diminuzione" del dato relativo alla classe d'età 0-5 anni deriva quindi dall'aumento della consistenza degli altri gruppi (e quindi del loro impatto percentuale sul totale dei decessi), e non davvero dal fatto che le pestilenze non colpivano i bambini più piccoli. Il fatto è che i contagi uccidevano anche ad età in cui in genere si avevano meno decessi. Sostenere, sulla semplice base dei confronti percentuali tra la mortalità nei periodi precontagi e durante i contagi, che i bambini, le donne e gli individui più anziani fossero poco colpiti dalla pestilenza, può essere basato su questo errore interpretativo. Il dato di Venosa va forse spiegato in altro modo: o il campione, per motivi di rinvenimento, di selezione delle sepolture o altro non é rappresentativo, oppure questo gruppo aveva una particolare situazione demografica. L'epidemia arrivò improvvisa sul piccolo gruppo, che era in condizioni di vita non particolarmente difficili; i bambini più piccoli non erano denutriti o gravemente malati, i più grandicelli sembravano in condizioni lievemente peggiori, mentre gli individui dai 15 anni in su erano in condizioni discrete (Macchiarelli, Salvadei 1989, p. 122). Ma la morte colpì all'impazzata, non facendo alcuna distinzione tra bambini deboli e giovani robusti. I superstiti aprirono in fretta - tra le rovine crollate di antiche terme romane - cinque grandi fosse e vi seppellirono tutti insieme i 48 defunti. Anche a Castro dei Volsci, due o tre secoli prima, era andata nello stesso modo. Ma mentre tra i 100 e più inumati di Castro sono rappresentate tutte le età, a Venosa dev'essere successo qualcos'altro: se fu una epidemia, é impossibile che non abbia colpito alcun bambino o alcun anziano (gli infanti sotto i 5 anni e gli individui sopra i 45 sono praticamente assenti). Per Castro tra l'altro é molto più probabile che si trattasse di peste rispetto a Venosa; dal VI secolo fino agli inizi dell'VIII i casi di peste "inguinaria" sono documentati per l'Europa, mentre non é così dall'VIII al XIV. Comunque é ben possibile che l'epidemia di Castro fosse di carattere infettivo, senza dover per forza anche in questo caso chiamare in causa la peste. Ma come spiegare, allora, la condizione demografica – fortemente squilibrata a favore dei maschi adulti rispetto a bambini ed anziani - di Venosa ? Bisogna dire che, nella letteratura antropologica, si ritiene che esistessero gruppi umani (frequentemente trovati tra i longobardi e altre popolazioni germaniche) cosiddetti "fondatori", formati cioè non da un gruppo stanziale ma da un gruppo di trasferimento e fondazione. Secondo questi studi (Wittwer-Bachofen 1988) tali gruppi erano costituiti in gran maggioranza da maschi giovani-adulti, vi erano poche donne ed erano sostanzialmente assenti anziani e bambini piccoli. Certamente Venosa é in tutt'altro contesto storico-territoriale, ciò nonostante é stato dimostrato (Wickham 1983, pp. 211-214) che le aree interne della penisola (così come altre aree marginali) furono caratterizzate da vaste attività di fondazione di nuovi villaggi rurali sin dal secolo VIII (e forse anche prima). Una delle ipotesi che si può fare é che si trattasse di un gruppo umano appena insediatosi in un nuovo villaggio; un gruppo costituito in gran parte da individui giovani e giovanissimi che si era trovato improvvisamente esposto ad una epidemia infettiva da cui non era biologicamente immune; senza dover pensare per forza ad una grave pestilenza (o addirittura alla peste) per falcidiare un piccolo gruppo umano poteva bastare una infezione endemica di quel territorio che individui giunti da una altra area della regione non avevano mai affrontato dal punto di vista della loro storia immunitaria. Si avanza questa ipotesi (che in parte potrebbe valere anche per Castro dei Volsci) perché si vuole in qualche modo anticipare un discorso che si affronterà successivamente e che riveste una particolare importanza nella ricostruzione degli andamenti demografici dell'Italia medievale: il rapporto tra la ristrettezza popolazionistica degli abitati altomedievali e la loro vulnerabilità biologica.

7. La popolazione per classi di età
Se per Venosa non esistono dati relativi a infanti e anziani, a Castro dei Volsci le sepolture comprendono tutte le classi.

Tabella 14: popolazione per classi di età a Castro dei Volsci

ETA'	%
0-6	10.8
7-12	10.8
13-21	8.1
22-40	58.1
41-60	4.7
>60	7.4

Il dato di Castro é di grande importanza: questo sepolcreto è il dato archeologico che più si avvicina ai registri "catastali" che ci sono noti per l'Italia e l'Europa moderna; abbiamo insomma una sorta di censimento, provocato da una tragica epidemia, ed in questo senso si tratta di un documento unico nella sua validità demografica; tuttavia, per valutare questi dati, occorre tenere conto di un importante aspetto: il villaggio fu colpito da una epidemia a rapido exitus che uccise un gran numero di persone. Gli individui furono *"sepolti tutti insieme od al massimo a qualche giorno di distanza l'uno dall'altro"* (Rubini 1991, p. 81). Come si è già detto a proposito del centro lucano di Venosa, molti studiosi ritengono che alcuni tipi di contagi colpissero preferenzialmente fanciulli e maschi adulti; persone che vivevano più in contatto – rispetto a infanti, donne e anziani - con aree esterne alla casa, in luoghi collettivi frequentati da portatori epidemici, come per esempio animali selvatici e topi. Affidandosi a questa ipotesi potrebbe essere possibile interpretare la sex ratio del gruppo di Castro: i due terzi del campione é maschile, e si può realisticamente immaginare che la percentuale di maschi adulti sia almeno in parte sovradimensionata. Ciò nonostante questa interpretazione risulta – così come per Venosa – molto discutibile. Non vi sono infatti realistiche ragioni per cui – in questo caso - si possa pensare ad una drastica sottrappresentazione degli infanti; è vero che bambini molto piccoli e donne possono essere stati colpiti con meno violenza dall'epidemia mortale rispetto a chi lavorava – per esempio - presso granai (tipico luogo di presenza dei roditori) o nei campi e nei boschi (volpi e cani possono essere veicoli di contagio), ma é altrettanto attestato che le epidemie aggrediscono facilmente individui deboli quali sono i neonati o le donne in travaglio o appena sgravate. La morte di moltissime donne e bambini durante una pestilenza é provata dal ritrovamento archeologico di un sepolcreto di bambini a Pisa (Mallegni, Paglialunga, Ronco, Vitiello 1994), dove nell'anno 1464 la peste (non si sa se nella forma polmonare o bubbonica) infuriò; 174 bambini molto piccoli furono sepolti contemporaneamente in un apposito tumulo realizzato in mattoni, nel tentativo di isolare il contagio. Di questi 174 bimbi, ben 83 erano neonati entro i sei mesi e addirittura 20 (circa il 15 % del campione) erano feti o prematuri. Non deve stupire questo gran numero di prematuri, perché tra le diverse terribili conseguenze della peste la letteratura medica annovera anche il parto prematuro. Le giovani pisane incinte, una volta colpite dalla pestilenza partorirono così in gran numero. Anche questo tragico esempio mostra come la mortalità infantile e femminile durante le pestilenze non possa essere messa in grande discussione. Inoltre, in un piccolo centro rurale con poche centinaia di abitanti, l'impatto del morbo non può aver avuto un carattere così preferenziale da non colpire anche dentro le abitazioni. Il discorso sulla mortalità di maschi adulti e fanciulli nei casi di contagio è senza dubbio più logico se riferito ad agglomerati urbani estesi piuttosto che a piccoli villaggi di poche case; ciò nondimeno è opportuno tenere conto che lo squilibrio nella sex ratio potrebbe avere una spiegazione legata – almeno in parte – anche al diffondersi dell'epidemia. Dalla Tabella 14 risulta evidente come la popolazione fosse costituita da tre gruppi (infanti, bambini in via di sviluppo, adolescenti) più o meno equivalenti, mentre nella classe di età tra i 20 ed i 40 si addensava quasi il 60 % della popolazione. E' anche qui realistico aspettarsi un certo sottodimensionamento del dato della classe matura e senile, sottovalutata per oggettivi problemi di identificazione nello studio antropologico. Ma non é su questa classe che va appuntato il nostro interesse principale: il dato più significativo appare la presenza numerica dei bambini all'interno del campione. Proprio la necessità di seppellire tutti insieme gli individui deceduti a causa del contagio – testimoniata dalle evidenze archeologiche – rende impossibile parlare in questo caso di sottorappresentazione degli infanti, di selezione nelle sepolture: i contagiati dovevano essere sepolti tutti insieme e rapidamente. Questo 10 % circa di bambini tra i 0 ed i 6 anni presenti nelle sepolture potrebbe quindi aver rappresentato la reale consistenza di questa classe nella popolazione di questo villaggio rurale. Come altre indicazioni

lasciate in sospeso finora, anche questo dato potrebbe avere una formidabile importanza in una lettura demografica.

8. La natalità e la fecondità femminile

Se il dato di Castro fosse preso come campione statistico dell'impatto delle classi infantili nella popolazione di questa epoca porterebbe una serie di conseguenze, di cui la principale sarebbe una rilettura del tasso di natalità. Proviamo a vedere come si comporterebbe un modello grossolanamente tratto dai dati di Castro. Prendendo a base una popolazione standard di 100 persone, con una realistica sex ratio medievale (120 maschi per 100 donne), avremmo 40 donne. Valutando le donne fertili come poco più del 50 % del campione femminile (il 55 %, per comodità), andrebbe immaginato che queste 22 donne abbiano allevato circa 11 bambini tra i 0 ed i 5 anni. Queste 22 donne "feconde" avevano ovviamente diverse età, e potremmo rozzamente dividerle in gruppi di 4, immaginando che circa 5 avessero intorno a 20 anni, 5 intorno ai 25 anni, sempre 5 30 anni e poi - tenendo conto di un calo per il tasso di mortalità generale - e ve ne fossero 4 di circa 35 anni fino alle ultime 3 che avevano circa 40 anni di età. A questo punto possiamo immaginare che fosse difficile che le donne tra i 35 ed i 40 anni avessero figli così piccoli e arriveremmo a dire che gli undici bambini dovevano essere figli delle ragazze tra i 20 e i 30 anni (si tratterebbe quindi di 15 ragazze). Se si escludessero parte delle ragazze intorno ai 20 anni – e vedremo poi perché si può effettivamente ipotizzare che non avessero tutte generato già dei figli a quell'età - lasciando a queste gruppo di 5 un bambino nel loro complesso, otterremmo che 10 ragazze (quelle intorno ai 25 e quelle intorno ai 30) avevano dieci bambini. Con la mortalità infantile descritta nei dati archeologici (grossolanamente 0-5 anni = 30 %) questi 10 bambini andrebbero considerati relativi ad almeno 14 parti. In questo modo, nel corso di cinque anni della loro esistenza, 10 ragazze avrebbero partorito complessivamente 14 volte: si tratta quindi di 14 nascite in cinque anni da dividere per 10 ragazze. In questo centro di 100 abitanti nascevano quindi ogni anno meno di tre bambini. Il tasso di natalità che si può realisticamente ipotizzare dai dati archeologici sarebbe del 28 per 1000. Si tratta, come si può subito comprendere, di un tasso di natalità molto lontano dal 40 per 1000 che gli studiosi indicano come il dato naturale, "istintivo", tipico delle società premoderne. Per rendere più comprensibile questo dato e verificarlo, si potrebbe dire che nel corso della propria esistenza, una donna non portava a compimento più di tre parti (stiamo sempre parlando di medie, ovviamente); ne deriverebbe che una giovane donna rimaneva incinta una volta ogni tre-quattro anni, e per non più di tre volte nel corso della sua vita partoriva; in questo modo l'unica scansione ipotizzabile è che avesse il primo figlio verso i 23/24 anni, un secondo intorno ai 27/28 e l'ultimo prima dei 32. Questa di 32/35 anni come età per l'ultimo parto é del tutto ipotetica, ma si può basare su una rozza media tra l'età dell'ultimo parto nelle popolazioni a "fecondità naturale" (40 anni) e quelle a bassa fecondità (30 anni) (per questi dati storici si veda Livi Bacci 1998, p. 210).

La mortalità neonatale ne uccideva all'incirca il 15 % e quindi di quei 28 arrivavano al 1° anno in 22. Il tasso (al netto della mortalità neonatale) era quindi all'incirca del 22 per 1000. Il tasso di natalità appena prefigurato è l'unico che possa essere coerente con gli indici di mortalità che derivano dalla letteratura archeologica attualmente disponibile e dalla composizione dei gruppi umani altomedievali così come emerge dal riscontro antropologico. Questo modello esemplificativo è quanto mai contestabile, ma tuttavia risulta basato su dati scientifici e non su "percentuali attese"; esso può avere una qualche validità solo se i dati disponibili ci hanno fornito una veritiera divisione della popolazione per classi di età, una realistica sex ratio e un tasso di mortalità infantile plausibile. Si tratta di indicazioni nel loro complesso tutt'altro che indiscutibili, soprattutto perché tali indici di fecondità e natalità sarebbero molto lontani da quella che i demografi - come si é visto nel capitolo I - definirebbero come "fecondità naturale". Questo quadro demografico presuppone infatti una certa cultura delle pratiche contraccettive e/o la diffusione di costumi alimentari, sessuali o culturali in grado di ostacolare con successo la fertilità dei giovani. Anche se questi temi saranno oggetto di discussione nel prossimo capitolo, si può per ora introdurre una considerazione strettamente bioarcheologica, che deriva dall'analisi della diffusione della carie nel centro di Castro dei Volsci. La diffusa convinzione che in età altomedievale l'età del matrimonio fosse fortemente anticipata, quasi che avvenisse a ridosso della maturazione sessuale femminile (quindi intorno ai 16-18 anni) e che l'età del primo parto coincidesse sostanzialmente con questa età, trova un notevole ostacolo nei risultati delle analisi sulla diffusione e distribuzione della carie dentaria. Nella letteratura medica (Fornaciari 1984 citato in Rubini

1991, p. 67) é indicato che gravidanze frequenti - e soprattutto il primo parto – provocano un processo di decalcificazione della giovane madre (più violento quanto la puerpera é più giovane) che produce una diminuzione della compattezza dello smalto e un susseguente indebolimento dei denti rispetto all'attività batterica: da qui l'insorgenza di carie dentaria. Il processo di indebolimento fisiologico della madre non si ferma con la fine della gravidanza, ma prosegue anche nella fase dell'allattamento. Il fatto che a Castro il picco dei fenomeni cariosi, peraltro modesti e abbastanza rari, tra le ragazze avvenga tra i 20 ed i 25 anni, all'età quindi secondo cui - nel modello di natalità appena discusso – sarebbe avvenuto il primo parto, e non prima (come é invece documentato per altre regioni e altre epoche storiche) indica che, almeno in questo caso, l'idea di un precocissimo matrimonio o della precoce gravidanza delle donne - da cui poi sarebbe dovuta scaturire inevitabilmente un elevatissimo tasso di natalità, una sovrammortalità delle giovanissime partorienti, e un susseguente fortissimo indice di mortalità infantile – andrebbe messa in discussione. Si può immaginare che questo tasso di natalità sia caratteristico solo di Castro dei Volsci e tale modello non possa essere considerato valido in altri ambiti altomedievali o medievali, ma vedremo nelle prossime pagine che così non è. Vale quindi la pena – alla luce dei dati bioarcheologici fin qui discussi – di rivedere consolidate idee sulla vita quotidiana, la società e la demografia dell'Italia altomedievale e medievale; per fare questo, oltre che dei dati appena presentati, ci si può avvalere del confronto con dati di scavo provenienti da altre regioni dell'Europa e del Mediterraneo, oltre che del fondamentale contributo di alcune rare fonti storiche. E' quanto ci si propone di fare - in grande sintesi - nel prossimo capitolo.

Capitolo III. CARATTERI DELLA NATALITA' E DELLA MORTALITA' IN ITALIA MEDIEVALE

1. La scarsa presenza dei bambini nei villaggi medievali

Nei due capitoli precedenti si é visto come i concetti di natalità e mortalità siano connessi da un punto di vista squisitamente matematico. Variazioni pur minime di uno di questi due indici sono in grado di provocare un aumento o una diminuzione molto significativa della popolazione anche nel giro di pochi decenni. Nel capitolo I si é illustrato il modello demografico con cui molti storici cercano di spiegare la fondamentale stabilità della popolazione italiana tra VI e XI secolo, quando il numero degli abitanti della penisola rimase pressoché invariato: ma perfino l'ipotesi di un raddoppio della popolazione italiana nell'arco cronologico che va dal VI secolo (4/5 milioni) al secolo XIV (9/10 milioni) andrebbe comunque considerato segno di sostanziale stabilità demografica: si pensi che India e Cina hanno raddoppiato la propria popolazione nel giro di venti anni, e che nell'ultimo cinquantennio diverse popolazioni del pianeta hanno acquisito un tasso d'incremento del 20-30 per 1000 (Livi Bacci 1998, p.18). Nell'Inghilterra del secolo XIX il tasso era del 13 per 1000 ed era il più alto d'Europa (e infatti l'Inghilterra passò dagli scarsi 9 milioni di abitanti del 1800 ai più di 30 milioni nel 1900). Questa "stabilità" demografica medievale (o stagnazione) é stata fondamentalmente spiegata con una mortalità annua vicina al 40 per 1000 in grado di disinnescare un tasso di natalità altrettanto elevato. La gran parte di questa mortalità sarebbe stata provocata da quella infantile, in special modo da quella neonatale. Ma se anche la mortalità fosse giunta al 37-38 per 1000, e avesse quindi lasciato un netto di natalità del 3 per 1000, la popolazione sarebbe comunque cresciuta di molte volte, dopo mezzo millennio: un incremento annuo del 2 o del 3 per 1000 é in grado di determinare il raddoppio di una popolazione in due-tre secoli (Livi Bacci 1998, pp. 18-19). Epidemie, contagi, guerre e carestie, facendo innalzare ogni tanto i tassi di mortalità (portandoli in alcune occasioni anche al 250-300 per 1000) avrebbero annullato il surplus demografico riportando i livelli numerici a quelli precedenti alle crisi. Si tratta di una lettura basata sui presupposti maltusiani, cioè sull'idea che un sistema demografico sia incapace di superare i limiti della disponibilità di cibo e territorio; appena si toccano i bordi del massimo sfruttamento possibile di cibo e spazio, una volta

innescati e esperiti i diversi tentativi di azionare i freni recessivi (ritardo nell'età del matrimonio, abbassamento della fecondità nuziale, aumento della mortalità infantile per denutrizione, maggiore mortalità delle popolazione anziane per peggioramento delle condizioni di vita e lavoro), se il sistema popolazionistico proseguisse la propria corsa demografica si produrrebbe una inevitabile crisi - epidemica, militare o alimentare - in grado di frenare in modo brutale il ritmo esponenziale di aumento della popolazione. Nella sua logica questo sistema di accrescimento "governato" dalla natura è assolutamente efficace, l'unico in grado di spiegare come mai il pianeta non si sia sovrappopolato già in età antica. Il ritmo potenziale di riproduzione della specie umana é in effetti impressionante: una donna é biologicamente in grado di fare un figlio all'anno per almeno 15 anni (Boswell 1991, pp. 314-315), e gli esseri umani sono sempre stati in grado di arrivare - ben prima della scoperta di tante medicine - ad età ragguardevoli, tra i 70 e gli 80 anni e anche più: solo per fare un semplice esempio si pensi all'Antico Testamento, dove si cita come età che un uomo dovrebbe raggiungere i 70 anni o gli 80 "per i meno deboli" (salmo 89,10). E' chiaro che questa é sempre stata considerata - dal punto di vista culturale - la vera attesa di vita degli esseri umani. La necessità fisiologica di apporto calorico della specie umana è in verità minima; varia a seconda dell'etnia cui si appartiene, del clima del territorio dove si vive e degli sforzi fisici che si compiono, ma il fabbisogno alimentare minimo giornaliero non supera in genere le 2000 calorie: "*tanto per fare un esempio, una pagnotta di pane di mezzo chilo (1.250 calorie), con il complemento di un etto di olive nere (250 calorie) e di un etto di formaggio (100 calorie), mezza cipolla e un poco di frutta e verdura di stagione, poteva soddisfare il "medio" fabbisogno*" (Livi Bacci 1987a, p. 70). In queste condizioni é evidente che, se non vi fossero state una grande mortalità infantile, una speranza di vita bassa, il succedersi di crisi militari, di movimenti migratori, di malattie epidemiche e pestilenziali, di cicliche scarsità di cibo, l'espansione della popolazione sarebbe stata inarrestabile. L'Europa bassomedievale e moderna, prima nei suoi paesi più popolati (Francia, Italia e Paesi Bassi) e poi anche in Inghilterra e alcune aree di Germania e Spagna, conobbe proprio tale andamento demografico. L'accrescimento della popolazione innescatosi già in età bassomedievale in molti territori europei, fu ciclicamente azzerato da una serie di terribili pandemie - peste, vaiolo, colera - in grado di colpire massicciamente la popolazione, che si abbatterono sull'Europa dal secolo XIV per poi esaurirsi - alcune praticamente da sole (Livi Bacci 1998, pp. 98-105) - nel corso del secolo XVIII. Ma nonostante la fine delle pandemie, anche nei due secoli successivi, le condizioni alimentari e igienico sanitarie (le cause della mortalità generale, per intenderci) non migliorarono molto; e gli indici di mortalità e la "speranza di vita" dei secoli XVIII e di prima metà XIX per molte regioni d'Europa rimasero spaventosi; la mortalità infantile era altissima, in grado di impedire da sola qualsiasi significativo aumento della popolazione. Il grande boom demografico dei secoli XVIII-XIX non fu provocato da un improvviso accrescimento della disponibilità alimentare o da un miglioramento delle condizioni di vita; è vero che gli episodi di sovrammortalità diminuirono, ma in molti paesi l'accrescimento demografico di età sette-ottocentesca non si basò solo sulla diminuzione della mortalità infantile o generale, quanto su un aumento della natalità, indotto dall'abbassamento dell'età di matrimonio e dall'aumento della fecondità; il progresso medico contribuì presto, ma non tanto salvando bambini ormai svezzati o cresciuti, quanto facendo sopravvivere le mamme che avevano appena partorito ed i neonati dalle infezioni. Infatti i tassi di mortalità infantile, fin da quando esistono documentazioni scritte per l'età moderna, furono sempre molto elevati. Le città dell'Europa, le benestanti città dell'Italia padana moderna, le grandi città barocche, erano piene di bambini, la gran parte dei quali destinata a morire presto:

Tabella 15: popolazione per classi di età a Mantova (anno 1575) e Roma (anni 1643-1647)

ETA'	% Mantova	% Roma
0-4	34	39
5-14	11	9
15-24	9	7
25-34	13	10
35-44	10	10
45-54	8	7
>55	15	18

Osservando questi dati è evidente che se non vi fosse stata una così forte mortalità dei bambini le popolazioni di queste città sarebbero aumentate esponenzialmente, mentre è noto che le città italiane, con l'eccezione di alcune grandi centri

come Napoli, erano poco popolate ancora alla metà del secolo XIX (Bellettini 1973, pp. 510-517). La terribile mortalità infantile è per esempio ben documentata per una grande città dell'Italia rinascimentale come Milano (Albini 1984). L'impatto della classe infantile sulla popolazione di Mantova e Roma (restando a questi due esempi) e il mancato accrescimento della popolazione urbana si spiega con tutta evidenza con una feroce mortalità infantile. E' quindi evidente che le indicazioni demografiche scaturite dalle analisi dei dati archeologici precedentemente discussi costringono ad ipotizzare che la spiegazione della stabilità demografica altomedievale, a fronte di una mortalità infantile non elevatissima, risiede in un tasso di natalità altrettanto mediocre. Se si confronta la presenza infantile a Castro dei Volsci (tra 0-5 anni) con quella di Mantova e Roma nel secolo XVI, ci si rende conto che nelle città moderne l'impatto dei bambini sulla percentuale degli abitanti è almeno triplo, anche se il dato di Castro dovesse essere sottodimensionato. Ma il fatto è che sia i centri altomedievali che le città rinascimentali non conobbero aumenti della loro popolazione per lunghi periodi. L'impatto molto più basso della componente infantile sulle popolazioni altomedievali italiane è insomma conseguenza di tassi di natalità più bassi, e tale risultato – come si è visto – è ipotizzabile sulla base dei dati archeologici. Va sottolineato che, si possono avere le stesse conseguenze demografiche (un lento accrescimento della popolazione) con due modelli diversi, uno ad alta natalità e alta mortalità, e un altro a bassa natalità e bassa mortalità: come scrive Livi Bacci *"risultati simili possono ottenersi con combinazioni assai diverse di comportamenti: la popolazione A, con forte mortalità associa una bassa età al matrimonio e un'alta fecondità raggiungendo gli stessi risultati di crescita della popolazione B, nella quale la mortalità é bassa, ma l'alta età al matrimonio si combina con una fecondità moderata"* (1998, p. 128). Si può argomentare che il dato di Castro dei Volsci, con la sua bassa percentuale di bambini sia casuale, o isolato: ma così non è. Esistono rari quanto preziosi documenti scritti; uno di questi è un Polittico di età carolingia, in cui vengono riportati i beni posseduti dal Monastero di Saint-Victor a Marsiglia relativi agli anni 813-814. Ebbene, il 22 % della popolazione rurale dipendente da questo monastero era al di sotto dei 12 anni (Zerner-Chardavoine 1981 citata in Rouche 1988, p. 346). I dati della sepoltura sincronica di Castro dei Volsci, relativi alla metà del secolo VI, indicano con chiarezza una percentuale assolutamente identica: al momento del contagio, la popolazione al di sotto dei 12 anni era il 21,6 % del totale (Rubini 1991, p. 32). Una coincidenza ? Si potrebbe obiettare che tale dato derivi non tanto da una bassa natalità, ma da una mortalità talmente alta da rendere scarsa la presenza di bambini. Tuttavia questa seconda ipotesi é davvero difficoltosa, poiché presupporrebbe che sia il censimento di Marsiglia che i dati antropologici di Castro non conteggino i bambini più piccoli, e inoltre contrasterebbe con la buona condizione complessiva della comunità di Castro, dove anche malattie infantili e stress sofferti in tenera età (ma che lasciano tracce sugli individui adulti) sono praticamente assenti. Tra l'altro, così come è ipotizzabile un certo ritardo nel matrimonio – o almeno del primo parto - a Castro dei Volsci sulla base dei dati bioarcheologici, alcuni dati archivistici ci consentono di osservare tale fenomeno anche a Saint-Victor: uomini e donne erano considerati adulti (e quindi in età di matrimonio) a partire dai 16 anni, visto che nell'inventario passavano dalla categoria "bambini" a quella di "adulti non sposati": nonostante questo *sembra certo che i contadini di Saint-Victor, uomini e donne, rinviavano il matrimonio a dopo i 25 anni"* (Herlihy 1987, p. 99). E' invece indiscutibile che Roma e Mantova di XVI-XVII secolo (per esempio) erano centri dove la mortalità infantile imperava, mentre esistono le condizioni per affermare che a Castro dei Volsci e nelle aree rurali intorno a Marsiglia (ben diverse per clima e cultura rispetto a quelle del nord della Francia, su cui torneremo) la natalità fosse sicuramente più bassa, anche perché qualsiasi modello demografico dimostrerebbe che se queste comunità avessero subito tassi di mortalità simili a quelli d'età classica o d'età moderna – partendo dalla struttura della loro popolazione - si sarebbero dissolte nel giro di pochi decenni, a meno che non fossero state sostenute da una forte immigrazione proveniente da aree demograficamente più vitali. L'impatto dell'immigrazione per riequilibrare il decremento demografico provocato da alti indici di mortalità è in effetti documentato in determinati periodi storici per alcuni territori: tale è il caso dei Paesi Bassi nel secolo XVII, dove la mortalità delle grandi città olandesi della costa era talmente alta che se non vi fosse stata una forte immigrazione dalle aree rurali dell'entroterra la popolazione sarebbe diminuita in modo molto significativo (Livi Bacci 1998, pp. 162-165 e pp. 172-173); ma sarebbe quanto meno discutibile immaginare simili andamenti per un villaggio rurale come Castro (dove tra l'altro la gente era in buone condizioni fisiche). E' insomma ben più probabile vedere in questo basso impatto della componente infantile sulla popolazione una conseguenza della modesta fecondità. Si tratta quindi di immaginare un diverso comportamento personale delle coppie medievali rispetto a quelle, per esempio, dell'Italia moderna.

2. Il ritardo dell'età di matrimonio

Un indice di natalità quale quello che sembra essere indicato dai dati – cioè relativamente basso - fa gioco forza pensare all'esistenza di qualche "freno preventivo" (per parlare con cifre maltusiane), che avesse l'impatto che ha nell'età contemporanea la contraccezione. Nel regime demografico "antico" esisteva in effetti un formidabile freno preventivo, di cui é stato dimostrato il rapporto con gli andamenti economici: ritardare o addirittura desistere dal matrimonio. Schofield (1981, p. 94) ha mostrato come nel XVIII secolo l'aumento della nuzialità in Inghilterra sia stato legato all'andamento dei prezzi del grano: appena le condizioni alimentari della popolazione lo permettevano l'età di matrimonio si abbassava, mentre gli aumenti dei prezzi sui beni di prima necessità portavano immediatamente ad una diminuzione dei matrimoni. Il grande boom demografico britannico tra 1750 e 1850 fu molto più dovuto ad un aumento della nuzialità e della fecondità che ad una diminuzione della mortalità (Livi Bacci 1998, p. 134). Affrontare tale questione per l'età medievale è difficile, perché abbiamo rarissime fonti; possiamo però avvalerci di una serie di studi realizzati su dati catastali dei secoli XIV e XV: uno dei territori maggiormente documentati é quello della cittadina toscana di Prato e il suo contado (Klapisch 1981).

Tabella 16: popolazione, età di matrimonio e sex ratio a Prato tra XIV e XV secolo

	1371	1427	1470
Popolazione tra 0 e 14 anni	39,7	36,1	38,7
età media di matrimonio per i maschi	23,8	26,9	29,6
età media di matrimonio per le femmine	16,3	17,6	21,1
Indice di mascolinità	97,9	106,6	107,3

Da questa Tabella è possibile ricavare diverse informazioni, e si possono fare due ragionamenti:

1) la popolazione di Prato uscì profondamente segnata dal periodo della peste nera e dalle epidemie successive: la pressione demografica si allentò improvvisamente e ciò portò ad una vera e propria rivoluzione delle strutture di questa comunità. Il calo di popolazione fu fortissimo: come spiega Livi Bacci "*la popolazione di Prato e del suo contado scendeva da 26.000 abitanti all'inizio del Trecento a poco più di 8.000 nel primo quarto del Quattrocento...*" (1998, p. 5). Un certo mutamento si ebbe nella sex ratio, favorevole alle donne nel 1371 quando si é visto che sia per motivi biologici che per motivi culturali era spesso (in età medievale) favorevole ai maschi. La spiegazione, oltre che in una maggiore mortalità maschile può essere legata all'emigrazione dei giovani maschi. Le età medie di matrimonio sono abbastanza basse per i maschi e molto basse per le ragazze, che si sposavano in grande maggioranza tra i 16 ed i 17 anni. Con la ripresa demografica il "freno recessivo" del ritardo del matrimonio ricomincia ad agire ed un secolo dopo abbiamo una situazione più "normalizzata".

2) La percentuale di bambini e ragazzini entro i 14 anni é molto alta e, soprattutto, uniforme: tra il 35 ed il 40 % del totale della popolazione di Prato: tale percentuale, pur molto alta, é comunque meno forte di quella della Mantova del XVI e della Roma del XVII secolo: percentuali tra il 30 ed il 40 % di popolazione tra gli 0-15 anni sono quelle di paesi come Italia, Francia, Gran Bretagna e Germania tra 1870 e 1910 (Livi Bacci 1998, p. 237). Se si confronta - con tutte le immaginabili prudenze - questo dato a quello di Castro dei Volsci, si ha subito l'impressione di una natalità ben più alta e soprattutto di una età di matrimonio che muta quasi per permettere che rimangano invariati i livelli di natalità. L'esempio di Prato ci obbliga ad una ulteriore considerazione: l'età di matrimonio era quindi così bassa anche nei secoli precedenti ? Un consolidato approccio alla società medievale farebbe propendere per una risposta senza dubbio positiva: se le ragazze della Prato bassomedievale si sposavano a 16 anni, e quelle della Prato rinascimentale si sposavano a 21 (dati simili si hanno anche per Firenze (Klapisch 1981, p. 176) ed altri centri), probabilmente le fanciulle altomedievali e medievali si sposavano anche prima, subito dopo la maturazione sessuale. Ma questa idea va messa in discussione, e non solo per le indicazioni provenienti dai dati archeologici. Giovanni di Paolo Morelli scrive agli inizi del XV

secolo i suoi "Ricordi" (citato in Klapisch 1981, p. 174). Egli "*consiglia di sposarsi tra i 20 ed i 25 anni, rimandando eventualmente il matrimonio fino ai 30 anni, e di scegliere una ragazza di poco tempo, tra i 15 ed i 18 anni; egli osserva che nel XII e XIII secolo ci si sposava a 40 anni per gli uomini e a 24-26 anni per le donne*". Ancora più singolari i termini che lui usa per spiegare la differenza tra i secoli precedenti e il periodo in cui scrive: sempre la Klapisch commenta (Giovanni di Paolo Morelli 1956, p. 110 citato in Klapisch 1981, p. 174) che "*40 anni di allora corrispondono ai 26-30 anni del suo tempo; può parlare d'un "fanciullo" di 29 anni, "secondo l'età d'allora" e infine, d'altra parte precisa: "nell'età d'anni 20, che a quel tempo era come oggi di dodici*". Anche Dante Alighieri "*pensava che il tempo, l'età in cui le fanciulle si sposavano allora, fosse del tutto irragionevole*" (Herlihy 1987, p, 135). E' evidente che per giudicare "non ragionevole" una precoce età di matrimonio, bisogna avere nel proprio bagaglio culturale una immagine realistica di età ben più avanzate. Erano i secoli XI-XII, per esempio, fasi di così forte pressione demografica tale da provocare una diffusa cultura del ritardo nell'età di matrimonio ? In parte sì, ma l'età di Dante era un periodo di pressione anche più forte. Ma la differenza tra idea di "gioventù" che si poteva avere nel Tre-Quattrocento rispetto a quella di due o tre secoli prima, nasconde forse anche un mutamento nel costume della popolazione (e probabilmente anche un mutamento biologico, di cui gli antropologi dovrebbero tenere conto affrontando gli scheletri) di cui gli storici più avvertiti, come a suo modo Giovanni di Paolo Morelli, erano coscienti. Andrebbe forse considerata la possibilità che le popolazioni rurali medievali fossero molto meno sprovvedute di quel che si immagina quanto a coscienza dei limiti di cibo e spazio che potevano garantire loro la sopravvivenza, e che il concetto di "natalità naturale" secondo il quale gli uomini e le donne del mondo antico e medievale si sarebbero accoppiati senza dar peso al concepimento (tranne che ricorrere poi all'infanticidio o all'abbandono) andrebbe affrontato dal punto di vista storico. Se è vero che il ritardo nel matrimonio e nel primo parto potrebbe aver avuto una notevole conseguenza nell'abbassamento della natalità, tale indicazione non sarebbe in grado comunque di spiegare – da sola – la stagnazione demografica italiana fino all'XI secolo. Si conoscono casi storici – Inghilterra moderna, ma anche l'Italia del secolo XIX – in cui vi fu un generalizzato rinvio del matrimonio che non abbassò significativamente né l'accrescimento demografico né i tassi di mortalità neonatale e infantile in genere.

Vanno quindi presi in considerazione anche altri elementi evidentemente peculiari di questa epoca, e non validi per altri periodi. Lo schema di Hajnal, e la sua idea che in età medievale certamente fossero diffusi regimi ad alta nuzialità, è stato a lungo considerato valido. Le prove documentali bassomedievali sembrerebbero avvalorare questa ipotesi, visto che l'età di matrimonio in questi secoli risulta effettivamente anticipata. Anche Massimo Livi Bacci, però, prende in considerazione l'ipotesi che dietro il fenomeno dei matrimoni in giovane età tipico della società italiana dalla seconda metà del XIV non ci sia la ripresa di un più antico modello demografico, ma una nuova mentalità diffusasi a causa della brusca diminuzione della popolazione a seguita della epidemia di "Peste Nera": "*Le cautele - a più di trent'anni dal lavoro di Hajnal – sono ancora molte; si potrebbe pensare, ad esempio, che il regime di alta nuzialità prevalente nella seconda parte del Trecento e nel Quattrocento fosse legato alla necessità di reagire alle perdite inflitte dalla gravissima crisi indotta dalla peste e dal venir meno dei vincoli economici che restringevano l'accesso al matrimonio...*" (Livi Bacci 1998, p. 149-150).

Come si cercherà di argomentare nel Capitolo IV, la pandemia della metà del XIV secolo segnerà – proprio per la nuova capacità di assorbire il surplus demografico - la definitiva sconfitta del modello demografico a bassa natalità (e mortalità), che si basava anche sul tentativo di ritardare l'età di matrimonio. Era un modello che sin dal secolo XIII era in progressiva trasformazione e crisi, ma che solo il disastro demografico della metà del XIV secolo cancellò definitivamente.

3. Contraccezione

L'idea che proprio i contadini, che più degli altri avevano chiara la necessità di possedere sempre una minima riserva di cibo e beni, che avevano una conoscenza seppur empirica di pratiche mediche e veterinarie, che trascorrevano la vita in piccole comunità in cui ogni famiglia esercitava un forte controllo sui propri figli, fossero talmente arretrati da non rendersi conto del vantaggio di controllare le nascite é francamente difficile da accettare. Bisognerebbe dare per scontata l'immagine – inaugurata da alcuni fondamentali lavori (Aries 1978) - di una grande indifferenza delle popolazioni premoderne verso i bambini; secondo questi storici si facevano molti figli anche perché ne morivano

tantissimi, senza che questo intaccasse culturalmente o demograficamente il comportamento delle coppie. Questa idea è stata ampiamente contestata e forse andrebbe considerata in gran parte superata. Il lavoro di Le Roy Ladurie (1977) sulla piccola comunità della montagna provenzale di Montaillou (fine XIII-inizio XIV) ha mostrato con chiarezza come questi contadini-pastori avessero una serie di conoscenze (basate senza dubbio più che altro sulla pratica e l'esperienza) riguardo aspetti igienici, medici e nutrizionali che non potevano non avere conseguenze positive sulla loro condizione di vita. Tra questi aspetti, solo per sfatare alcuni luoghi comuni ancora molto diffusi, l'uso di svestirsi per dormire (p. 155), l'alimentazione con brodo di carne per i debilitati (p. 245), l'uso di acque solforose per combattere le malattie della pelle (p. 240-241). Illustrando alcuni casi avvenuti nel centro pirenaico, Ladurie mostra anche l'attenzione di questi contadini verso la contraccezione, il "*birth control che alcuni storici considerano a torto come tipico dell'aristocrazia urbana*" (pp. 184-186). Si tenga conto che nella Montaillou studiata da Le Roy Ladurie su 250 persone solo 4 erano alfabetizzate, e solo 2 sapevano il latino (p. 259). Ma uno dei maggiori fattori di contraccezione nelle comunità rurali era probabilmente l'allattamento prolungato dei bambini, di cui si ha prova attraverso le indicazioni bioarcheologiche (e non solo).

L'allattamento prolungato, praticato da molte popolazioni rurali appartenenti a diverse culture ed etnie, é considerato dalla scienza medica come un elemento estremamente positivo per il bambino. Già la trattatistica del XVIII secolo considerava l'allattamento materno efficace soprattutto per proteggere dalle malattie infettive (Livi Bacci 1998, pp.160-161). Recentemente il valore dell'allattamento materno come pratica contraccettiva ha fatto sì che si promuovessero iniziative per la diffusione di questa pratica nelle popolazioni terzomondiali ad alta natalità ed elevata mortalità infantile (Bender, Dusch, McCann 1998); questa unanimità di giudizi positivi nei confronti dell'allattamento non era diffusa però nel mondo antico. Molti medici medievali ritennero a lungo che il colostro (il liquido che fuoriesce dal seno materno prima della montata lattea) costituisse un grave pericolo per il neonato: consigliavano addirittura di tenere il bambino distante dalla mamma almeno per qualche giorno dopo il parto, il che poteva provocare gravi conseguenze sulla sua salute. Si trattava per lo più di teorie mediche elaborate da

Sorano, un ginecologo di età romana ripreso abbondantemente nella manualistica medica medievale (Livi Bacci 1987a, pp. 104-105). Quanto poi alle pratiche anticoncezionali, il ritardo dei medici d'età medievale era probabilmente enorme: non sarebbe sconvolgente immaginare che avesse molta più cultura su questi aspetti - e anche sulle procedure del parto - un contadino altomedievale, che conosceva bene i suoi animali e sapeva quando e come far nascere vitelli e puledri, piuttosto che un medico di una benestante città comunale. Nei confronti della contraccezione il mondo "colto" medievale scontava un ritardo già diffuso in età antica (Tannahill 1985, pp. 115-117) cui si accompagnò per secoli la repressione, da parte della Chiesa, di costumi sessuali contraccettivi: coitus interruptus, rapporti orali e anali erano violentemente condannati (Tannahill 1985, pp. 136-139). Il mondo contadino, con la cultura dei ritmi e della vita dei propri preziosi animali e con l'attenzione all'equilibrio tra risorse e sopravvivenza, era sicuramente la sede più efficace in cui i metodi contraccettivi naturali e artificiali potevano mantenere una certa diffusione. La pratica della contraccezione – anche quando realizzata solo indirettamente con il ritardo del matrimonio e con l'allattamento prolungato – non veniva poi perseguita solo nel tentativo di abbassare i tassi di natalità e quindi per prevenire un aumento non gestibile della popolazione; bisogna dire che una età di matrimonio ritardata ha anche un certo impatto diretto sulla mortalità infantile. Diversi studi (Ashby 1915, pp. 29-30) hanno da tempo mostrato – così come la tavola che qui si presenta (Kriedte 1983 citato in Bar-Ilan 1990) - come esista un diretto rapporto tra età di matrimonio relativamente avanzata e più basso tasso di mortalità infantile e mortalità femminile.

Tabella 17: età di matrimonio, speranza di vita e mortalità infantile in alcuni centri europei del secolo XVII

	Villaggi rurali del Devon 1538-99	Villaggi rurali Essex 1550-1624	Borghesia di Ginevra 1550-99	Alta Aristocr. Inglese 1550-99
Età media di matrimonio donne	27	24.5	21.4	22.8
Mortalità Infantile per 1000 (0-1 anno)	120-140	128		190
Mortalità Infantile per 1000 (1-14 anni)	124	149		94
Mortalità Infantile per 1000 (1-19 anni)			519	
Speranza di vita media	40.6-45.8		28.5-9	37

Le contadine del Devon e dell'Essex facevano i loro figli sicuramente più tardi rispetto alle borghesi di Ginevra e all'aristocrazia britannica. Pur partendo da condizioni economiche (e igieniche, è immaginabile) ben lontane, la mortalità neonatale era più o meno la stessa (anzi, era più bassa nei villaggi rurali) e sicuramente queste prime vivevano più a lungo. Non é affatto detto che, soprattutto se l'epoca dello sviluppo sessuale era lievemente più attardata rispetto all'età moderna ed attuale, una ragazza di 18-20 anni avesse maggiori possibilità di sopravvivere al parto rispetto ad una di 25-27 anni. Anzi, la sensazione che si ha é che avvenisse l'inverso, ed anche questo fatto non é detto che fosse così ignoto al mondo rurale altomedievale e medievale. Si potrebbe obiettare che è difficile immaginare un controllo sui comportamenti individuali tale da evitare che ragazze molto giovani rimanessero incinte; ma a questo proposito – oltre che su argomenti socioculturali, con cui si potrebbe già argomentare – bisogna valutare una serie di condizioni specifiche tra cui, come si è già accennato, il fatto che non è possibile essere certi che la maturazione sessuale avvenisse durante i secoli dell'altomedioevo e del medioevo alla stessa età in cui giungeva durante i secoli successivi: *"l'età della pubertà varia non solo da individuo a individuo, ma anche all'interno delle stesse popolazioni a seconda del regime alimentare e di altri fattori"* (Boswell 1991, p. 29); la variabilità dell'età del menarca in età medievale è stata discussa e messa in rapporto con le abitudini alimentari da diversi significativi studi (Bullough e

Campbell 1980, pp. 317-325) e sarebbe interessante prenderla in considerazione come elemento di potenziale impatto demografico.

Abbiamo visto come dai dati archeologici italiani emerga la sensazione di non trovarsi di fronte ad una sovrammortalità tra le giovani donne: il momento critico del parto non sembra quindi aver costituito un fattore di significativa elevazione della mortalità in questi secoli. Questo insieme di considerazioni potrebbe far immaginare per questo periodo un sistematico attardamento dell'età di matrimonio che aveva sia l'obiettivo di tenere bassa la natalità, che di diminuire i fattori di rischio per i neonati e per le donne in travaglio. I dati archeologici sembrano abbastanza affidabili su questo punto: ne può essere prova il fatto che esistano molti contesti, sia relativi al periodo romano che ai secoli successivi (per esempio al medioevo francese) dove la mortalità neonatale e quella femminile-giovanile si accompagnano. Solo come esempi, si possono citare i risultati antropologici dello scavo della necropoli di Pella, capitale della Macedonia (Reuer, Fabrizii-Reuer 1988). Questo sepolcreto di 87 individui databile al III-II secolo a.C. indica una mortalità della primissima infanzia intorno al 28 % e una forte mortalità delle donne subadulte. Dati simili provengono da alcuni sepolcreti tardoantichi (Poundbury in Inghilterra meridionale (Farwell, Malleson 1995) e Cadarache in Provenza (Pouyé et al. 1994)). Nel sepolcreto altomedievale francese di Frénouville, in bassa Normandia, si sono trovati (Buchet 1978) tassi di mortalità infantile molto alti (45 %) accompagnati da una elevata mortalità femminile: la vita media dei maschi raggiungeva i 40-45 anni, quella delle donne i 30-40 (Rouche 1988, p. 345); una condizione simile delle donne é documentata per il sepolcreto francosettentrionale di Les-Rues-des-Vignes, presso Cambrai (VI-VII d.C.), dove su 159 individui esaminati si é trovato forte dimorfismo sessuale, elevata mortalità infantile, e forte mortalità femminile tra i 18 ed i 29 anni (Kurzawski, Blondiaux, Marquet 1982). Se si ricordano, nel capitolo precedente, le considerazioni sullo scarso dimorfismo sessuale tra maschi e femmine in Italia medievale (con l'eccezione di S. Pietro di Cavallermaggiore) è possibile notare che invece in questo cimitero normanno la statura media dei maschi é di cm. 167 e quella delle donne di cm.155.

L'idea che nei villaggi rurali altomedievali e medievali italiani ci si sposasse prestissimo e si facesse il primo parto poco tempo dopo la maturazione sessuale resta quindi da dimostrare: i dati archeologici e molti studi storici indicano semmai il contrario. Il tema della contraccezione è per molti versi centrale; resta difficile capire quanto fosse consapevole e se, in una società sottoposta alla pressione della morale sessuale religiosa, fosse davvero possibile seguire tali pratiche. Su questo argomento si tornerà nel Capitolo IV, dedicato agli aspetti storico sociali che i dati demografici finora esposti interessano.

4. Ristrettezza del nucleo familiare

Esiste una ulteriore indicazione che rafforza l'ipotesi di una bassa natalità: i nuclei familiari non erano probabilmente composti da molte persone. Anche in questo caso, l'immagine che abbiamo del mondo contadino è largamente influenzata dall'esperienza dei nostri nonni o bisnonni: la famiglia contadina è per noi – nell'Europa mediterranea, soprattutto in Italia - una famiglia allargata, molto numerosa, piena di bambini. Per riflesso condizionato, la famiglia contadina altomedievale ce la immaginiamo come qualcosa di molto simile. Ma questa idea non è nient'altro che l'applicazione di categorie culturali relative al mondo rurale moderno a quello – in parte sconosciuto – del medioevo. Una buona messe di documenti storici (dai racconti agiografici agli inventari dei beni dei monasteri) appare invece dare una diversa indicazione: la famiglia contadina altomedievale e medievale é tutt'altro che numerosa: i dati dei beni amministrati da diversi monasteri di età carolingia sono tra i rari documenti scritti che abbiamo sulla composizione dei nuclei familiari delle famiglie rurali altomedievali. Si tratta di documenti relativi alla Francia settentrionale (Saint-Germain-des-Pres), a quella meridionale (Saint-Victor, presso Marsiglia) e al grande monastero di Farfa, nell'Italia Centrale. Si tratta di fonti pubblicate nel secolo scorso: il Polittico dell'abbazia di Saint-Germain-des-Prés (1886-1895), il Cartulario di Saint-Victor di Marsiglia (1857), Il regesto di Farfa compilato da Gregorio da Catino (1879-1888). L'affidabilità di queste fonti ai fini di una ricostruzione demografica è stata messa però almeno parzialmente in discussione (Devroey 1981); resta il fatto che sono fonti con cui ci si deve confrontare. I dati mostrano sempre una composizione del nucleo familiare molto ristretta, ma per motivi presumibilmente differenti: in un momento di espansione rurale favorevole, a Farfa le famiglie non hanno più di 2,3 figli a coppia; in modo simile, nel rilevamento di Marsiglia, solo in un momento di grande aumento della natalità si raggiungono i 2,9 figli a coppia; probabilmente differente è invece il caso francosettentrionale; *"nel grande rilevamento del IX secolo a Saint-Germain-des-Prés, la scarsezza di bambini per famiglia rende difficile capire come la comunità riuscisse anche solo a mantenersi costante"* (Herlihy 1987 citato da Boswell 1981, p. 430). Tale scarsezza però è molto relativa, se confrontata con gli altri dati che sono stati appena citati: perché *"la dimensione media delle unità familiari che vivevano sulle terre di Saint-Germain è di 5,79 persone, dunque 6"* (Herlihy 1987, p. 90). Come si vedrà nelle pagine successive, la Francia centrosettentrionale ha caratteristiche sotto molti punti di vista diverse da quelle italiane, sia nel modello rurale, che in quello culturale: si tratta di differenze sui cui si tornerà presto; anticipando alcuni dati archeologici si può però dire subito come spesso in Francia la dimensione media dei nuclei familiari risulti – anche grazie a quanto si ricava dall'analisi dei caratteri ereditari-genetici degli individui sepolti – proprio di 6 persone, con 4 figli a coppia quindi (Le matériel anthropologique... 1986). Si può ipotizzare, anche per altre indicazioni che si affronteranno più avanti, che la composizione ristretta – ma non poi così tanto - del nucleo familiare nel caso della Francia continentale dipendeva in buona parte dalla alta mortalità infantile, mentre nel caso italiano (e "mediterraneo") questo aspetto sembrerebbe più legato a radicate consuetudini nell'allevamento dei bambini. Tutto questo comunque orienta verso l'idea dell'esistenza di un vero e proprio fattore culturale all'origine della ristrettezza del nucleo familiare; si ricordi che il mondo altomedievale e medievale non aveva la "necessità" di quella base numerica che l'organizzazione di lavoro bracciantile e mezzadrile tipica del mondo moderno (ed esistente in nuce nel Nordeuropa dall'età carolingia) rendeva necessaria. Questa cultura "dei pochi figli" rimase probabilmente forte nella mentalità contadina italiana anche in epoche più tarde: per fare un esempio, gli inventari delle proprietà della chiesa di Ravenna testimoniano che ancora nel secolo XIII le famiglie contadine di Bagnavacavallo di Romagna facevano in genere 2-3 figli (Fantuzzi 1801, V, II/29, pp. 155-158): su 58 nuclei familiari romagnoli, 35 erano composti da 4-5 persone, 17 da 6-7 membri e solo 4 da più di 7 familiari (tra questi nuclei ve n'era uno di 13 persone). Solo per fare alcuni esempi sulla dimensione del nucleo familiare in età postmedievale, quando era ormai mutata la cultura ed esisteva un tasso di natalità (e mortalità infantile) più elevato rispetto ai secoli precedenti, si

può notare come a Firenze i nuclei familiari erano (in media) di 3,8 persone nel 1427 e di 5,66 persone nell'anno 1522 (Herlihy citato in Boswell 1991, p. 315).

Abbiamo visto come il ritardo del matrimonio da solo non possa bastare a spiegare una così bassa natalità in età altomedievale. Secondo il "modello demografico" che si é cercato di trarre dai dati archeologici disponibili, ogni donna non effettuava più di tre-quattro gravidanze. Per quanto la fecondità femminile fosse forse limitata ad un intervallo di tempo più ristretto rispetto a quello che si é sempre ipotizzato (perché non ci si sposava ad una età precoce), bisogna dedurre che tra un parto e l'altro trascorressero almeno tre-quattro anni. A meno di non immaginare una diffusa contraccezione tale intervallo sembra, a prima vista, irrealistico. In verità non deve essere considerato esagerato, se si tiene conto di un decisivo fattore denatalizzante, di natura strettamente biologica, già introdotto nelle pagine precedenti ma del quale è giusto valutare profondamente la portata, sia biologica che storica: la diminuzione della fertilità femminile provocata dall'allattamento prolungato. E' scientificamente dimostrato (Bender, Dush, McCann 1998) che la lattazione umana allunga il periodo di riduzione della fertilità femminile, provocata dall'attività ormonale stimolata dall'azione delle ghiandole mammarie. La possibilità di allattare a lungo e far sì che si abbia un soddisfacente apporto nutritivo per il bambino si basa però su una precisa condizione: che la donna possa disporre di un discreto livello alimentare, che segua una dieta con significativo contributo di carne e/o di altri alimenti proteici.

5. La fertilità femminile

In età altomedievale e medievale il costume di allattare a lungo i bambini pare diffuso, come è testimoniato da diverse fonti storiche, e questo nonostante la medicina ufficiale non avesse un giudizio del tutto positivo o comunque univoco al riguardo. I tre anni sono percepiti, anche nella giurisprudenza dell'epoca, come l'età a cui il bambino è da considerarsi svezzato; la "Summa Institutionum" del Piacentino, un testo giuridico del secolo XII, occupandosi della divisione dei figli in caso di divorzio si esprime così (*Placentini summa codicis*, ed. 1962, 5.245, p. 217): *"E' evidente che quelli che hanno più di tre anni dovrebbero rimanere col padre e quelli più piccoli con la madre"*. Fino a tre anni, quindi, il bambino resta indissolubilmente legato alla madre, per motivi legati alla cura e all'alimentazione. Vedremo dopo come anche le fonti archeologiche segnalano questa età come momento dello svezzamento. L'allattamento prolungato è un fattore denatalizzante di enorme impatto: per alcune fasi della storia umana, il suo legame con l'andamento demografico é stato considerato perfino causa di grandi cambiamenti; la presenza di usura dentaria sui denti di bambini di 2 anni risalenti al Paleolitico Superiore (homo sapiens) rispetto all'usura che compariva solo intorno ai 3 anni in quelli del Paleolitico Medio (homo neanderthalensis) é stato giudicato traccia di uno svezzamento anticipato; questo mutamento nella durata dell'allattamento potrebbe spiegare - secondo M. Skinner (1997, pp. 689-690) – il notevole aumento demografico che contraddistinse la specie umana nel Paleolitico Superiore: *"significantly earlier dietary supplementation of Upper Paleolithic infants may have reduced birth spacing through diminished hormonal inhibition of ovulation. These results are compatible with demographic increase in the Upper Paleolithic"*. Passando a tutt'altra epoca, anche l'accrescimento della popolazione avvenuto negli Usa nel decennio tra 1960 e 1970 é stato sostanzialmente spiegato (Bender, Dusch, McCann 1998) con la diminuzione della durata dell'allattamento materno; si passò da una lattazione che durava in media 2 anni nei decenni tra 1930 e 1960, ad una durata di 1 anno a partire dal decennio successivo, con importanti riflessi sulla fertilità e la natalità. Vedremo ora come – sulla base dei dati archeologici - si possa parlare di lattazione prolungata anche per le popolazioni medievali italiane, e cercheremo di comprendere il perché e l'origine di questa pratica. Per tornare al tasso di natalità ipotizzato per il medioevo a partire dai dati disponibili, si potrebbe complessivamente fare questa ipotesi ricostruttiva: la prima gestazione e parto avveniva probabilmente ad una età di 20-22 anni; si possono calcolare 3 anni di allattamento e svezzamento del bambino, e poi 9 mesi per la gestazione del secondo figlio: si giungerebbe quindi ad ipotizzare il secondo parto verso i 25 anni, cui seguiva un nuovo figlio prima dei 30 anni e, forse, un altro negli anni successivi. Dopo i 35 anni, ma forse anche qualche anno prima, é immaginabile che per la donna si considerasse superata l'età della maternità; a questa età aumentavano sensibilmente i rischi cui era sottoposta la madre al momento del parto, e poi la mortalità generale, che colpiva i maschi in modo precoce, lasciava sole molte donne: la vedovanza non era vissuta come una condizione marginale od una *diminutio* del ruolo femminile in

una comunità, tale quindi da spingere la donna a continuare più possibile la propria attività di allevatrice di bambini piccoli; nelle comunità medievali, donne adulte e vedove avevano spazi e status sociale; nei documenti bassomedievali si riscontrano numerosi nuclei familiari con presenza di vedove (Klapisch 1981, p. 179). La maggiore mortalità maschile in età matura è inoltre dimostrata dai dati, e ciò è ancor più avvalorato dall'aumento della popolazione femminile rispetto a quella maschile nella classe adulto-senile, che si registra (come abbiamo visto) in diversi centri. La superiore longevità femminile é una tendenza biologica, e riguardava le donne mature e adulte una volta che avessero superato indenni un certo tasso fisiologico di sovrammortalità femminile (meno forte di quanto si pensa, però) dovuto alle complicanze da parto. Possiamo quindi con una certa base logica restringere la fase di fecondità della donna ad un arco di 10-15 anni posti tra l'età di 20-22 e quella di 32-35. Nonostante gli intervalli provocati dalla lattazione prolungata, in questo arco di anni una donna avrebbe però comunque potuto portare avanti quattro gravidanze. Il tasso di natalità di 2,8 per 1000 rimane tuttavia, alla luce di quanto detto, molto realistico: possiamo ipotizzare l'esito sfortunato di alcune gravidanze, cioè gli aborti naturali, facilmente immaginabili in un mondo rurale difficile, in cui i ruoli femminili non escludevano (come dimostrato dallo scarso dimorfismo) le donne dal lavoro dei campi. Il ricorso alla lattazione prolungata – con il suo effetto denatalizzante - derivava anche dalla mancanza di valide alternative al latte umano, cioè alla poca disponibilità di latte animale (torneremo su questo punto, assolutamente centrale); ciò rendeva necessario il ricorso massiccio ad un prolungato allattamento umano anche per le donne meno dotate di latte, il che portava alla diffusione dell'utilizzo di nutrici. Per queste donne si allungava quindi ancor di più il periodo di diminuzione della fertilità; l'impatto di questo fenomeno non va sottovalutato, anche perché era una fonte di reddito per il mondo femminile rurale e quindi ne dobbiamo immaginare la frequenza, peraltro dimostrata da molti studi (Sandri 1991).

6. Alimentazione degli infanti

Come si diceva, la lattazione prolungata era provocata anche dalla scarsa disponibilità di latte animale da cui pare caratterizzata l'Italia medievale. La possibilità di sostituire il latte animale a quello umano, anche nel divezzamento, era molto ridotta;

l'alimentazione del neonato e dell'infante era quindi basata per moltissimi mesi solo sul latte materno. Non esistevano – e forse nemmeno si cercavano – valide alternative. In questo modo la stimolazione continua delle ghiandole mammarie diminuiva sensibilmente la possibilità per la giovane madre di restare nuovamente incinta. Il momento del divezzamento é uno dei più pericolosi per la vita del bambino: nella letteratura medica è noto come l'assunzione dei primi cibi solidi possa portare alla "diarrea da svezzamento" (Garnsey 1995, p.74), con esiti talvolta letali per l'infante. Il modello alimentare medievale, basato su cereali, zuppe e brodi (Giovannini 1998a) non poteva costituire un efficace apporto integrativo, e come si vedrà, costituiva invece la dieta del bambino ormai completamente svezzato. L'unica possibilità sarebbe stata quindi quella di sostituire o integrare il latte materno con del latte animale; in questo modo l'allattamento materno non si sarebbe prolungato troppo a lungo e la donna sarebbe tornata rapidamente ad un alto livello di fertilità. Ma per quale motivo, non si diffuse la pratica di divezzare il bambino con del latte animale ? Fu una scelta o una costrizione ? Probabilmente ciò avveniva a causa di diversi motivi, che si cercherà qui di esporre sinteticamente:

1) Motivo "igienico": gli uomini dell'epoca non erano a conoscenza del fatto che l'ebollizione del latte avrebbe provocato l'abbattimento del suo tasso di pericolosità batteriologica; il latte, ancora in età bassomedievale e rinascimentale, era considerato facile veicolo di epidemie e di malattie. In effetti la trasmissibilità di malattie infettive attraverso il latte, soprattutto nel momento immediatamente successivo alla mungitura, effettuata in ambienti ricchi di attività batterica come le stalle (letame, presenza di animali, cibo fermentato, etc.), è ampiamente documentata dalla letteratura medica; la sostanziale esclusione del latte dall'alimentazione umana è provata anche dal fatto che nei ricettari medievali e bassomedievali italiani compare sempre – al posto del latte animale - il latte di mandorla: il famoso "bianco mangiare".

2) Motivo "sessuale": non si può escludere che nelle popolazioni dell'epoca la lattazione prolungata fosse pienamente avvertita come una vera e propria pratica anticoncezionale. Che l'allattamento inibisse la fertilità era noto sin dall'antica Grecia, ne aveva parlato anche Aristotele (Hist. An. 587b; Gen. An. 777a, citato in Garnsey 1995, p. 73), ed alla sua diffusione come costume contraccettivo "diretto" (cioè provocato da un fattore biologico) se ne può

anche aggiungere uno indiretto, cioè di natura culturale: esistevano forti tabù sessuali nei confronti della donna in allattamento, molto simili a quelli verso la donna in stato interessante o in fase mestruale. Nei testi dell'epoca è molto comune trovare esortazioni (o espressi divieti) a non avere rapporti con donne incinte per paura di danneggiare il feto; ebbene un tale atteggiamento esisteva anche per la donna in allattamento (Boswell 1991, p. 215). Questa idea risulta molto diffusa nell'età altomedievale e medievale: ne parlano Beda (Historia Ecclesiastica 1.27, ed. Plummer, 1.55); Ivo di Chartres, Decretum 8.88 (PL 161.601-2); Roberto di Flamborough, Liber Poenitentialis 5.7.289 (ed. Firth, pp. 238-239). Le prescrizioni implicavano generalmente l'astinenza dai rapporti sessuali la Domenica, nei giorni delle feste religiose, durante le mestruazioni, gravidanza e allattamento; per chi avesse disobbedito la conseguenza più grave poteva essere la nascita di figli fisicamente deformi, o malati (addirittura lebbrosi) (Boswell 1991, p. 462). Anche se non si può immaginare che tali prescrizioni possano aver sempre influito nei comportamenti intimi delle popolazioni medievali, fanno capire quanto questi tabù fossero parte della cultura dell'epoca, il che potrebbe aver avuto un certo impatto sulla fecondità femminile.

3) Motivo "economico": il discorso sulla scarsezza di latte animale in questa epoca ci permette di introdurre la questione del modello alimentare. La gran parte delle specie bovine per produrre alte quantità di latte ha bisogno di un allevamento orientato a tale produzione: i bovini devono essere nutriti con foraggio di un certo tipo, e soprattutto le mucche devono stazionare in ambienti da cui, almeno durante il giorno, siano assenti i vitelli (Sherratt 1981, p. 275). Queste due condizioni, difficilmente perseguibili in piccoli villaggi rurali in cui lo sfruttamento dei bovini era collettivo, sono infatti necessarie affinché animali di piccola mole (quali erano i bovini medievali) abbiano una buona disponibilità di latte e soprattutto per fare in modo che il latte sia dato al mungitore e non ai vitelli, cui le mucche avrebbero naturale tendenza a cederlo. Numerosi studi storici e archeologici mostrano che l'allevamento e la gestione dei bovini nei piccoli villaggi dell'Italia medievale era comunitaria; d'altra parte ciò risulta chiaro se si pensa che la loro funzione principale era l'aratura dei campi, che come la semina e il momento del raccolto, era realizzata in modo collettivo (Giovannini 1997). Rispetto a quello vaccino vi doveva essere una maggiore disponibilità di latte ovino e caprino; ma il

latte di pecora non è un buon sostituto di quello umano (per il troppo alto contenuto in lattosio, oltre che per il sapore). Quello di capra sarebbe invece - insieme a quello d'asina - decisamente migliore, ma questi animali non appaiono diffusi nell'Italia medievale in numero tale da far immaginare un significativo impatto del loro latte nell'alimentazione degli infanti. Solo a titolo di esempio si vedano a questo proposito i dati amministrativi dell'azienda curtense altomedievale di Santa Giulia a Brescia (Montanari 1979, p. 224): sul totale delle specie animali possedute dai contadini, la percentuale di pecore é del 40,9 %, mentre le capre rappresentano solo il 3,7 % e gli asini arrivano a malapena allo 0,4 %. C'è da dire inoltre che per le popolazioni rurali italiane era molto più conveniente la trasformazione del latte ovino e caprino in formaggio; in questo modo era conservabile molto a lungo, igienicamente più sicuro e più tollerabile per l'organismo: il livello di lattosio diminuiva, e ciò rendeva il prodotto più digeribile per individui in fase post-lattazione, in specialmodo per popolazioni mediterranee: infatti delle tre componenti del latte (grasso, proteine e lattosio, cioè lo zucchero del latte, formato a sua volta da glucosio e galattosio, sintetizzato dalla ghiandola mammaria) quest'ultimo presenta difficoltà ad essere digerito se si ha carenza di un enzima, il lattasio. In tutti i mammiferi la produzione di lattasio è circoscritta dal momento della nascita alla prima infanzia (nell'uomo fino ai 2-4 anni dopo la nascita). Per motivi di sopravvivenza l'uomo ha sviluppato molto anticamente la capacità di produrre lattasio anche dopo questa età, attraverso la continua ingestione di lattosio, ma tale capacità é trasmessa geneticamente e non é patrimonio di tutte le etnie umane. Le popolazioni mediterranee adulte non sono in genere in grado di tollerare bene il latte, mentre quelle nordeuropee lo digeriscono molto meglio (Sherratt 1981, pp. 275-277). Oltre ad ovviare ai problemi di digeribilità appena esposti, la trasformazione in formaggio rendeva il latte commerciabile e consumabile in stagioni di diminuita disponibilità di risorse alimentari naturali. Il bovino, sia maschio che femmina, era molto più utilizzato per il lavoro dei campi e per la produzione di carne; le mucche ed il loro latte erano decisivi - tenendo conto che si trattava spesso di un gruppo molto circoscritto di animali - per la generazione e lo svezzamento dei vitelli, consentendo così il costante ritorno ad un gruppo minimo d'individui utili al sostentamento, sia alimentare che produttivo, dei ridotti villaggi rurali. In Italia la mucca era quindi utilizzata soprattutto per la riproduzione e il sostentamento delle piccole mandrie collettive di bovini. Era allevata in modo semiselvatico, di piccola mole, e la qualità e la quantità del suo latte doveva essere estremamente ridotta. La principale finalità dell'allevamento dei bovini era la carne e la forza-lavoro; appena la piccola mandria veniva "rimpiazzata" da nuovi vitelli ormai cresciuti (circa ogni cinque anni) i bovini erano macellati e mangiati (Giovannini 1997).

Proprio su questa scarsa presenza di latte animale utile allo svezzamento nell'Italia altomedievale è possibile riscontrare una nuova differenza con il coevo ambito della Francia centrosettentrionale: in Francia, come si è visto, abbiamo trovato differenti condizioni di natalità e mortalità infantile rispetto all'Italia; ebbene proprio qui esisteva un'altra cultura dell'allevamento del bovino. Gli Inventari della abbazia carolingia di Saint-Denis (Un Village au temps... 1988) testimoniano l'importanza del burro e quindi della mucca da latte come canone per l'utilizzo delle terre da parte dei contadini. Nell'ambiente mediterraneo, dove rispetto al burro prevaleva l'uso dell'olio, questa importanza del latte vaccino era molto minore: in Italia il latte (di qualsiasi animale sia) non risulta citato in alcun patto colonico e nei polittici (Montanari 1979, p. 250). In Italia settentrionale la "divisione alimentare" nell'uso del grassi era fino a poco tempo fa tra lardo, diffuso in Italia settentrionale, e olio, molto consumato in Italia centromeridionale (Montanari 1979, pp. 394-395). Per la Francia centrosettentrionale si può parlare invece di "area del burro"; l'impatto di questa scelta "gastronomico-alimentare" – dovuta anche a ragioni climatiche - non può essere considerato secondario; innanzitutto per la presenza numerica delle mucche, molto più numerose in Francia che in Italia: a questo proposito è illuminante il confronto tra i dati di Annapes (Un Village... 1988, cap. IX) (Duby 1972, pp. 25-56) e quelli di S. Giulia di Brescia (Montanari 1979, p. 224). Il monastero bresciano aveva proprietà disseminate in tutta l'Italia settentrionale, soprattutto in Lombardia: dei suoi 351 capi bovini, 270 sono buoi, mentre le vacche sono solo 46 e i vitelli 35. Nell'Inventario francese di Annapes, invece, il rapporto tra buoi e vacche é sostanzialmente paritario. Altra differenza è costituita dall'età di macellazione: in Francia i bovini erano macellati ad età molto avanzate – proprio perché utilizzati anche per la produzione di latte -, mentre in Italia in genere non si superavano i 5-6 anni. Tutte queste scelte rurali portavano delle conseguenze evidenti sulla vita delle comunità rurali e finanche sui tassi di natalità e mortalità infantili: la disponibilità di latte vaccino in Francia settentrionale portava alla diminuzione dell'intervallo da allattamento prolungato, visto che i bambini potevano essere divezzati con latte animale: ciò innalzava il tasso di natalità, e provocava una più elevata mortalità sia degli infanti (per motivi batteriologici) che degli adulti, soprattutto donne (per la maggiore frequenza dei parti e per motivi carenziali, visto che la loro dieta era più cerealicola). Insomma, dietro tassi d'incremento demografici delle popolazioni rurali medievali simili per il medioevo italiano e quello francese, sembrano nascondersi modelli demografici molto distanti.

Occorre però precisare che la lattazione prolungata appare diffusa anche nella Francia altomedievale rurale: si veda il racconto di Gregorio di Tours *"De infantulo sanato"* (*De virtutibus s. Martini*, liber III, 51 in Gregorii Turonensis opera, ed. 1885, p. 644) dove san Martino interviene per salvare un bambino che dopo essere stato allattato per tre anni (cosa che viene data per assolutamente normale) rifiutava di prendere il cibo rischiando così di morire. Sembra però possibile immaginare che la lattazione prolungata fosse in area franca un fenomeno limitato al mondo rurale ed ai primi secoli del medioevo, probabilmente in declino da quando la riorganizzazione delle aziende agricole in età carolingia aveva riorientato la produzione e la cultura rurale lontano dal modello di autoconsumo che contraddistinse assai più a lungo il mondo italiano. Che la pratica della lattazione prolungata fosse di gran lunga più diffusa in ambito mediterraneo emerge inoltre sia da dati archeologici che da fonti d'archivio; innanzitutto la mortalità infantile appare più grave in Francia: i dati antropologici provenienti dal villaggio di Villiers-le-Sec (Aboire 1988), villaggio che dipendeva dall'Abbazia di Saint-Denis, presso Parigi, evidenziano un tasso di mortalità tra i 0-5 anni molto elevato, e che corrisponde, valutando anche la problematica della sottorappresentazione delle sepolture infantili (che incrementa questa gravità) alla condizione di altri centri della Francia altomedievale. Un'ulteriore indicazione giunge dallo studio dell'ipoplasia dello smalto (tipico "stress nutrizionale" infantile, su cui ci si soffermerà più avanti) in sepolture altomedievali della Basilica di Saint-Denis (Gallien 1994); si tratta di individui provenienti dalla città, con una buona condizione generale e un'età di morte abbastanza elevata, ma

con stress nutrizionali tali da far immaginare uno svezzamento nettamente anticipato rispetto a quello diffuso, per esempio, nell'Italia coeva.

Se si può parlare di differenze territoriali e di fasi storiche per la Francia questo discorso vale però anche per il territorio italiano. Su sepolture provenienti dall'Italia é stato possibile osservare il legame diretto tra disponibilità di latte animale e tassi di fecondità e natalità. A Cornus, necropoli altomedievale posta in provincia di Oristano (Sardegna), abbiamo le prove che almeno in alcuni casi la lattazione prolungata non fu seguita. A Cornus un bambino di 1 anno mostra tracce di divezzamento precoce e di una dieta vegetariana. Questo tipo di dieta la si deduce anche dalle analisi di altri individui di Cornus (due giovani di 13 e 15 anni appaiono malnutriti e sottoposti ad una dieta sostanzialmente vegetariana); la concentrazione di stronzio (caratteristico di diete a base di vegetali) é maggiore tra i bambini e i giovani rispetto agli adulti (Fornaciari, Mallegni 1986). Le differenze tra gli individui sepolti a Cornus e quelli degli altri centri medievali italiani potrebbero segnalare il discrimine tra aree a diretta influenza bizantina e quelle invece continentali; ma questo tema introduce il problema della dieta necessaria alla madre per poter portare avanti con successo un allattamento prolungato che non indebolisca il bambino; va quindi affrontata la questione del modello alimentare degli adulti.

7. L'alimentazione delle giovani madri e degli adulti
La dieta delle ragazze di Cornus non era evidentemente abbastanza ricca di carne da consentire un allattamento prolungato che si mantenesse valido dal punto di vista nutritivo; l'alimentazione era molto povera di carne e comunque carenziale anche dal punto di vista di una dieta strettamente vegetariana; un po' come era avvenuto a Cavallermaggiore, nel Cuneese, quando la dieta risulta carente di carne, spesso é carente anche in vegetali. Questa dieta povera di carne, che quindi consentiva la produzione di latte umano scarsamente nutriente, provocò la riduzione del tempo di allattamento e il necessario ricorso al divezzamento. Non può quindi stupire che proprio nei bambini di Cornus si sono trovati tassi di stronzio (elemento minerale presente nei vegetali) molto alti. Il legame tra svezzamento precoce e tassi di natalità elevati è provato anche da un ulteriore elemento, l'esame della superficie posteriore della sinfisi pubica e della regione del solco preauricolare, dove si possono rintracciare *"eventuali presenze e*

intensità di alterazioni di natura osteoclastica riferibili rispettivamente al parto e alla gravidanza" (Ullrich 1975 citato in Macchiarelli, Passarello 1988, p. 9). Su una donna adulta di Cornus l'analisi antropologica ha permesso di dimostrare che questa aveva portato avanti almeno 7-8 gravidanze. Non può essere considerato un caso che tale tasso di fertilità femminile lo si trovi proprio in un contesto dove si consuma poca carne e si allatta per pochi mesi. I dati di Cornus, nel rapporto stronzio/zinco, sono molto simili a quelli che provengono da analisi simili condotte da Fornaciari e Mallegni (1986) su campioni appartenenti a sepolture di Atene e Costantinopoli in età bizantina. Ciò sembra mostrare ancora una volta come nei territori mediterranei rimasti sotto il controllo di Bisanzio, la centralità della cultura urbana e del suo modello alimentare-produttivo sia leggibile anche negli indici di natalità, nella durata dell'allattamento, nei tassi di mortalità infantile. Nei centri altomedievali che seguivano un altro modello culturale, la carenza di latte animale induceva invece all'adozione per i bambini, dopo che l'allattamento era stato portato avanti più possibile, della dieta riservata agli adulti, probabilmente solo più liquida. La dieta alimentare diffusa nella stragrande maggioranza dei centri medioevali italiani era in genere abbastanza equilibrata come apporti di carne e cibi vegetali, e proprio ciò permetteva una efficace lattazione prolungata (Giovannini 1998a). Di questa dieta una delle componenti fondamentale era un pane-focaccia di cereali minori cotto sotto la cenere o con rudimentali testi "da pane". Questo pane "povero", che veniva ammorbidito con brodo di carne e zuppe di vegetali, aveva però delle caratteristiche antinutrizionali, insite nella chimica di alcuni cereali minori (Buonocore, Silano 1993). Questi cereali (sorgo, avena, miglio, segale) erano molto presenti nelle tavole contadine perché erano meno sottoposti al prelievo signorile e di migliore resa produttiva rispetto al frumento; ma la loro lievitazione era affrettata, la macinatura artigianale e la loro cottura non uniforme: ciò provocava lo sviluppo di elementi antinutrizionali che avevano l'effetto di inibire l'assorbimento di zinco e ferro da parte dell'organismo: se questo fattore antinutrizionale non costituiva un fatto molto grave per individui adulti risultava invece più pesante per quelli in età di accrescimento. Questo pane povero così diffuso nelle dieta medievale aveva quindi un certo impatto sui bambini nell'età del primo sviluppo, provocando in molti casi stress nutrizionali e talvolta anemie sideropeniche anche laddove gli adulti sembrano

aver raggiunto un livello di sostentamento accettabile. Ciò é documentato dall'ipoplasia dello smalto, segno di arresto nella formazione dello smalto dentario che non viene più riassorbito nella vita dell'individuo. Come scrive Rubini (1991, p. 64) "la presenza di stress di natura patologico-alimentare verificatisi nei primi 6-7 anni della vita di un individuo, può essere rilevata sulla dentizione ed in particolare sui denti anteriori (canini ed incisivi) sia superiori che inferiori, registrando la presenza su questi delle linee di ipoplasia dentale dello smalto (...) compaiono sotto forma di striature orizzontali sulle corone dei denti ed in casi molto gravi come solchi, dovute all'arresto della formazione di presmalto durante l'odontogenesi della prima infanzia, indotto da carenze o cambiamenti alimentari e/o patologie". Questi "stress nutrizionali" venivano quindi patiti soprattutto nei mesi successivi alla fine dell'allattamento, quando si passava alla dieta "normale". Queste patologie carenziali, in gradi più o meno forti, sono molto diffuse in età medievale, con conseguenze talvolta abbastanza lievi - come a Castro dei Volsci (Rubini 1991, pp. 70-71) -, più significative – è il caso di Mola di Monte Gelato (Conheeney 1990, p. 478), in qualche caso gravissime – come nel cimitero quattrocentesco di S. Maria all'Impruneta (Fornaciari 1980, pp. 81-83) -. L'azione antinutrizionale dei cereali si esercita – come si diceva - con l'inibizione nei confronti dello zinco, del ferro e in genere degli elementi proteici, tutti fondamentali per il bambino, e che vengono trasmessi all'infante dalla madre attraverso il latte. Si tratta di elementi contenuti in forti quantità nella carne, ancor di più nella carne rossa. Questo processo ed il suo effetto su una popolazione storica è stato ipotizzato – in modo convincente e interessante – dal paleopatologo Gino Fornaciari per il sepolcreto tardoantico di Villa dei Gordiani a Roma (Fornaciari, Trevisani, Ceccanti 1984). L'allattamento prolungato può però anche di per sé, se resta l'unica fonte di sostentamento, provocare dei problemi carenziali, perché "una lattazione prolungata, fornendo un alimento ricco di calcio ma povero di ferro, provoca col tempo l'instaurarsi di una anemia sideropenica" (Navari Padroni et al. 1982, p. 74). Ovviamente l'alimentazione della madre riveste qui un ruolo decisivo. Il rapporto tra elementi proteici e fattori antinutrizionali che si veniva a creare al momento dell'adozione della dieta degli adulti, evidentemente ben sopportabile da un individuo sviluppato, imponeva invece livelli di sofferenza nei bambini fino ad allora nutriti con il latte materno; appena usciti dallo svezzamento essi subivano una brusca diminuzione di apporto nutritivo. Proprio questo fattore potrebbe aver contribuito ad una certa elevazione del tasso di mortalità per i bambini tra i 3 ed i 5 anni, ed é molto probabile sia stato responsabile della diffusione dell'ipoplasia dello smalto nei gruppi umani medievali.

L'insieme delle considerazioni che si sono finora discusse, ci consente di tornare alla prospettiva demografica con una lettura che appare coerente con i dati archeologici: il modello alimentare rurale dell'Italia altomedievale consentiva una lattazione prolungata efficace: ma la mortalità infantile che, proprio grazie a tale costume non era molto elevata tra 0 e 1 anno, si manteneva invece alta nel periodo tra 1 e 5 anni, provocando così molti decessi tra i bambini di questa età; ciò aveva un notevole impatto sul tasso di natalità, perché decessi infantili a questa età erano in grado di compromettere per qualche tempo la fertilità della madre; si veniva quindi a produrre un abbassamento naturale della natalità maggiore rispetto a quello che si sarebbe avuto se il bambino fosse morto, come accadeva nella grande maggioranza dei casi in età classica o moderna, entro il sesto mese di vita.

8. Carenze nutrizionali infantili

Gli stress infantili che sono segnalati sui bambini medievali di 3-4 anni dalle evidenze archeologiche sono quindi probabilmente conseguenza di abitudini nell'alimentazione degli infanti, piuttosto che segno di vere e proprie deficienze nutrizionali: ciò pare dimostrato dalla diffusione di altri due segnalatori di condizione di sofferenza carenziale: le Cribra Orbitalia (lesioni del bordo superiore delle orbite), e - sintomi di una condizione ancor più grave - l'Iperostosi Porotica (lesione delle ossa craniche). Tali patologie *"sono state attribuite a numerosi fattori, quali la talassemia, le anemie ereditarie, l'anemia falciforme e le anemie da deficienza da ferro. Studi recenti suggeriscono che tale manifestazione é una condizione patologica non specifica che riflette una condizione anemica"*; possono essere provocate anche soltanto da *"l'alta frequenza di malattie infettive, una dieta a basso contenuto di ferro o una che inibisce l'assorbimento del ferro, e fattori quali la diarrea cronica di origine parassitaria nel bambino"* (Coppa 1990, pp. 164-165). Si tratta, insomma, di segnali di forte deficienza da ferro che può essere provocata sia da una condizione genetica (la talassemia) che, come accade spesso nelle popolazioni antiche, da carenze nutrizionali o comunque stati di difficoltà nell'età infantile.

Tali patologie appaiono molto diffuse in età classica, e per comprendere l'impatto del fenomeno si può vedere il caso del sepolcreto di II secolo d.C. di Vallerano, presso Roma, dove su 103 individui le cribra hanno colpito il 69,2 % del campione e, fatto ancor più significativo, la totalità dei subadulti (Catalano et al 1997). Una simile percentuale si riscontra nella necropoli bizantina di Gortina, a Creta, dove sono disponibili anche analisi paleonutrizionali che indicano una condizione di quella popolazione nient'affatto positiva (Fornaciari, Mallegni 1987). Dai sepolcreti medievali italici, invece, la diffusione di queste patologie non emerge in modo così prepotente: anche quando, come a Mola di Monte Gelato, il campione infantile é sicuramente ben rappresentato, su 38 subadulti entro i 12 anni, i casi di Cribra Orbitalia sono 5 e quelli di Iperostosi Porotica solo 2 (Conheeney 1990, p. 479). A Castro dei Volsci, caso più volte citato, le Cribra Orbitalia sono giudicate *"di poco riscontro: sono stati osservati su un campione di 35 individui solo due volte (...) parimenti le cribrature in sede parieto-occipitali sono infrequenti e di modesta entità"* (Rubini 1991, p. 36 e p. 39). Da queste analisi non si può certo dedurre seccamente una condizione positiva dei bambini medievali, ma certo si può immaginare che avessero una condizione migliore rispetto a quelli d'età classica. Tra le possibili cause di questa migliore situazione va senza dubbio annoverato proprio il fatto che fossero tenuti al seno dalle madri più a lungo di quanto potessero permettersi di fare le ragazze romane o bizantine, che erano nutrite peggio. Per chiarire la diversità dei tempi di allattamento nell'Italia medievale rispetto a quelli di età classica (con tutte le conseguenze sulla fertilità femminile, sulla natalità e sulla mortalità infantile che sono state richiamate) si possono citare alcuni dati preliminari su circa 2000 individui, tra cui moltissimi infanti, provenienti dal sepolcreto d'età imperiale dell'Isola Sacra presso Roma. Ebbene, secondo gli antropologi (Catalano et al 1997) qui lo svezzamento dei bambini risulta che avvenisse intorno al sesto-ottavo mese di vita. Questa lampante differenza tra svezzamento in età medievale e svezzamento in età classica, non può essere certamente sottovalutata nelle ipotesi sull'impatto della mortalità infantile. Il tasso di mortalità infantile in età classica, su cui si tornerà più avanti, sempre restando ai dati archeologici – epigrafici o biologici – risulta in genere più alto rispetto a quello di età medievale:

nella città africana di Sitifis, su 228 sepolture, il 39 % apparteneva a bambini entro il 1° anno di vita, ed un altro 23 % a bambini tra il 1° ed il 10° anno di vita (Saller e Shaw 1984 citato in Garnsey 1995, p. 64). Come tasso di mortalità infantile (età 0-1 anno) per il mondo romano nel suo complesso, sulla base di numerosi dati disponibili, alcuni studi hanno indicato un impatto di 280 decessi per 1000 nati vivi (Hopkins 1983 citato in Garnsey 1995, p. 63).

9. Stagnazione genetica e morbilità dei piccoli gruppi

Si sono finora discussi i tassi di fecondità, di natalità e mortalità infantile della popolazione medievale italiana; si è potuto osservare come la condizione alimentare non fosse particolarmente negativa, e come i caratteri del popolamento fossero basati sulla dispersione di una popolazione ridotta su un territorio per molti aspetti selvaggio o – meglio – rinselvatichito. I villaggi erano numericamente ridotti e allocati in territori talvolta inospitali, spesso lontani da vie commerciali. La stagnazione popolazionistica che contraddistinse l'Italia altomedievale e medievale sarebbe basata – secondo quanto emerso finora – più su una bassa natalità che su una elevata mortalità. Occorre quindi affrontare il discorso della vitalità demica di una popolazione con queste caratteristiche.

La questione non riguarda lo sviluppo di tale popolazione dal punto di vista numerico, quanto dal punto di vista biologico, cioè del patrimonio genetico. Se la popolazione fosse nomade, o almeno seminomade, come avrebbe potuto esserlo una di raccoglitori-cacciatori, l'arricchimento genetico sarebbe stato garantito dalla possibilità di rompere facilmente l'isolamento attraverso il contatto con altri gruppi. Ma se la popolazione fosse fondamentalmente, stanziale, nel giro di poche generazioni il gruppo umano, per quanto grande, avrebbe subito un significativo processo endogamico. E' stato calcolato che dopo 20 generazioni di matrimoni entro uno stesso gruppo, si raggiunge una omogeneità genetica tale da costituire un vero e proprio pericolo dal punto di vista della sopravvivenza biologica (Cavalli Sforza 1996, p. 192). Ora, per quanto i gruppi medievali non fossero del tutto stanziali, e comunicazioni e scambio di persone fossero eventi non rari, dobbiamo immaginare per la stragrande maggioranza dei villaggi e delle città ruralizzate dell'Italia medievale un significativo isolamento genetico. Non tale da sviluppare patologie come quelle diffusesi in Finlandia (Cavalli Sforza 1996, p. 177) o in Sardegna e Islanda (Cavalli Sforza 1996, p. 122) ma comunque importante. Il declino demografico perdurava in Italia già dal IV secolo, e nel V secolo stava iniziando ad assumere dimensioni preoccupanti. Solo a titolo esemplificativo, tale preoccupazione è testimoniata persino dalla legislazione imperiale: Giulio Maioriano, imperatore occidentale tra 457 e 461, di fronte al declino demografico impose con una rigida disposizione legislativa, la novella VI dell'ottobre 458, (Liber Legum novellarum, Codex Theodosianus, ed. Mommsen Meyer, 1905) che le donne rimaste vedove prima di aver compiuto 40 anni dovevano risposarsi entro cinque anni se non volevano perdere gran parte del patrimonio ereditato, e che sempre fino ai 40 anni nessuna donna poteva votarsi alla vita religiosa. La legge provocò proteste e fu in buona parte abolita dal successore di Maioriano, Libio Severo, appena salito al potere (Novella I del febbraio dell'anno 463 *"abrogatis capitibus iniustis legis divi Maioriani"*). Eventi bellici ed epidemie della prima metà del secolo VI colpirono poi molto duramente la popolazione italiana, che alla fine delle guerre tra bizantini e ostrogoti aveva subito un inevitabile ridimensionamento. Esistono notizie che testimoniano una ripresa demografica nei decenni successivi, che ebbe però carattere prettamente rurale e – assai probabilmente - non urbano. Di tale ripresa demografica della seconda metà del secolo VI - soprattutto nelle zone rurali - è testimonianza un passo di Gregorio Magno (*Grigorii Magni Dialogi*, ed. 1924, III, 38) dove egli sostiene che *"quando la razza crudele dei Longobardi (...) s'abbatté sulle nostre teste, la popolazione che in questi luoghi s'era moltiplicata come densa messe, venne falciata a morte"*; Gregorio, che parla dell'Italia centrale, chiaramente é portato ad enfatizzare le conseguenze dell'invasione longobarda; ma ciò che é più importante é la testimonianza che fosse avvenuto un certo ripopolamento dell'Italia (almeno di quella centrale) pochi anni dopo la conclusione delle devastazioni inflitte dalla guerra greco-gotica e dall'epidemia di peste della metà del secolo VI. Il tasso di incremento demografico che si diffuse dalla fine del secolo VI fu però probabilmente molto più simile à quello delle popolazioni rurali seminomadi (come quelle germaniche e preromane) che a quello delle popolazioni agricole stanziali, perché il nuovo modello sociale ed economico era ormai molto diverso rispetto a quello tardoantico. E così, il sistema culturale di riferimento che comprendeva il numero dei figli da fare, l'età a cui sposarsi, il periodo di svezzamento dei bambini e perfino le pratiche sessuali, fu da quel momento legato indissolubilmente al mondo rurale anche perché in un modello rurale si trovò in quei secoli difficili la risposta alla domanda di sussistenza delle popolazioni di un'Italia contadina e autosufficiente come fu quella altomedievale. Si tratta di considerazioni storico sociali su cui si tornerà nel prossimo capitolo. Questo nuovo sistema garantiva un relativo interscambio genetico e una lenta crescita demografica, che fu via via comunque sempre assorbita dalle aree agricole (attraverso il disboscamento e/o l'incastellamento) e molto meno da quelle urbane, e tale processo ebbe come effetto, insieme ad un certo isolamento genetico, la forte stagnazione demografica delle città, il cui ridimensionamento ha influito pesantemente sul giudizio di molti storici e demografi riguardo le condizioni e livelli di popolamento dell'Italia medievale. Un grande cambiamento avvenne invece alla fine dell'età medievale: l'Italia prerinascimentale e moderna tornò ad essere una società a modello socio-economico "urbano", con un predominio della società urbana su quella contadina; tale capovolgimento è ben sintetizzato da Chris Wickham: il pagamento in denaro del canone per la terra, indubbio segno di una certa vitalità del contado, che quindi disponeva e necessitava di una economia monetaria, perdurò dai secoli VII-VIII fino al XII-XIII; dal bassomedioevo si tornò invece al canone in natura *perché le città non avevano più bisogno di relazioni commerciali con la campagna: solo di cibo...*" (Wickham 1983, p. 150). Dall'età prerinascimentale in poi, come per molti altri paesi europei, si può parlare del ritorno ad una spirale inflattiva, dove più si innalzavano i tassi di mortalità neonatale più si elevava l'indice di natalità, il che provocava aumenti demografici circoscritti ma rapidi che innescavano freni recessivi altrettanto bruschi. L'epoca medievale, in ampie aree dell'Italia, pare essersi basata su un ciclo più virtuoso: la non alta mortalità era provocata da uno svezzamento così prolungato da rendere bassa la natalità. Questo processo, come si diceva, non poteva che provocare un pur lieve impoverimento genetico, perché la base percentuale della casuale mutazione genetica (che avrebbe potuto produrre una resistenza alle malattie infettive endemiche, principali causa di morte) si restrinse dal VI-VII secolo sempre di più, aiutata in questo dall'accentuata endogamia, elevata poiché i centri di formazione della popolazione italiana nei primi

secoli del medioevo erano nella gran maggioranza piccoli villaggi rurali; anche quando iniziò il processo di fondazione di nuovi villaggi, con l'incastellamento, le domus cultae e altri fenomeni di ripopolamento e disboscamento, i nuclei fondatori erano comunque formati da poche famiglie. Nel capitolo precedente, commentando le analisi condotte a Venosa si é già citato il lavoro sui nuclei fondatori "longobardi", formati da piccoli gruppi di maschi adulti con poche donne e bambini; tale struttura demografica era probabilmente anche quella tipica dei nuovi centri rurali italiani. Nel caso di nuclei contadini che fondavano nuovi villaggi ovviamente non si potrà parlare di componente "guerriera", ma bisogna tenere conto del fatto che era necessario compiere difficili lavori preliminari di disboscamento, costruzione e organizzazione del villaggio; é facile immaginare che la popolazione fosse composta – almeno inizialmente - più da giovani (maschi e donne) che da anziani e bambini piccoli. Esistono riferimenti storici molto dettagliati - soprattutto nei patti colonici – sulle caratteristiche e la consistenza di questi gruppi che si andavano a stabilire in nuove aree, dando vita in nuce anche a quel processo di incastellamento che caratterizzerà l'alto medioevo italiano: *nel 972, il monastero di San Vincenzo al Volturno affittò una vasta area del suo territorio centrale ad un gruppo formato da 16-20 famiglie disponendo che "devono costruire un castello all'interno dei confini in un posto a loro scelta, e costruire case, giardini e cortili, e vivere lì*" (Wickham 1983, p. 211). Territori molto vasti erano divenuti proprietà dei grandi monasteri soprattutto attraverso libere donazioni fatte frequentemente da piccoli proprietari senza figli (Wickham 1983, pp. 142-143); piccoli proprietari senza figli erano numerosi – non a caso, probabilmente, visto quanto detto finora - fino al secolo IX; questi territori venivano poi offerti dai monasteri, con canoni molto bassi, a gruppi di contadini e questo spiega la presenza di una miriade di piccoli villaggi rurali. La ristrettezza dei nuclei familiari (nei territori di Farfa, uno dei monasteri con le più vaste proprietà nell'Italia centrale di quei secoli, si allevavano in media 2,3 figli per coppia) fa immaginare come anche in ambiti di relativa sufficienza di cibo l'accrescimento demografico fosse abbastanza lento, governato com'era dalla bassa natalità. E' chiaro che tassi di fecondità più elevati - pur spossanti per le popolazioni - allargavano il patrimonio genetico selezionando, nel corso dei secoli, individui più eclettici dal punto di vista delle capacità immunitarie. Tracce della debolezza "biologica" di alcune comunità altomedievali vengono, come si é visto nel capitolo precedente, proprio da necropoli sincroniche come Castro dei Volsci. Il fattore endogamico non può essere assolutamente considerato secondario; per comprenderne l'impatto, può essere utile osservare una serie di studi su popolazioni moderne: in alcune zone dell'Abruzzo (Val Roveto, provincia di L'Aquila) la ricerca sul grado di matrimonio tra consanguinei (in base alla documentazione parrocchiale) ha mostrato per esempio che nel centro di Balsorano tra 1851 e 1900 il 20 % dei matrimoni era tra consanguinei di III grado, mentre nel contiguo centro di Ridotti, tra 1851 e 1942 il 70 % dei matrimoni avvenne tra consanguinei di III e IV grado (Danubio, Di Marcello, Gruppioni, Pettener, 1995). L'indebolimento biologico dei piccoli gruppi medievali endogamici provocò probabilmente un grado elevato di morbilità nei confronti di normali veicoli delle infezioni microbiche, anche quando – come nella gran parte dei casi esaminati – ci si trova di fronte a gruppi umani con discrete condizioni di alimentazione. Abbiamo visto come la mortalità infantile, quella neonatale in particolare, anche se non elevatissima era comunque consistente. Non si può sostenere che questa mortalità fosse determinata (nella maggioranza dei casi ma con le dovute eccezioni) da uno stato negativo delle condizioni di vita delle puerpere, né da condizioni di sottoalimentazione. Ma se è vero che tali condizioni - per l'Italia altomedievale e medievale - non sembrano essere esistite, la letteratura scientifica ha dimostrato con numerosi studi che non é possibile connettere in modo assoluto l'alimentazione con i tassi di mortalità neonatale. *"L'incidenza delle malattie infettive é assai più alta nelle età infantili e diminuisce grosso modo col procedere verso le età mature e anziane"* (Livi Bacci, 1987a, pp. 97-98); la causa della mortalità infantile, radunata soprattutto intorno ai primi 6 mesi di vita, dipende in modo preponderante da fattori infettivi, ed é possibile sostenere che, fino a scoperte mediche recentissime, un tasso del 15 % di mortalità entro il 1° anno di vita era una sorta di condizione "standard" per popolazioni tecnologicamente poco sviluppate; come scrive Massimo Livi Bacci *"Si può pensare che lo stato delle conoscenze fino al deciso avvento dell'era batteriologica non permettesse - se non in eccezionali situazioni sociali e ambientali - di ridurre la mortalità infantile sotto il livello del 150 per 1000"* (1998, p. 206). Se quindi la diffusione di epidemie influenzali o normali infezioni poteva

colpire in modo significativo classi di età o intere popolazioni con scarsa protezione immunitaria (per motivi genetici, come si è detto) il discorso per la mortalità tra il 1° ed il 5° anno di vita è almeno in parte differente: a questa età moriva, da quanto emerge dai dati, all'incirca il 20-25 % dei bambini. La causa di morte principale a questa età va forse individuata nelle abitudini di allevamento e alimentari dei bambini (come si è visto nei paragrafi precedenti). Superato lo "scoglio" del 5° anno, la mortalità colpiva le classi giovanili con percentuali uniformi, che non segnalano - per l'Italia - una reale distinzione di sesso. Riguardo la popolazione matura, gli ostacoli tecnici nella determinazione dell'età per questa classe impediscono di avere risultati sempre affidabili sulla base dei dati archeologici. Resta però la sensazione che le donne riuscissero ad arrivare con una maggiore facilità ad età più avanzate, e che la classe d'età anziano-senile non fosse così sottorappresentata come alcune ipotesi di storici e demografi immaginano. La percentuale "attesa" per la classe sopra i 60 anni che si attesterebbe - per l'età medievale - non molto oltre il 3 %, con tutta probabilità andrebbe rivista.

10. La popolazione anziana e la speranza di vita

Nonostante i tanti casi individuali che si possono ricavare dalle fonti storiche (da Liberio, Prefetto di Teodorico al pittore romano Pietro Cavallini, solo per citare due ultranovantenni vissuti uno agli inizi e l'altro alla fine del medioevo) l'idea che le persone anziane nell'altomedioevo e nel medioevo fossero pochissime é profondamente radicata in molti studi storici. In parte dipende dal concetto di "Speranza di vita" che é tuttora per alcune società vicina ai 35 anni. Si tratta di una espressione matematica tratta da "Tavole di Mortalità" che misurano l'attesa di vita a varie età. La Speranza di vita é assimilabile così all'età media di morte, ma non può essere scambiata con il limite "biologico" dell'uomo in società antiche. I calcoli della speranza di vita relativi alle società antiche, impediscono in genere di pensare che questa complessivamente superasse i 30 anni. Questo aspetto, come si è già accennato, vale anche per l'età medievale, ovviamente. Che questa fosse però avvertita – nel pensiero degli uomini di quelle epoche - come l'età a cui si era vecchi o si moriva è non solo improbabile, ma è una idea che va respinta. I calcoli sulla speranza di vita sono squisitamente matematici e sono fondamentali dal punto di vista demografico, ma forse lo sono molto meno dal punto di vista della storia della mentalità. Solo per citare un caso, basti pensare che, in un periodo in cui la speranza di vita non raggiungeva i 30 anni, un pontefice, papa Innocenzo III, poteva affermare che "*pochi raggiungono oggi i 60 anni, pochissimi arrivano a 70*" (citato in Borst 1990, p. 126). Sono parole certamente drammatiche, pronunciate nell'anno 1195, ma che potrebbero essere state dette con eguale realismo in Italia nell'anno 1950. Questo preambolo ci aiuta quindi ad inquadrare il problema della presenza delle persone anziane in società in cui la speranza di vita non raggiungeva i 25-30 anni. Voleva dire che non esistevano uomini e donne "vecchie"?

Come abbiamo visto, uno degli ostacoli scientifici maggiori deriva da una certa difficoltà nel definire attraverso l'analisi dello scheletro età superiori ai 50-60 anni, per cui statisticamente le età senili spesso risultano nelle analisi antropologiche schiacciate nel grande gruppo degli adulto-maturi. Solo recentemente, é stata proposta una nuova tecnica per l'identificazione dell'età negli individui senili non più basata sulla analisi morfologica ma bensì su quella istologica, attraverso l'analisi delle strisce di crescita del cemento dentale, che continua a formarsi fino a che l'individuo vive. Un confronto tra i dati morfologici e quelli istologici é stato effettuato su un sepolcreto altomedievale di etnia alamanna, Wenigumstadt, in Germania meridionale, databile al V-VIII secolo d.C. (Cipriano-Bechtle, Grupe, Schroeter 1996). L'analisi morfologica, quella per intenderci realizzata nei sepolcreti trattati fino ad ora, aveva restituito per le classi anziane le seguenti percentuali: gli individui adulto-maturi erano stati giudicati il 18,5 % del totale, e quelli sopra i 60 anni erano stati calcolati come il 3,2 % del totale. Percentuali intorno al 3 % per gli ultrasessantenni erano state giudicate dagli antropologi perfettamente affidabili, poiché é questa in effetti la "percentuale attesa", basata sull'insieme dei campioni germanici medievali (studiati morfologicamente, però). Questo stesso campione é stato analizzato secondo la nuova metodologia istologica (Cipriano-Bechtle, Grupe, Schroeter 1996, p. 268-270) e si é scoperto che gli individui sotto i 60 anni erano l'8,9 %, e quelli che avevano superato questa età il 19,4 % del totale del campione.

Questo 20 % circa é stato a sua volta così suddiviso:

Tabella 18: divisione per età all'interno del complesso del campione senile a Wenigumstadt (V-VIII secolo)

60-66 anni	30 %
67-74 anni	47 %
>75 anni	22 %

Gli alamanni che avevano raggiunto e superato i 75 anni sono così risultati all'incirca il 4 % dell'intero campione e la "speranza di vita" di questi individui a 60-64 anni é stata calcolata in circa 10,5 anni. Si pensi, solo come raffronto, che l'attuale speranza di vita per un sessantenne che vive nel mondo occidentale é di circa 17,3 anni se é maschio e di 21,7 anni se é donna. Bisogna però dire che l'applicazione di una simile procedura metodologica su popolazioni romane dell'Isola Sacra ha dato – secondo gli antropologi - risultati meno convincenti riguardo l'efficacia di questa tecnica (Geusa et al. 1999). La considerazione che deriva da questo illuminante esempio é però non solo tecnica, ma anche storica e culturale. Per quanto la condizione di questi alamanni possa essere stata vantaggiosa, non si può pensare che fosse eccezionale. Se si va a vedere la presenza numerica di sessantenni e settantenni nelle difficili città rinascimentali o barocche i nuovi calcoli sugli anziani alamanni di Wenigumstadt non appaiono sconcertanti. Secondo i dati catastali, a Firenze nel 1427 gli ultrasessantenni erano il 14,6 %; a Pisa, nel 1428 il 9 % della popolazione era formato da persone con più di 66 anni, mentre nella Pistoia del 1470 gli ultrasessantacinquenni erano il 7,1 % della popolazione (Mazzi 1978, p. 44). Su 100 persone la Mantova dell'anno 1575 ne contava 15 con più di 55 anni e Roma - negli anni 1643-1647 - ben 18 (Macchiarelli, Salvadei 1989, p. 118). Jean Heuclin (citato in Rouche 1988, pp. 345-346) ha studiato l'età di morte di un gruppo particolare, gli eremiti, che per quanto potessero avere condizioni sociali "privilegiate" non avranno davvero condotto una vita agiata. In media gli eremiti maschi hanno raggiunto i 76 anni e le donne, meno robuste e quindi più sofferenti probabilmente a condizioni di vita privative, hanno comunque raggiunto in media i 67 anni. Questo ovviamente non vuol dire che la mortalità non fosse alta nell'età matura o che nel medioevo si raggiungesse con facilità una età anziana: indica solo che la presenza sociale della popolazione anziana nelle comunità medievali non era affatto così marginale come spesso si é pensato.

La presenza di una consistente parte della popolazione che raggiungeva l'età anziana e senile non incide però sulla "speranza di vita" complessiva. Il calcolo che si è in grado di fare partendo dalle medie per età dei risultati bioarcheologici colloca la speranza di vita alla nascita intorno ai 24 anni: la correzione che qui si intende portare avanti, per i limiti metodologici dell'osteologia macroscopica porterebbe questa età ai 26 anni. E' questa l'età che da questa ricerca pare abbastanza coerentemente evincersi.

Tabella 19
Calcolo della Speranza di Vita alla Nascita in Italia Medievale sulla base dei dati bioarcheologici

Classi di Età	Età media usata per il calcolo	Percentuale di decessi per classi di età (dato non corretto)	Percentuale di decessi per classi di età (dato corretto)
0-3	2	19	19
4-6	4	11	11
7-12	10	11	11
13-21	16	7	7
22-30	25	14	12
31-40	35	15	11
41-50	45	14	11
51-60	55	4	10
61-80	70	5	8
		totale:	totale:
		23,79 anni	25,94 anni

Come commentare questo dato ? Innanzitutto – lo si è già detto – è un dato realistico, logico e che mostra la sostanziale affidabilità del modello demografico che scaturisce dai dati qui presentati e discussi. Nonostante il ridimensionamento della mortalità neonatale, della mortalità da parto e un significativo apprezzamento della popolazione anziana e senile, in Italia medievale un bambino che nasceva aveva una attesa di vita di circa 26 anni. L'età media di morte in un qualsiasi villaggio altomedievale e medievale della penisola era quindi realisticamente per una donna di circa 27 anni e per i maschi forse di 25; e tutto questo nonostante le discrete condizioni alimentari raggiunte nella gran parte dei centri. Visto che il meccanismo che determinava questa "speranza" così bassa non può essere individuato nell'alta natalità, nella morbilità pandemica né nelle carenze nutrizionali, è evidente che il fattore genetico, il risvolto endogamico può

aver giocato un fattore molto importante. La necessaria rilettura dei dati demografici su questo periodo non può quindi offuscare la condizione drammatica di queste società: la frequenza di morti infantili e giovanili dovute a episodi di morbilità superficiali era assai alta; inoltre, la mortalità neonatale e infantile (con il picco tra i 3 ed i 5 anni, il momento della dieta "da adulti") per quanto meno feroce che in altre epoche era comunque molto elevata. Detto questo, vanno fatte alcune altre considerazioni: sulla struttura demografica del mondo romano abbiamo molti studi recenti, che utilizzano un complesso non piccolo di dati: epigrafi funebri, raccolte di scheletri, censimenti, leggi. Questi dati sono stati affrontati in modo molto approfondito ed hanno dato risultati che – per quanto discussi e talvolta puramente orientativi – offrono una immagine della demografia romana molto chiara: commentando il lavoro sulla demografia romana di Tim G. Parkin (1992), Bruce W. Frier sostiene: "*the best available ancient evidence indicates that even 25 years is too high as an estimate for Roman life expectancy at birth*" (Frier 1992). Non si tratta solo di epigrafi funebri o della "tavola di Ulpiano", né solo di dati antropologici: "*the age distribution in the Egyptian census returns implies a female life expectancy at birth of approximately 22.5 year*" (Frier 1992). Per quanto si tratti di dati relativi al solo Egitto romano questo calcolo è considerato di gran lunga il più affidabile elemento demografico che ci giunge dall'età classica. Gli studiosi del mondo romano sono in verità abbastanza discordi: la speranza di vita è collocata da taluni a 28 anni (dalle iscrizioni ebraiche di Roma), da altri a 26,6 anni, da Frier a circa 21 anni (citato in Parkin 1992, p. 144). Altri studiosi sono orientati verso un dato che si avvicinerebbe ai 25 anni, ma questa età è considerata tuttora troppo ottimistica dalla gran parte dei ricercatori. Inutile dire che la speranza di vita per l'Italia postclassica, altomedievale e medievale è stata dai più immaginata come certamente più bassa rispetto a quella romana. Una indicazione che stima la speranza di vita a 26 anni rispetto a quella "attesa", collocata certamente da molti studiosi ben sotto i 25 (se non sotto i 20 anni), è statisticamente molto significativa. Visto che la mortalità neonatale aveva senza alcun dubbio un fortissimo impatto sulla speranza di vita del periodo romano, è possibile dedurre (anche nel caso che la cifra "romana" sia 25 anni, e quindi molto vicina a quella altomedievale) che, visto il calo di questo tipo di mortalità nel periodo medievale, una più elevata mortalità della classe giovanile-adulta nei secoli tra VI e XI rispetto alla stessa classe di età del periodo romano. Gli andamenti della mortalità erano insomma diversi. Anche questo elemento spinge a cercare di intravedere la specificità demografica – ma anche sociale – del mondo medievale rispetto ad altre civiltà antiche.

Nel prossimo capitolo si discuterà dell'approccio culturale alla morte, tirando le fila della discussione necessariamente convulsa dei dati che fin qui si è portata avanti. La società medievale sviluppò probabilmente una "comunanza con la morte" coerente con i propri specifici andamenti. Per quanto riguarda i dati relativi a società moderne, va ricordato che, come scrive Mogens Hansen, "*all case studies of populations from before 1700 show that life expectancy at birth was in the range of 30 years or less, and for ancient and medieval history the information we have points to a life expectancy at birth of no more than 25 years*" (1989, p. 43). Lo scoglio dei 30 anni fu infatti superato da molte società soltanto nel secolo XIX; solo tra il 1869 ed il 1895, l'Italia raggiunse i 33 anni di speranza di vita alla nascita (Livi Bacci 1987a, p. 95). Per citare un terribile dato contemporaneo, fino a pochi anni fa la speranza di vita nello stato africano del Burkina Faso era di 32 anni (Pouyé et al. 1994, p. 51).

11. La mortalità generica

Restando ancora nel campo delle pure ipotesi si può giudicare quindi realistica una "mortalità generica" che non superasse il 30 per 1000 annuo e talvolta fosse inferiore a quella soglia di qualche punto.

Per quanto elevata, non la si può giudicare - in rapporto al complesso dei dati storici - particolarmente alta; confrontata al tasso di natalità che si è ipotizzato (28-30 per 1000) basterebbe però per spiegare il lento accrescimento demografico di questo periodo storico.

Tabella 20: confronto tra natalità, mortalità generica e mortalità infantile In Italia tra XIX e XX secolo

	nati vivi per 1000 abitanti	morti per 1000 abitanti	Eccedenza	mortalità 0-1 anno per 1000 nati vivi
Regno Italico, 1810-12	39,2	39,1	0,1	320
Regno d'Italia 1861-70	37,6	30,3	7,3	227
1881-90	37,8	27,3	10,5	195
1901-10	32,7	21,6	11,1	160
1961-70	18,0	9,6	8,4	36

I dati presentati in questa tabella sono presi dal Bellettini (p. 521 e p. 527); si deve tener presente che il più antico dato disponibile sulla mortalità infantile é in verità relativo alla sola zona del Dipartimento del Reno, cioè al Bolognese; tuttavia questo dato può rappresentare un valido riferimento, perché certamente il territorio di Bologna non era in quegli anni né il più arretrato né il più sviluppato dell'Italia settentrionale. In sintesi, il parallelismo tra indici annui di natalità del 40/1000 e una mortalità del 35/1000 in periodi normali e molto più alta nelle frequenti crisi di sovrammortalità per eventi bellici, carenziali ed epidemici, che serviva a spiegare il lento accrescimento demografico tra VI e XI secolo va forse reinquadrata, alla luce delle specificità culturali e biologiche dell'Italia altomedievale e medievale in una ipotesi di natalità più bassa, vicina forse al 30 per 1000, e in una mortalità anch'essa vicina a questo dato, cui si accompagnavano episodi "eccezionali" – ma rari, o circoscritti - comunque molto meno frequenti rispetto a quelli che segnarono i secoli dal XIV al XVIII.

L'Italia tra XVI e XVIII secolo conobbe un nuovo periodo di lento accrescimento demografico, contrariamente a quanto avvenne in altre aree europee (Francia e ancor più Inghilterra), e si presentò al secolo XIX con un documentato esempio di modello ad alta natalità ed alta mortalità. L'accrescimento demografico di Francia e Inghilterra nel secolo XVIII fu invece più elevato rispetto a quello italiano (Livi Bacci 1998) (Bellettini 1973). Solo per fare un esempio storico, nel triennio 1810-1812, il regno Italico (buona parte dell'Italia centrosettentrionale) segnò una natalità del 39,2 per 1000, e una mortalità del 39,1 per 1000; e si ricordi che la mortalità 0-1 anno in questo periodo era, almeno per una parte di questo territorio (il Dipartimento del Reno, cioè l'area di Bologna) del 33 %, e quindi da sola era 1/3 della causa di questo indice di mortalità. La natalità italiana (stavolta nell'intero regno d'Italia) rimase alta ancora per tutto il secolo (37/38 per 1000 fino al 1890), mentre la mortalità generale per il periodo 1861-1870 si era già assestata al 30 per 1000. Questo surplus di "sopravvissuti" spiega già da solo il "boom" demografico dell'Italia a cavallo tra XIX e XX secolo. In sintesi, molte indicazioni fin qui esposte, tra cui soprattutto la precoce età di matrimonio e la consistenza della famiglia contadina nell'Italia moderna, mostrano la differenza "culturale" tra i due sistemi demografici e la inapplicabilità del modello "moderno" a quello "altomedievale e medievale".

12. Maschilizzazione della società altomedievale

Tra i diversi fattori che potrebbero aver influito sul basso tasso di natalità dell'Italia medievale potrebbe ascriversi un elemento che emerge con prepotenza dai dati archeologici e storici dell'epoca: il minore impatto della popolazione femminile su quella maschile. Si tratta di una indicazione molto importante sia dal punto di vista demografico che da quello storico sociale e culturale. Si é potuto osservare come il poco rilevante dimorfismo sessuale testimonia che le donne mangiavano (e lavoravano) come l'uomo. Tuttavia la sex ratio dei nuclei medievali indica una sproporzione tra maschi e femmine che non può essere spiegata solo con le difficoltà tecniche nell'individuazione dei sessi, anche perché diverse fonti scritte concordano su questa sproporzione. Come è possibile spiegare questa maschilizzazione ?

E' evidente che in alcuni casi la nascita di una bambina non era bene accolta dai genitori o dalla comunità. Per queste sfortunate bambine si aprivano allora diverse possibilità, quasi tutte terribili: alcune venivano abbandonate davanti alle chiese, altre oblate ancora neonate presso i conventi femminili, altre ancora affidate al servizio di famiglie ricche, un certo numero addirittura uccise e sepolte nei campi; esistono molte indicazioni sul fatto che spesso uno di questi era il destino di molte bambine, specialmente se nascevano primogenite. Esistono importanti studi su queste tematiche, sia sul tema dell'abbandono dei bambini in generale (Boswell 1991) sia sull'abbandono e l'infanticidio delle

bambine in alcuni centri rinascimentali (Klapisch 1981, p. 174). Restando sui dati relativi all'Italia altomedievale, si è visto come la sex ratio sia sistematicamente a vantaggio dei maschi in tutti i sepolcreti analizzati. Nel sepolcreto di Aosta (che rimase in funzione dal II all'VIII secolo) la sex ratio più sproporzionata la si ha in epoca altomedievale (Corrain, Capitanio 1988): cioè anche in centri dove fino alla fine dell'età romana si aveva un vantaggio numerico delle donne sugli uomini, con l'età altomedievale questa condizione si capovolse; il che se non altro esclude il fattore metodologico come possibile causa di questa sproporzione. Il discorso della "maschilizzazione" vale anche per popolazioni germaniche stanziatesi in Italia: si è già ricordato come nei sepolcreti longobardi in Pannonia la sex ratio fosse lievemente a vantaggio delle femmine, mentre in quelli italiani appare evidente il vantaggio numerico dei maschi. Il fenomeno è reso ancor più inspiegabile dalla condizione abbastanza equilibrata – abbastanza peculiare dell'Italia - del mondo femminile come accesso al cibo e speranza di vita. Ma allora perché ci si accaniva contro le bambine ?

Per l'insieme dei dati che si sono presentati e per le ipotesi di modello demografico che sembrano scaturire da questi dati, la sensazione é che dietro l'abbandono o la soppressione delle bambine nei contesti rurali italiani si nasconda un ulteriore riflesso della bassa natalità: era cioè una società che - a differenza di quanto invece accadrà in secoli più recenti – non dava per scontata la morte dei propri figli. Se ne facevano pochi e non si riteneva forse possibile rischiare di allevare solo femmine: si può quindi immaginare che si facesse in modo di tenere il primo maschio che nasceva e di allevare poi anche le bambine. Facciamo una ipotesi: per dei genitori che sapevano di generare nel corso della loro vita solo due-tre figli, era importante avere la certezza di crescere almeno un maschio, sia per motivi di "eredità" che di sopravvivenza: era fondamentale sapere di avere chi li potesse sostenere quando fossero divenuti anziani (visto che – tra l'altro - questa classe d'età non era poi così minoritaria). Tale pratica - almeno in Italia - non va quindi considerata un costume di vera e propria preferenza sessuale, un rifiuto culturale verso il mondo femminile, perché nella maggior parte dei gruppi medievali italiani le donne mostrano pari accesso al cibo rispetto all'uomo (cosa meno diffusa invece, in alcuni gruppi nordeuropei e nelle società germaniche), e la loro condizione, una volta superato quel terribile pericolo, non era così negativa: restavano in casa fino ad una età abbastanza attardata, si sposavano dopo i 20 anni e molto spesso, grazie alla biologica superiorità femminile, sopravvivevano ai loro mariti. Il fatto che si sottoponessero a poche gravidanze e quindi partorissero poche volte e con intervalli di tempo abbastanza lunghi, dovette contribuire a non rendere troppo elevata la mortalità "puerperale" che colpiva, più che durante il parto, nella fase immediatamente successiva, quando infezioni e malattie potevano aggredire la donna debilitata.

E' la documentazione scritta a ribadire e mostrare con chiarezza la diffusione del fenomeno della soppressione o abbandono delle primogenite: il grande centro monasteriale di Farfa, in Italia centrale, presenta - come già ricordato - una ricca documentazione dei beni posseduti agli inizi del secolo IX. Le famiglie contadine che dipendevano dal monastero (che si noti bene, avevano discrete condizioni alimentari e lavorative, almeno nel senso di espansione degli spazi rurali (Feller 1994)) avevano in media 2,3 figli ciascuna. Si immagini che 2,2 figli a coppia é il tasso che si calcola come necessario al "ricambio" per le società contemporanee, mentre per le società antiche (vista la mortalità infantile) gli studiosi si aspettano almeno 3,5 figli a coppia (Russell 1985 citato in Boswell 1991, p. 430) per il mantenimento dei livelli demografici. Ebbene, proprio a Farfa, l'ipotesi di un abbandono delle primogenite femmine é difficilmente contestabile: secondo i documenti la sex ratio tra i primogeniti é eccezionalmente sproporzionata (500 a 100): cioè tra i primogeniti delle famiglie contadine vi era 1 femmina ogni 5 maschi. Controprova della validità di questo dato é la sex ratio tra i secondogeniti, che risulta assolutamente normale: 108 maschi contro 100 femmine: la norma biologica sarebbe 105, e la differenza non é quindi apprezzabile. La differenza di 5 ad 1 é invece assolutamente sconvolgente: è Boswell (1991, p. 170) ad interpretarla come sintomo dell'abbandono sistematico delle primogenite femmine, che secondo lui venivano spesso oblate presso i conventi femminili; il Ring (1979) sostiene invece che le primogenite venissero accatastate in molti casi come maschi per motivi fiscali. Nel caso di Farfa si può supporre non vi fosse una diffusione dell'infanticidio, quanto invece dell'abbandono/affidamento. Le bambine primogenite venivano consegnate alle famiglie più ricche della zona, per essere da queste allevate e diventare infine "serve". Ne é prova il fatto che mentre nelle case contadine di Farfa, la sex ratio é complessivamente di 122 maschi ogni 100 femmine,

nella casa padronale é di 32 maschi per 100 femmine. Tuttavia, in altri contesti, probabilmente anche italiani, la pratica dell'infanticidio era senza dubbio presente, ed era in gran parte orientata contro le neonate. In verità anche alcuni documenti d'area francosettentrionale presentano una simile condizione di svantaggio per le bambine: tuttavia questa può più facilmente essere inserita in un quadro di alimentazione e condizioni più difficili per la donna. La scelta di cercare di avere un primogenito maschio potrebbe essere quindi stata un patrimonio comune di diverse società medievali, una cultura comune a questa epoca; legata però alla alta mortalità infantile in Francia settentrionale, e invece connessa alla volontà di partorire pochi bambini in Italia centrale. A Saint-Germain-des-Prés infatti si ha una sex ratio tra i primogeniti di 270 maschi per 100 femmine, e qui la mortalità infantile tra i poveri doveva essere fortissima. Dei bambini che venivano allevati (e quindi erano sopravvissuti ai primi mesi di vita) il 20 % apparteneva a famiglie benestanti, che erano invece il 10 % della popolazione (Boswell 1981, p. 170). Proprio in queste regioni della Francia centrosettentrionale la condizione della donna - almeno a quanto dimostrerebbero le analisi antropologiche - era negativa non solo per le piccole primogenite, ma anche per le ventenni e le donne più mature; dai siti italiani emergerebbe invece l'idea di una preferenza sessuale verso i maschi limitata alla primogenitura. Riepilogando, il fenomeno della maschilizzazione della società altomedievale potrebbe essere legato ad una selezione sessuale del primogenito. Si tratterebbe quindi – per l'Italia – dell'effetto di un modello demografico a bassa natalità, di cui sarebbe però allo stesso tempo anche una delle cause, perché la diminuzione della componente femminile nella struttura demografica avrà abbassato inevitabilmente il numero delle nascite.

Gli elementi discussi finora sono emersi dalla lettura dei dati antropologici. Resterebbero però frammentari se non si tentasse uno sforzo per leggere questi diversi spunti nel quadro delle vicende storiche che segnarono l'Italia tra VI e XIV secolo; è quanto si tenterà di fare nel prossimo capitolo.

Capitolo IV. ORIGINE E FINE DEL MODELLO DEMOGRAFICO MEDIEVALE

1. La risposta contadina alla crisi del mondo tardoantico: la ruralizzazione

Abbiamo osservato nelle pagine precedenti come l'insieme dei dati archeologici e molti dei pur rari dati storico archivistici costringano in qualche modo ad una valutazione e ad una lettura in parte nuova dei processi storici che vennero a crearsi tra gli ultimi decenni del secolo V e la seconda metà del VI. Non si tratta di fare una monotona opera di revisione della lettura catastrofica del passaggio tra mondo postclassico e mentalità sociale medievale; questa è una operazione che è già stata in qualche modo tentata e portata avanti con parziale successo da molti storici e che non si qui né in grado né desiderosi di proseguire. La prospettiva demografica e bioarcheologica da cui si è partiti seguendo le tracce di questa ricerca costringe però ad una serie di considerazioni; innanzitutto il necessario capovolgimento del punto di vista: la crisi urbana dei centri romani è innegabile, né si può sottovalutare l'impatto disastroso delle invasioni germaniche sulle strutture amministrative ed economiche del mondo romano in Italia. La trentennale guerra greco-gotica ed i focolai di contagi e carestie che si svilupparono con ed a causa di questa condussero ad una diminuzione sensibile della popolazione; la cura dei campi, il sistema sociale, la manutenzione del territori furono abbandonate in vaste aree della penisola e buona parte della popolazione abbandonò i centri di fondovalle per ritirarsi in aree mediocollinari, meno legate alla viabilità ed esposte a saccheggi e distruzioni. Molte ville schiavili furono occupate da contadini allo sbando, le città si ritrassero e fenomeni di ruralizzazione anche estremi penetrarono nei centri urbani mutandone l'aspetto. Che alla fine del mondo romano sia avvenuto un fenomeno molto profondo di trasformazione e peggioramento del livello di vita per le popolazioni urbane è certo. Meno chiaro è l'impatto reale che la fine della pressione fiscale e politica esercitata dalle classi dirigenti può aver provocato sulla popolazione rurale. La fine del giogo dioclezianeo e della amministrazione statale può aver aperto per alcune popolazioni contadine la possibilità di un nuovo sviluppo: uno sviluppo certamente legato all'autoproduzione, all'autoconsumo, in un quadro di diminuzione dei commerci e degli scambi. La diminuzione indubbia della popolazione ed il ritorno del selvatico in alcune aree del paese può aver consentito un riequilibrio del rapporto tra presenza umana e risorse ambientali in alcuni territori, garantendo un certo sfruttamento proficuo della selvaggina, della pesca in acqua dolce e delle risorse boschive in genere. Che questo sia stato anche dovuto al nuovo approccio germanico – legato allo sfruttamento delle risorse silvopastorali – che avrebbe soppiantato la cultura cerealicola, del vino e dell'olio tipica delle popolazioni mediterranee può essere vero, ma solo in parte. La crisi urbana e la progressiva ruralizzazione delle città romane è un processo molto forte che, con le dovute differenze, pare diffondersi sia in aree soggette ad un consistente (sempre relativamente) insediamento germanico che in aree rimaste sotto la gestione bizantina; tale potere era spesso solo nominale, ed a partire dall'età carolingia, se non già dal VII secolo, anche i centri gestiti da governo bizantino mostrano i caratteri di una accentuazione degli aspetti rurali con l'adozione di pentole, dieta e metodologie di allevamento degli animali molto simili a quelle diffuse nella pianura padana. Perfino le aziende agricole modello per l'epoca, come i poderi gestiti da monasteri o conventi, o le domuscultae direttamente amministrate dalla corte pontificia, adottano modelli produttivi che si basano sul più o meno marcato adattamento delle secolari colture tradizionali, grano, vino e olio, a nuovi caratteri del paesaggio: gli animali sono allevati allo stato semiselvatico, per il consumo di carne si utilizza anche la selvaggina, nei metodi di cottura e nella macellazione si usano focacce di grano o carne bollita che rappresentano modi di alimentarsi distanti dalla tradizione romana, diversi dalla tradizione germanica, e che affondano le loro radici semmai nell'elemento preromano o nell'elemento che per molti secoli era stato marginale nella cultura classica, cioè il modello della piccola famiglia contadina libera. Si tratta insomma di una risposta contadina, di una reazione alla crisi che scaturisce dall'ambito rurale e non da quello urbano, che adotta uno stile di vita modesto ma equilibrato, e che con la ruralizzazione delle città, che si compie nella penisola tra VI e VII secolo segnala la sua grande rivincita sul modello urbano tipico del mondo romano e sulla sua agricoltura schiavile, estensiva e commerciale di cui erano ancora forti le basi nei secoli IV e V. All'interno di questa risposta contadina, che guadagna le città e cancella per sempre la tradizione romana, esiste – forse – un patrimonio di attenzione verso alcuni caratteri quali la contraccezione, la natalità, la "cultura dei pochi figli".

Nei capitoli precedenti si è potuto vedere come le indicazioni archeologiche siano in genere coerenti con quelle che scaturiscono dalle rare fonti storiche per l'età altomedievale e medievale; questi dati sembrano invece in stridente contrasto con le ipotesi di molti storici e demografi, che hanno dei secoli tra V e XII una lettura che – in sintesi – potremmo definire di peggioramento e stagnazione rispetto al mondo romano; il mondo medievale, per molti di loro, sarebbe un mondo romano, ma molto più povero. Tuttavia l'altomedioevo è una epoca molto distante dal mondo classico e dal mondo bassomedievale ed umanistico; e noi solo di questi ultimi conosciamo, attraverso una gran mole di fonti storiche ed archeologiche, i modelli di vita quotidiana e sociale. Il mondo medievale italiano era un mondo assolutamente contadino, costituito da villaggi piccoli e sparsi sul territorio, abitato da popolazioni etnicamente distanti anche in territori contigui. Questa nostra distanza "ideologica" dal mondo contadino medievale ci ha costretto per molti decenni ad identificarlo con il "nostro" mondo contadino: quello cioè di età moderna e contemporanea, il mondo dei nostri nonni e bisnonni. E questo moderno era un mondo in cui il numero di braccia da usare per lavorare era per ogni famiglia molto più importante di quello delle bocche da sfamare; era il mondo dei cibi "di resistenza", aggrappati ad una secolare inventiva per cavarne qualcosa di sempre diverso. Il mondo contadino altomedievale, così come sembra prefigurarsi ai nostri occhi dai dati archeologici, è invece un mondo in cui le bocche da sfamare sono considerate più importanti delle braccia con cui lavorare: è un mondo isolato e disperso tra boschi e paludi, dove selvaggina e pesci sono abbondanti: dove gli animali domestici possono essere allevati in modo semiselvatico, un mondo agropastorale dove ogni famiglia contadina è anche una famiglia di cacciatori e raccoglitori. Un mondo della piccola sussistenza, delle pentole costruite seguendo antichi metodi e forme, dei piccoli e lenti scambi di nozioni tecniche, il mondo della carne secca, dei cereali minori, dei signori lontani che si accontentano di poco grano e qualche suino. Nella sua povera semplicità, si tratta di una mentalità assolutamente distante da quella del mondo schiavile delle coltivazioni estensive di cereali, olio e vino tipici del mondo romano, ma lontana anche dal mondo braccantile dell'agricoltura moderna.

Un qualsiasi discorso sulla demografia medievale deve giocoforza partire da queste basi culturali: basi culturali che hanno origine dal nuovo quadro storico che si crea con la conclusione dell'esperienza storica dell'impero romano e con il fatto che alcuni milioni di italici rimasero in vita – seppur prostrati – dopo questa catastrofe. Questo non vuol dire che una certa fascia di beni di consumo "di lusso" non si producesse, e che la campagna non li garantisse: il pane bianco, la carne di animali giovani, vino di buona qualità furono sempre prodotti dalle masse contadine rese suddite di signori (fossero questi entità religiose o laiche), così come la manodopera allocata da questi potentati sui suoi dispersi e malcollegati - e malsorvegliati - territori garantì un costante afflusso di frumento, formaggi, vitelli e suini da arrostire; allo stesso modo rimase sempre una fascia di artigiani raffinata, in grado di utilizzare le tecnologie e affinarle. Ma la dieta dei contadini, una volta liberati dai loro impegni verso i potenti, era basata sul consumo carneo di animali usati per qualche tempo per il lavoro dei campi (come bovini che avevano compiuto i 4-5 anni), sui suini allevati nei boschi, su pecore anziane, sui cereali minori, di migliore resa e produttività rispetto al frumento amato e tassato dai signori, sul formaggio e la frutta; il vino – alimento zuccherino di grande valore energetico - era prodotto sempre laddove possibile, o forse anche dove era quasi impossibile, ed a questo si aggiungeva la selvaggina, i pesci d'acqua dolce, e frutti e altri alimenti che si potevano liberamente raccogliere nei boschi e nelle zone palustri. Le case erano modeste, in pietra e legno, le ceramiche erano prodotte nei villaggi, e si limitavano a grezze pentole da fuoco per bollire la carne poco tenera degli animali, e il pane quotidiano era fatto da focacce poco lievitate cotte accanto al focolare o sotto la cenere, costituite da cereali minori; era pane secco, che si poteva ammorbidire con zuppe e brodi carnei, o conservare a lungo. In un contesto di buon equilibrio tra risorse del territorio e presenza umana, una tale dieta era raggiungibile abbastanza facilmente, ed era in grado di garantire un discreto livello alimentare.

Dal punto di vista archeologico e storico, questo quadro di predominanza rurale nell'età altomedievale è ampiamente documentato: la ruralizzazione delle città, il discreto livello alimentare delle popolazioni medievali, il modello produttivo in parte silvopastorale seguito dalle aziende agricole, l'uniformità di ritrovamenti di ceramica da fuoco globulare con cui si cuocevano i cibi immersi nel liquido, le tracce di cottura e macellazione sulle ossa animali, l'età a cui questi venivano macellati e i tipi di animali che venivano consumati, i bassi canoni per l'uso dei terreni:

quest'insieme di dati – già discussi in diverse occasioni – rappresentano, almeno per ora, una indicazione univoca per quanto riguarda l'archeologia medievale in Italia. L'origine di questo modello può forse essere rintracciato – sempre archeologicamente - in alcuni orientamenti che si svilupparono già in età tardoantica e presero poi il sopravvento in età altomedievale: come esempio archeologico, può essere interessante discutere il ritrovamento di due sepolcreti contigui ma orientati socialmente in modo diverso, rinvenuti presso la Villa dei Gordiani, lungo la via Prenestina a Roma (Fornaciari, Menicagli, Trevisani, Ceccanti 1984). L'esame antropologico di un gruppo consistente di inumati appartenenti a ceti popolari nell'area della villa dei Gordiani, in una Basilica cimiteriale, appartenenti alla fase finale dell'età imperiale (IV-V secolo d.C.), e il raffronto tra questi ed un gruppo inumato nel contiguo Mausoleo dei Gordiani, appartenente ad un ceto più elevato, ma quasi coevo (III secolo d.C.) ha consentito di portare avanti una indagine paleonutrizionale in grado di illuminare sui diversi consumi alimentari dei due gruppi: si è potuta leggere un più consistente apporto di carne (segnalato dallo zinco) negli appartenenti alle classi elevate, ed un'alimentazione basata – oltre che su un certo contributo carneo – su pane ricavato da cereali minori da parte dei ceti meno elevati socialmente (Fornaciari Mallegni 1987). Gli studiosi hanno identificato nelle componenti chimiche presenti nei cereali minori – i fattori inibitori dell'assorbimento dello zinco – uno degli aspetti più interessanti nell'alimentazione delle classi più povere. La gran parte della popolazione tardoantica urbana si nutriva quindi, anche a Roma dove l'alimentazione carnea era garantita almeno in parte da consistenti sovvenzioni statali, di un pane molto simile a quello che costituirà il pane delle classi contadine medievali, ricavato da cereali minori, scuro e mal lievitato. L'origine di questo pane va probabilmente ricercato sia nelle gallette in uso ai militari, sia nel retroterra rurale indigeno che le popolazioni italiche mantennero durante l'età romana, ma che riemerse soprattutto nella fase tardoantica a partire dalle aree rurali meno legate alla cultura urbana, come per esempio, alcune aree subalpine (Giovannini, in stampa). L'origine di una dieta basata principalmente su questo tipo di pane – come fu la dieta altomedievale - può essere quindi individuata già nella fase finale del mondo italico romano, e probabilmente si basò sulla ripresa di costumi tipici delle aree provinciali che - nell'emergenza militare e sociale del IV-V secolo – penetrarono anche in aree

urbane tradizionalmente legate ad un diverso consumo del pane. Dall'elemento indigeno rurale e dal progressivo indebolimento dell'approvvigionamento granario "di qualità" degli ultimi decenni dell'impero potrebbe quindi aver preso origine la pratica del consumo di cereali minori come elemento principale della sussistenza alimentare. Il raggiungimento di un discreto apporto carneo nella dieta a seguito della ruralizzazione della società italica insieme al proseguimento di queste tecniche di produzione e preparazione del pane può forse già da solo spiegare il miglioramento delle condizioni alimentare (e quindi ossee) in più occasioni emerso in ambiti altomedievali rispetto ai decenni precedenti al collasso dello stato romano. L'uso della bollitura e la diffusione del consumo di questo pane "duro" all'interno di una dieta basata sulla lessatura dei cibi può anche spiegare l'abbassamento dei livelli di usura dentaria (e della patologie orali ad essa legate) che si registra già nei primi secoli del medioevo. E' di grande importanza anche mettere in risalto un altro aspetto: non deve stupire che individui benestanti della Roma tardoantica consumassero pane di buona qualità e notevoli livelli di carne; ma va detto che questa indicazione può indurci a pensare che stesse cambiando qualcos'altro, e sin dal III d.C., nella cultura del cibo delle popolazioni italiche; ad una dieta mediterranea, tradizionalmente legata ad un basso consumo di carne, si stava sostituendo un tipo di alimentazione in cui la componente carnea era sempre più importante. Per diverse strade, insomma, la crisi del mondo tardoantico segnala i contorni di quello che sarebbe stato l'obiettivo culturale del mondo altomedievale e medievale: mangiare tanta carne, prodursi il pane con qualsiasi tipo di cereale. Non è detto quindi che il modello alimentare (e quello rurale che gli stava dietro) delle popolazioni medievali sia stato solo un semplice ritorno – più o meno riuscito – alla componente indigena italica: forse la sua nascita fu più simile all'intreccio di gusti e costumi alimentari che si erano sedimentati nelle ultime lunghe e tormentate fasi della vita del mondo imperiale, e che poi si semplificarono bruscamente durante i decenni di privazioni del secolo VI.
Come si accennava, come per l'età moderna, nei primi secoli dell'impero buona parte del contributo carneo era garantito da carne di bovini macellati una volta giunti al termine del loro ciclo produttivo: vacche e buoi molto anziani, le cosiddette "bestiae inutiles". Ma nell'età tardoantica, quando il sistema di sicurezza sociale organizzato dall'Annona

imperiale nelle più grandi città, e soprattutto a Roma, assunse su di sé l'approvvigionamento di alimenti gratuiti o fortemente scontati per la cittadinanza delle metropoli, l'importanza della carne suina divenne elemento centrale della produzione carnea in Italia; a Roma, dall'inizio del IV fino agli ultimi anni di vita imperiale (almeno al 460 circa), ma forse anche in età teodericiana, olio e vino furono fortemente scontati, il pane venne distribuito gratuitamente ai capofamiglia e lo stesso accadde – per ben 5 mesi l'anno – per la carne suina. Da un lato l'interesse e le contribuzioni statali per lo sviluppo dell'industria di allevamento del suino (che a Roma proveniva soprattutto da aziende poste in aree del centrosud come Calabria e Lucania) stimolò la diffusione di questa produzione, dall'altro l'uso così massiccio e la disponibilità di questa carne – nell'ambito di una cultura agricola invece cerealicola – dipese anche dal generale rinselvatichimento dell'ambiente naturale, dall'abbandono, soprattutto nelle aree boscose dell'Appennino centromeridionale, di colture locali come pastorizia e agricoltura, a favore di allevamenti silvopastorali. Si è spesso parlato del suino come di un elemento centrale nell'agricoltura altomedievale: si è detto che l'editto di Rotari, rispetto al diritto romano, indicherebbe l'assunzione di una particolare importanza del suino rispetto agli altri animali: e si è considerato questo come l'elemento principale di una germanizzazione del mondo rurale italiano, tale da far sostituire, come importanza agraria e alimentare, alla triade mediterranea olio-grano-vino, una tradizione più carnivora, suino-selvaggina-latte (Fumagalli 1976; Montanari 1979); ma se si pensa alle tendenze più o meno sotterranee dell'Italia tardoantica, tra cui l'abbandono di tante aree all'allevamento silvopastorale, se si pensa che la carne più consumata dai cittadini romani nel V secolo era già il suino, se si guarda a come l'allevamento silvopastorale di alcuni animali e la mutazione da culture tradizionali mediterranee a specificità altomedievali sia patrimonio sia delle aree germanizzate dai longobardi che di quelle dell'Italia costiera e meridionale, si deve considerare ancora una volta la questione sotto una diversa luce; e cioè che i processi di mutazione del mondo agricolo altomedievale erano in nuce già nella crisi della produzione agricola tardoantica in Italia, nell'intervento statale sulla sua produzione, nell'aver legato – anche per il sistema di "welfare" imperiale – le produzioni agricole ai destini della macchina amministrativa e militare dello stato:

caduta essa le aziende andarono in crisi, anche perché erano artificialmente tenute in vita (senza contare che appartenevano ad influenti aristocratici della corte) con le sovvenzioni statali (Barnish 1987). Nell'alimentazione tardoantica popolare, la carne suina e le focacce di pane secco avevano quindi una notevole importanza; è molto probabile che questo tipo di consumo fosse stato influenzato anche dalla dieta dei militari, discorso che vale per tanti altri costumi delle popolazioni tardoantiche, poiché questa fu una epoca di militarizzazione della società italica. In tutt'altro contesto, questi due alimenti diverranno poi i pilastri dell'alimentazione tra VI e XIV. I primi contadini che sfuggendo alle distruzioni e alle epidemie di VI secolo si insediarono su terreni abbandonati e ripresero a coltivare e allevare, rielaborarono questa dieta dal punto di vista dell'autosussistenza, impostando la produzione agricola su un modello che affondava le proprie basi nell'alimentazione della gente comune di V-VI secolo, su conoscenze agrarie profondamente innervate nella cultura preromana e italica, sulla dieta delle guarnigioni e dei militari, e forse anche su alcuni nuovi costumi provenienti dalla cultura germanica (lo sfruttamento della selvaggina, probabilmente). Ma tutto questo – come si vedrà in negativo nel caso francese – ebbe successo perché l'Italia aveva già conosciuto – ben prima del collasso militare - un profondo processo di crisi agraria ed il rinselvatichimento e abbandono di buona parte del suo territorio, anche – non dimentichiamolo - per il calo demografico che perdurava da almeno due secoli.

Così ebbe origine una nuova mentalità della sussistenza contadina, che mantenne caratteri sostanzialmente uniformi per tutto l'arco del medioevo perché il suo umile e mediocre successo orientò le scelte agricole delle grandi aziende, ad essa si adeguò il processo di incastellamento, e da qui partì perfino la nascita dei mercati e dei commerci con le campagne fiorenti nelle città a partire dal 1000; si può tuttavia argomentare che non esiste – apparentemente – nessuna logica e forzata connessione tra questo modello e gli andamenti demografici. Tutto questo libro, partendo dai dati bioarcheologici e da altri dati, vorrebbe mostrare che invece tale connessione fu centrale: la stagnazione demografica fu parte di questo modello ruralizzato, fu parte della risposta contadina alla grande crisi del mondo romano, anzi ne fu l'esito e allo stesso tempo la base di partenza. I villaggi rurali avevano necessità di tenere sotto controllo la popolazione: un surplus demografico avrebbe condotto alla rottura dell'equilibrio tra risorse ambientali e presenza umana; le fondazioni di nuovi villaggi, condotte in territori inospitali da piccoli gruppi, non andavano a disboscare terreni per metterli a coltura, ma aprivano spazi "urbani" nei territori boschivi proprio per riproporre il modello almeno in parte silvopastorale. Allo stesso tempo, la famiglia contadina, il suo nucleo, non poteva vivere come un vantaggio avere molti figli: in caso di piccola proprietà sarebbero sorti problemi di frammentazione delle aree a coltura, in genere assai ristrette, e anche in caso di terreni presi in affitto, un aumento delle bocche da sfamare non si sarebbe rivelato un fenomeno positivo, perché l'orientamento privilegiato verso l'autoconsumo avrebbe condotto alla necessità di un'accelerazione della produzione familiare, alla necessità di nuovi oggetti per cucinare, cacciare e sopravvivere, e questo avrebbe potuto portare una famiglia alla fame. Una donna spossata dai parti non avrebbe potuto allattare e curare i suoi figli tanto a lungo, e la generazione di un bambino quando ancora il figlio precedente non avesse potuto iniziare a consumare il cibo degli adulti, e forse anche a cacciare, raccogliere cibo o governare qualche animale era un indubbio svantaggio. Questi elementi non possono sfuggire a degli studiosi coscienti dei quadri di riferimenti sociali, economici e produttivi del mondo rurale medievale. Si può pensare che tale discorso sia valido solo per villaggi rurali costituiti da poche famiglie, da 50 a 150 persone al massimo. E le città ? i centri urbani ? La campagna penetra nei centri urbani con forte impatto tra VI e VIII secolo; anche le città più raffinate, quelle che più resistono alla prepotente entrata della campagna entro le proprie mura, come per esempio Roma, dove fino all'età carolingia si cerca di restaurare piazze ed edifici antichi, cedono alla ruralizzazione e finalmente riprendono ad essere vive, seppur cambiate. E' questo il segno della fine del loro declino. La ruralizzazione, per molti centri antichi, non è il segno della decadenza, della conclusione della loro parabola storica; è il sintomo della ripresa, della loro rinascita anche demografica, è segno che per migliaia di persone costituivano ancora – o nuovamente – un polo d'interesse, un'occasione di vita comunitaria.

Le popolose città di IV e V secolo, dense di vita e ancora in mano alle autorità civili e militari fino all'età ostrogota, alla fine del secolo VI sono in netta crisi, e appaiono spopolate: ma quello che si è spesso considerato uno spopolamento dovuto alle epidemie ed alle guerre è stato in realtà molto più frequentemente un abbandono: la campagna ha più risorse naturali da offrire, le alture e le zone boscose consentono di vivere e coltivare in una condizione di maggiore sicurezza, anche se sono lontane dalle strade di comunicazione, dai commerci, dalla vita civile. Non a caso le autorità religiose che stavano soppiantando mano a mano sin dalla metà del V secolo quelle laiche ed avevano ormai una funzione di rappresentanza nei centri urbani, saranno impegnate dalla fine del secolo VI in una poderosa opera di cristianizzazione e diffusione della loro autorità nelle aree rurali. Queste aree smettono di essere marginali, perché ormai la maggior parte della popolazione vi si è prima rifugiata e poi organizzata autonomamente, producendo una propria cultura o recuperando rapidamente quella che era stata nascosta sotto una più o meno robusta patina di romanizzazione durante i secoli precedenti. Già quando l'invasione longobarda si attua, nella seconda metà del secolo VI, l'alimentazione delle popolazioni italiane – che è il primo elemento che subisce la trasformazione culturale ed economica – è organizzata intorno a quelli che saranno i fulcri della dieta altomedievale e medievale: non saranno le popolazioni germaniche ad imporre il loro modello alimentare ma avverrà l'opposto; in questo le fonti bioarcheologiche, sin dai fondamentali studi di Istvan Kiszely sugli scheletri dei longobardi, sono molto chiare; la mutazione alimentare dei germanici una volta venuti in Italia mostra impatti forti nelle patologie: i conquistatori perdono i denti in giovane età per la violenza della carie e per il calo nell'assorbimento di calcio e proteine: sulla base delle analisi antropologiche e delle patologie dentarie, è attestato per queste popolazioni il calo nel consumo di carne e latte (tipici alimenti della dieta germanica) ed un aumento dei cibi zuccherini (carboidrati e vino). La spiegazione di tale fenomeno è tentata dal Kiszely: "*se consideriamo che le popolazioni longobarde – già da cinque secoli in migrazione – possano provenire da una zona con un nutrimento base costituito principalmente da carne, avrebbero potuto risentire in qualche modo di un improvviso cambiamento dovuto all'insediarsi, dopo ulteriori spostamenti, in aree in cui la maggior parte del cibo fosse costituita da prodotti agricoli. Sarebbe questa una malattia di adozione (di adattamento), come viene definita dalla letteratura patologica*" (1969, p. 138). Allo stesso tempo nelle aree ad influenza bizantina, nonostante l'attardamento della mutazione per la ancora perdurante vitalità del modello tardoantico, si vengono a creare gli stessi andamenti: per quanto le autorità bizantine controllino molte città e riescano spesso ad imporre i loro sistemi agrari nei territori contigui a queste, il declino della loro forza militare si accompagna alla scomparsa del loro modello, che non è altro che quello cerealicolo tardoantico. Tra VI e VII secolo l'Italia contadina appare la componente biologicamente vitale della penisola: quando i pontefici decidono, alla metà del VII secolo, di produrre autonomamente le risorse alimentari, smetteranno di praticare le colture cerealicole tipiche del tardoantico come ancora facevano in Sicilia alla fine del VI, e baseranno le loro domus cultae sulla produzione di carne suina (animale tipicamente allevato facendo ricorso al bosco per la sua nutrizione) e sull'olio ed il vino. Successivamente, la corte carolingia – che in Francia – come vedremo più avanti, riproporrà (nel solco delle ripresa culturale del sistema romano) aziende cerealicole del tutto simili, tranne che per l'efficacia produttiva, alle aziende schiavili tardoantiche, in Italia non riuscirà in una operazione simile, e le grandi aziende della pianura padana che subiranno in quegli anni una riorganizzazione produttiva si atterranno molto più alla produzione di suini, cereali minori e altri alimenti (Montanari 1979) rispetto alle coeve aziende regie francesi. Il modello dei villaggi rurali come Castro dei Volsci di VI secolo, tanto per tornare ad un esempio archeologico, sarà importato su larga scala dalle aziende prima pontificie e poi imperiali in Italia.

L'efficacia della risposta contadina alla crisi del tardoantico in Italia è tutta in questa supremazia culturale. E questo, come vedremo più avanti, renderà l'Italia altomedievale molto diversa come modello alimentare, economico ed anche demografico, rispetto alla Francia della stessa epoca. Ora se anche fossimo convinti che il modello contadino fosse vantaggioso, e che avesse tra i suoi parametri fondamentali una famiglia costituita da pochi figli, ci si deve comunque porre il problema di come è possibile, per una famiglia con ben poche risorse culturali, avere pochi figli, fare in modo di avere poche gravidanze. E' proponibile una capacità culturale così elevata per le popolazioni rurali italiane del medioevo ?

E' forse possibile affrontare il discorso da diversi punti di vista. Va premesso che una tale questione riguarda lo studio della mentalità collettiva ed individuale di queste comunità, e quindi può essere portata avanti solo in sede di approfonditi studi storici; dal punto di vista bioarcheologico o demografico si può soltanto dire che, dai dati, emerge una ipotesi di natalità e mortalità infantile

che implica la piena coscienza delle necessità di fare pochi figli. Allattamento prolungato, mortalità tra i 3 ed i 5 anni, abbandono o soppressione delle primogenite, sono comunque fattori importanti. Tabù consolidati sull'accoppiamento durante la gravidanza e l'allattamento (oltre che nei giorni "sacri") possono aver avuto anch'essi un certo impatto: i villaggi erano piccoli ed i figli restavano anche dopo la maturità sessuale sotto il controllo sociale dei genitori e delle comunità: comportamenti sessuali non coerenti con la cultura consolidata erano quindi facilmente individuabili e probabilmente erano in qualche modo tenuti sotto controllo. L'età di matrimonio e la prima gravidan erano portate avanti ad una età relativamen avanzata; inoltre si ha la sensazione che le donne dopo una certa età (35-40 anni ?) vivessero come normale la fine del ciclo riproduttivo, in questo seguendo una mentalità che appare diffusa già alla metà del secolo V; le vedove spesso non si risposavano. Figli illeggittimi erano con gran frequenza abbandonati o avviati alla vita religiosa. La contraccezione, sia quella praticata attraverso contatti sessuali che non portavano al concepimento, che attraverso oggetti o unguenti in grado di impedire la gravidanza dovevano essere diffusi; soprattutto riguardo i rapporti sessuali "non normali", la chiesa esercitò per tutto il medioevo una forte opera di repressione, il che potrebbe testimoniare la persistenza, nel mondo rurale in particolare, di tali costumi. Dal punto di vista degli studi storici sull'argomento, ancora non si è riusciti a giungere a conclusioni decisive: "*Negli ultimi anni si è sempre riproposta la questione dell'impedimento delle gravidanze, dei mezzi e della possibilità di evitare gravidanze indesiderate: eppure resta ancora oscuro chi, in quale misura e in che modo usasse metodi contraccettivi o abortisse*" (Opitz 1994, p. 357). Come si diceva, la chiesa medievale si produsse in una robusta propaganda tesa a reprimere le conoscenze femminili. Unguenti, tinture e tecniche per indurre gli aborti rappresentavano pratiche diffuse, probabilmente circoscritte all'abito femminile, che ne ha lasciato solo una flebile straccia storica; ma certamente "*i "venena sterilitatis" erano condannati nella letteratura morale sin dai tempi dei Padri della Chiesa*" (Herlihy 1987, p. 187). Una delle studiose più importanti di questo campo, la Opitz non ne deduce però che esistessero davvero conoscenze da parte del mondo femminile o una autonomia delle donne in questo campo anche se, sostiene, "*è senz'altro vero che ancora nel tardo medioevo gravidanza e parto e tutte le pratiche ed esperienze ad essi connesse fossero di dominio assoluto delle donne; in questo campo gli uomini non avevano esperienza né diritto di parola..."* (1994, p. 357).

La cultura medievale nei confronti del mondo femminile si mantenne in una pressoché totale ignoranza (Thomasset 1994), la società medievale, nelle sue sfere intellettuali, era maschile, se non maschilista, il che poteva – per le donne – costituire anche un vantaggio: si pensi alla relativa indulgenza della cultura religiosa medievale verso la masturbazione femminile (Thomasset 1994, p. 79). Sulla contraccezione le idee degli uomini di cultura erano perlomeno confuse; si mantenevano forse credenze pratiche che derivavano dalla cultura grecomana (Sorano e Dioscoride, che avevano elaborato tecniche talvolta efficaci) (Tannahill 1985, p. 116), ma si era persa la conoscenza del preservativo (utilizzato – forse – dai romani ma che fece la sua ricomparsa solo nel secolo XVI); si credeva addirittura alla sterilità delle prostitute (Thomasset 1994, p. 71), che viene da pensare fossero semplicemente "esperte" dei modi in cui evitare le gravidanze, e si teorizzò a lungo che la lebbra fosse una sorta di malattia sessuale femminile che si trasmetteva col mestruo; il terrore del sangue mestruato generò anche l'idea che i figli handicappati fossero conseguenza dei rapporti sessuali con donne mestruate (Thomasset 1994, pp. 82-83).

Questo insieme di credenze, di paure e di tensioni repressive, fanno capire il quadro entro il quale la società rurale – isolata e chiusa nelle sue antiche conoscenze – potesse elaborare tecniche e pratiche contraccettive: il legame con il mondo animale e le conoscenze che derivavano dal rapporto quotidiano con il mondo naturale in genere erano probabilmente le basi delle metodologie anticoncezionali che senza dubbio si seguivano. In sintesi, è immaginabile pensare che fossero comuni i rapporti sessuali non "normali" (interfemorali, anali, orali), che le donne conoscessero e si tramandassero erbe e pozioni venefiche o spermicide, e che ogni contadino sapesse che la stimolazione della ghiandola mammaria abbassava in modo significativo la fertilità femminile: era quanto avveniva agli altri animali mammiferi che vivevano in tutti i villaggi, era quanto avveniva agli esseri umani.

Si è visto nel corso della ricerca come la bassa natalità sia stata legata al modello alimentare e produttivo contadino che si instaurò in Italia medievale tra VI e XIII secolo: il legame tra queste diverse componenti della mentalità rurale si può mettere in evidenza leggendolo al negativo, e cioè confrontando i parametri demografici e agrari diffusi in Italia con quelli di un'altra grande area uscita per una strada diversa dalla crisi tardoantica: la Francia.

Abbiamo visto, nel corso della discussione dei dati antropologici che la Francia altomedievale, rispetto all'Italia, presenta numerose differenze. Sia dal punto di vista demografico, che per i dati archeozoologici e ceramologici, le regioni francesi, pur con una forte differenza tra aree nord e continentali e quelle più mediterranee e meridionali, mostrano andamenti e sviluppi diversi da quelli italiani. Perché ? cercheremo di mostrarlo seguendo lo stesso percorso con cui si è tentato di rispondere alla domanda sul modello rurale italiano: La Francia altomedievale ha preso una strada diametralmente diversa rispetto a quella italiana perché la risposta, la fuoriuscita della Gallia dalla crisi tardoantica fu molto differente. La Gallia di V secolo è innanzitutto più sviluppata dell'Italia coeva: le tendenze autonomistiche della dirigenza galloromana sono antiche e il suo impatto nella storia degli ultimi decenni dell'impero furono molto forti: dopo la morte dell'ultimo dei Valentiniani (Valentiniano III, anno 455), gli ultimi sussulti di progetto imperiale partirono dalla Gallia o furono incentrate su essa: mentre gli aristocratici italici ondeggiavano tra l'accordo con i ceti militari germanici che guidavano l'esercito padano e l'appoggio bizantino, la Gallia sviluppò sia gli ultimi tentativi imperiali sia i più netti disegni di accordo con i capi delle nuove popolazioni germaniche insediatesi in Gallia: Visigoti, Burgundi, Franchi. Non avviene niente di paragonabile alla distruzione che si crea con le guerre greco-gotiche in Italia, l'aristocrazia romanza non perde i suoi possedimenti e soprattutto le aziende agricole estensive e molto produttive tardoantiche della Gallia non subiscono le distruzioni che si realizzano nel VI secolo in Italia, anche perché queste si erano già trasformate in qualcosa di diverso ed insieme affine alle ville tardoantiche tra IV e V secolo, soprattutto a nord della Loira. Infatti i Franchi si erano organizzati in una aristocrazia militare di stampo rurale (Wickham 1999). Mentre qui i Franchi – con l'accordo della chiesa e l'appoggio delle popolazioni romanze - cacciarono dalla Gallia i Visigoti ariani e assorbirono i Burgundi, peraltro molto romanizzati, i Longobardi cancellarono per sempre le tracce della dominazione bizantina (cioè della "continuità") da vaste aree della penisola italiana. In sintesi, si potrebbe affermare che alla fine del VI secolo, nonostante una crisi urbana più forte (ma soprattutto diversa), la Gallia per certi aspetti aveva subito una trasformazione meno dirompente rispetto all'Italia coeva. Sia dal punto di vista produttivo, che per alcuni elementi culturali e sociali, la Francia altomedievale mantenne vivi alcuni aspetti della tradizione romana, pur nel generale decadimento del quadro economico e amministrativo; lo stato merovingio era fortemente decentrato e questo sviluppò presto una nobiltà locale diretta erede delle aristocrazie precedenti. Non a caso, proprio in Francia si svilupperà la ripresa di temi "imperiali" e - anche se profondamente mutati - "classici", con l'età carolingia. Seppure in grave crisi, le città – quelle che restano - si mantengono vitali nei loro caratteri urbani, anche grazie al decentramento di VI-VII secolo, e nelle campagne si continuano ad adottare, seppur ripiegati tecnologicamente, metodi di allevamento e produzione degli alimenti con caratteri tipici dell'età tardoantica. Le riforme delle aziende agricole di età carolingia, non fanno altro che tentare di riproporre i paradigmi culturali delle aziende agricole tardoantiche, con le dovute differenze e gli inevitabili insuccessi, soprattutto nella capacità di produzione. La presenza di una amministrazione efficiente e unitaria come quella carolingia accentuerà l'impatto di questo processo; In Italia le aziende agricole seguirono invece tecniche produttive e svilupparono interessi e consumi di alimenti guardando, stimolando o migliorando i metodi seguiti da quello che si potrebbe definire come il modello rurale delle classi contadine, mentre in Francia alle campagne non solo fu imposta la produzione di cibi e alimenti "di lusso" per la nobiltà, ma al centro di questa produzione agricola fu posto il frumento con altri cereali pregiati, dando grande importanza all'allevamento di bovini in grado di arare il terreno che venivano poi consumati solo quando ormai inutili per il lavoro dei campi. Tenendo conto della profonda differenza con il modello rurale e alimentare italiano si spiega l'altrettanto netta divergenza nella dieta delle popolazioni contadine: in Francia si consumava meno carne, si mangiavano più cereali e vegetali, erano diffusi latte e burro, ed il consumo di carne - per i poveri - era limitato ai bovini molto anziani. Di questa dieta si ha un diretto riscontro nei dati antropologici francesi: carie dentaria molto più alta che in Italia, stress nutrizionali molto forti, strutture scheletriche più

fragili, speranza di vita meno alta, peggiore condizione delle donne, svezzamento anticipato degli infanti, aumento della fertilità femminile, alta natalità, alta mortalità infantile. Questo sistema produceva, ovviamente, un certo benessere di cui godevano i ceti superiori e - in parte – gli abitanti delle città: garantiva una alta natalità, un costante afflusso di beni dalle campagne, un minore isolamento delle comunità (e quindi maggior scambio genetico), la produzione di oggetti e lo sviluppo dei commerci: in breve una economia più ricca, una popolazione più numerosa e una minore ruralizzazione delle città rispetto all'Italia dell'epoca, ripiegata invece su una economia di sussistenza ma che garantiva, mediamente, migliori condizioni di vita. I dati archeologici, alcuni già citati nelle pagine precedenti, sono molto chiari: tra i più importanti vi sono quelli di Villiers-Le-Sec, un centro agricolo della Francia centrosettentrionale; qui lo studio dei resti faunistici (Ivinec 1988) e quello dei resti antropologici (Aboire 1988) ha permesso di arrivare a risultati molto interessanti: "*Nous avons vu, en milieu rural, entre le VIe et le XIe siècle, la proportion des boeufs s'accroit à Villiers-Le-Sec. Ceci est confirmé par des nouvelles études en cours pour la moitié nord de la France. Par ailleurs les ages d'abattage indiquent que seul un tiers des individus sont abattus avant d'atteindre l'age adulte. Cet abattage ne concerne ces animaux qu'à partir de 15-18 moins. Bien que quelques individus soient sacrifiés à 6 ou 7 ans, l'essentiel des effectifs consiste en animaux réformés agés de plus de 10 ans...*" (Ivinec 1988, p. 231). Vacche e buoi sono equivalenti dal punto di vista numerico, il che fa dedurre agli archeologi francesi che – a parte qualche individuo abbattuto per la carne – la specializzazione di questi animali (che costituiscono la gran parte del patrimonio animale di questa azienda) si orientava alla produzione del latte, cioè del burro, ed all'uso nel lavoro dei campi per la coltura dei cereali. Un tipo di produzione agricola che, a partire dall'età carolingia, prende il sopravvento in Francia centrosettentrionale, e che appare più "avanzata" rispetto al modello italiano, ma che tiene le popolazioni rurali nello sfruttamento e spesso nell'indigenza: condizioni scheletriche, carie ed usura dentaria, così come tassi di mortalità elevati denunciano che l'alimentazione quasi del tutto cerealicola dei contadini di Villiers-Le-Sec era il corrispettivo dell'efficace produzione di alimenti (burro, uova, carne suina) di cui loro non potevano usufruire (Aboire 1988).

Dai dati paleonutrizionali, ma anche da quelli archeozoologici e ceramologici, che sono i tre fulcri intorno al quale è possibile costruire una affidabile ricostruzione dei modelli alimentari antichi (oltre che – quando sono disponibili – dalle fonti storiche), si evince la sostanziale uniformità del modello alimentare dell'Italia medievale: in diversi centri della penisola, e per varie epoche, una tendenza univoca nella presenza delle tre principali specie animali è accertata: a questo proposito si vedano le Tavole faunistiche disponibili in fondo a questo testo. Insieme all'età di macellazione degli animali e alle ceramiche da fuoco che si rinvengono negli scavi, l'ipotesi di un approccio fondamentalmente affine tra le diverse aree della penisola sul modo di allevamento e consumo delle carni appare fondata. La spiegazione storica di tale fenomeno, la sua origine tra VI-VII secolo ed il suo declino in età bassomedievale è stata abbastanza discussa (e sarà oggetto anche del prossimo paragrafo); anche la ricaduta nella demografia italiana pare evidente da quanto si è detto finora. Per la Francia, il discorso è in parte diverso: qui coesistono, anche in aree territoriali contigue, centri dove sembra raggiungersi una buona condizione alimentare e patologica, con territori dove la condizione dei gruppi umani sembra molto difficile; la Francia sembra aver portato avanti, soprattutto in età altomedievale, sia un modello rurale basato sull'autoconsumo, con discreti risultati di sussistenza, sia centri a forte specializzazione cerealicola, decisamente difficili da trovare nell'Italia coeva (Giovannini 1998a): questo ultimo modello rurale fa chiaramente immaginare una cultura più orientata ai beni di lusso e – per tornare al tema della ricerca – demograficamente più attiva: in una parola vicina al modello tardoantico, o se si preferisce, già prefigurante il mondo rurale affamato e popoloso dell'Europa moderna.

E' evidente che la tematica è estremamente complessa e può essere affrontata solo in sede storica: l'archeologia medievale a volte sembra in grado di sciogliere alcuni quesiti, ma in tanti altri casi pare offrire solo nuovi problemi storici da affrontare; non si può risolvere l'instaurarsi di nuovi modelli sociali e culturali in età altomedievale solo col meccanismo della ruralizzazione, per quanto vasto e – per certi versi – decisivo. In Italia si ha l'impressione, vista la riproposizione di modelli prettamente rurali anche nelle iniziative produttive più complesse, di una risposta sociale alla crisi di VI e VII secolo fondamentalmente contadina, e della gestione spesso consapevole di questo mutamento; dal punto di vista politico ed economico ne furono protagoniste le nuove aristocrazie altomedievali e medievali, e cioè la chiesa e la nuova nobiltà di ascendenza più o meno direttamente "germanica": ambedue queste strutture signorili avevano un legame col territorio e, forse anche una cultura di origine, molto basata su un tipo di sfruttamento del contado che non aveva interesse né ad uno sviluppo commerciale e civile delle città, né ad un diverso tipo di imposizione – che non fosse il prelievo di beni di consumo – sui ceti rurali. Da questo concatenarsi dei processi socioeconomici forse dipese la definitiva rottura con l'eredità "urbana" del mondo classico che si ebbe nell'età altomedievale.

2. La comunanza con la morte prima e dopo l'età delle pandemie

Temi come la condizione della donna o l'atteggiamento di fronte all'abbandono o alla morte dei bambini riflettono profondi indirizzi culturali che non si ha in questa occasione, sulla base dei dati archeologici, alcuna possibilità reale di affrontare. Ma si possono però discutere, a partire dalle considerazione demografiche finora esposte, alcune indicazioni culturali sulla società altomedievale: uno dei temi che ha un legame più forte con gli aspetti demografici e allo stesso tempo è particolarmente interessante è l'idea e l'approccio verso la morte.

Contrariamente a quanto ipotizzato da molti storici e demografi sulla base di letture fondate su immagini suggestive e consolidate, l'Italia altomedievale e medievale non pare caratterizzata da quella disastrosa mortalità infantile e delle giovani donne con cui si é spesso cercato di spiegare lo scarso popolamento della penisola. Almeno per alcune epoche e aree del territorio, fu invece una più o meno cosciente tendenza alla bassa natalità a caratterizzare il comportamento degli individui, soprattutto nelle zone rurali; la mortalità pare diffusa un po' a tutte le età e quindi anche (e molto) tra i bambini, ma questa dispersione dei picchi di mortalità fu probabilmente un segno distintivo della vita rurale italiana fino ai secoli XI-XII. L'Italia altomedievale non conobbe drammatiche carestie - a parte gravi quanto limitati eventi locali - fino alle prime grandi "tragedie della fame" degli inizi del Trecento. Il basso impatto demografico, la disponibilità di terreni fertili, il modello rurale in parte silvopastorale, lo scarso controllo fiscale sui contadini, la ristrettezza numerica degli abitati e una certa autonomia gestionale (almeno nelle scelte agrarie), permise a queste popolazioni di uscire dalla grande crisi demografica dell'età tardoantica e dei primi secoli medievali, e presentarsi al secolo XI in grado di raddoppiare la propria popolazione - e forse anche la propria prosperità - senza subire grandi contraccolpi. Agli inizi del Trecento però, la diminuzione dell'importanza del contado nei confronti delle rampanti e popolose città mercantili, l'apertura di nuove rotte commerciali su base continentale, il sovrappopolamento e - anche - le nuove abitudini alimentari, porteranno a carestie, alla fame e alla progressiva comparsa di nuovi grandi malattie epidemiche. L'accrescimento che conobbe l'Italia tra XI e XIII secolo ha per la penisola paragoni solo con quello molto recente dei secoli XIX-XX. Come mostrano i documenti comunali e i registri parrocchiali, tra il secolo XIV ed il XIX, l'Italia é un paese di città piene di bambini, falcidiati da epidemie e infezioni, di famiglie contadine di 7-8 persone costrette a diete ripetitive e di "resistenza", una società in cui anziani, donne incinte e bambini sono spazzati via dalle malattie con rapida consuetudine. Gli alimenti tipici delle diete di "resistenza" che si svilupparono in questo nuovo modello di vita furono il riso, le patate, il mais, il cavolo, le castagne, ma anche il vino: tutti alimenti molto diffusi (a seconda delle aree territoriali-climatiche) nell'Europa moderna. In Italia il consumo di polente o pasteasciutte come base alimentare é stato fino a poco tempo fa assolutamente preponderante tra le popolazioni contadine. Il "monoconsumo" portava una serie di conseguenze patologiche, senza contare che dipendendo la dieta da un solo alimento, in caso di cattivo raccolto si scatenava immediatamente una carenza di cibo. Si può ipotizzare che la mortalità infantile entro il 1° anno tra XIV e XVIII secolo in Italia colpisse 250 - 350 individui ogni 1000 nati vivi. Nell'Italia alto e pienomedievale, come sembra evincersi dall'insieme delle indicazioni archeologiche, tale mortalità va probabilmente ritenuta colpevole della morte di circa 150-200 individui ogni 1000. La società altomedievale e medievale aveva quindi probabilmente diversi ritmi culturali e biologici: la mortalità era alta, ma colpiva a tutte le età. Uccideva molti neonati con le infezioni, indeboliva i bambini nella prima infanzia a causa di abitudini alimentari povere, ma uccideva egualmente adulti e interi gruppi con febbri e infezioni circoscritte che piombavano su abitati ristretti a poche famiglie isolate da secoli in aree territoriali spesso marginali.

L'ipotesi di una stagnazione genetica in grado di avere un forte impatto sulla demografia dell'Italia medievale va valutata in tutta la sua portata: l'isolamento dei villaggi medievali non era

certamente assoluto, ma bisogna tenere conto del fatto che in questi centri - nei quali risiedeva la gran parte degli abitanti dell'epoca – vivevano poche famiglie: in poche generazioni al normale processo di interazione con gli elementi ambientali circostanti, tra cui vettori infettivi stanzialmente presenti nel territorio del villaggio, si sarà senza dubbio aggiunto – attraverso un inevitabile processo di endogamia – un certo grado di morbilità nei confronti di attività microbiche provenienti da aree territoriali differenti. Il quadro patologico all'interno del quale inserire i tassi di mortalità generale potrebbe essere chiarito da una analisi genetica su larga scala; è comunque possibile immaginare che la mortalità tra i 3 ed i 5 anni sia stata causata almeno in parte da consolidate pratiche di divezzamento dei bambini; allo stesso tempo si può escludere – con le dovute eccezioni – che carestie e contagi pandemici fossero principali fattori di mortalità per l'età post matura; è quindi necessario valutare tra le cause della mortalità l'impatto del fattore endogamico, e cioè il progressivo restringimento della base genetica che i piccoli villaggi rurali erano in grado di sviluppare nel giro di poche generazioni. Non va sottovalutato l'impatto che su comunità ristrette e predisposte - o comunque non immunizzate dal contatto biologico con individui che si erano selezionati nel tempo - potevano avere episodi infettivi anche relativamente poco violenti come influenze e febbri virali, che ciclicamente si propagavano raggiungendo i territori più nascosti; tali febbri potevano diventare letali per alcuni gruppi e allo stesso tempo essere di assai minore importanza per altri. E questo avveniva, come si accennava, proprio a seconda della storia biologica, della selezione immunitaria o della chiusura genetica che le varie comunità avevano contratto nel corso dei secoli. In caso di un gruppo scarsamente immunizzato dal punto di vista biologico, la morte colpiva in modo indifferenziato, aveva un carattere trasversale ed improvviso: la persistenza della morbilità, il fatto che la morte comparisse improvvisa ma non si accanisse particolarmente sui neonati, sulle donne o su categorie particolari (anche se va ricordato che – come si desume dai dati antropologici – metà dei nati vivi moriva prima dei 20-25 anni) così come il fatto che la mortalità colpiva spesso indifferentemente persone di qualsiasi ceto e condizione, indipendentemente dalla vita e la dieta ch'essi seguivano, non avrà mancato di avere conseguenze culturali. Soprattutto nei centri numericamente poco significativi, colpendo proprio sulla base della vulnerabilità biologica di marca genetica dei singoli gruppi, questa morte produceva conseguenze culturali probabilmente assai diverse rispetto a quelle che esistevano in altre epoche o società. La morte era una presenza costante e comune, colpiva silenziosamente ed inspiegabilmente, poteva colpire in ogni momento chiunque, senza alcuna spiegazione, senza difese possibili, senza possibilità di fuga.

Si può quindi immaginare una "comunanza con la morte", poiché si moriva - senza che esistessero epidemie pandemiche come la peste e gli altri contagi - a tutte le età. L'impatto delle malattie epidemiche ad alta mortalità come peste, vaiolo, tubercolosi, sifilide, colera e tifo esantematico (petecchiale) fu invece micidiale nell'Europa rinascimentale e moderna (Livi Bacci 1998, pp. 89-105). Tali malattie, invece, non ebbero simile importanza in età altomedievale: in questa epoca infatti le principali malattie possono essere individuate nella lebbra, la febbre da tifo (diversa e meno grave di quello esantematico) e le malattie della pelle, legate alla presenza di parassiti dell'uomo (scabbia, tigna, etc.). Diffuso – a causa dell'importanza della segale - era il Fuoco di sant'Antonio, l'ergotismo, causato da un fungo della segale, appunto; ma questa patologia era molto più presente in Francia e in Germania (dove la segale era molto coltivata) piuttosto che in Italia. La lebbra è invece una malattia causata da un microbatterio, abbastanza contagiosa, trasmissibile per via ereditaria e a lunga incubazione (tre-cinque anni): di origine orientale, penetrò in Europa con le invasioni germaniche, ma conobbe una grande diffusione solo a seguito delle crociate; l'Italia, crocevia dei commerci con l'Oriente, ne fu quindi colpita con violenza. Ma la lebbra non é immediatamente letale e il numero dei lebbrosi rimase abbastanza marginale, anche perché l'isolamento cui furono costretti questi individui fu molto efficace. Una malattia molto diffusa in Italia era la malaria, trasmessa dalle zanzare, cui però si poteva sfuggire - in periodi di basso popolamento - sistemandosi su zone collinari, più distanti possibile dalle aree paludose; era certamente letale per gruppi particolari, come pescatori, contadini o militari che vivevano o erano costretti ad attraversare territori infestati, ed aveva una discreta diffusione anche in centri urbani che avevano subito delle inondazioni (Mazzi 1978, pp. 44-65).

La mortalità aveva quindi caratteristiche diverse rispetto all'età classica o moderna. Con le dovute eccezioni, non si trattava di morte per fame, o per malattie contagiose pandemiche; non morivano bambini e giovani ragazze in modo tale da individuare in queste categorie una sorta di minoranza sociale, o di gruppi verso i quali le comunità o i parenti nutrissero indifferenza. Le cause di morte erano legate a infezioni, febbri endemiche e costumi malnutritivi; colpivano tutti i ceti e i sessi e – più o meno – ogni età: in questo, forse solo in questo, la società altomedievale e medievale italiana offriva le stesse speranze a tutti. Non era insomma solo un problema dei bambini, delle giovani ragazze e degli affamati.

Nonostante il necessario riequilibrio che i dati archeologici costringono a fare, la mortalità tra i giovani era indubbiamente alta, per cui si può immaginare quanto spazio avesse, nella sensibilità degli individui la "comunanza con la morte": la morte era una presenza costante che poteva avvicinarsi a tutti in qualsiasi momento. Si può pensare che questa fosse anche la condizione culturale delle popolazione bassomedievali e rinascimentali; ma i caratteri della presenza della morte sono senza dubbio differenti: la morte altomedievale era uno sfondo costante ma non dirompente, perché il ritmo della "mortalità generica" altomedievale e medievale non ha paralleli con i picchi di "sovrammortalità" che dovettero subire le popolazioni italiane ed europee dal Tre-Quattrocento fino al XVII secolo. Si pensi che a partire dal secolo XIV - con la tragica vetta della Peste Nera del 1347-48 - l'Italia fu colpita per oltre un secolo da epidemie cicliche all'incirca ogni dieci anni (Del Panta 1980); solo per fare un esempio, in Toscana (Firenze, Siena, Arezzo, Sansepolcro) si registrano recrudescenze di peste negli anni 1348, 1363, 1374, 1383, 1390, 1400; "*nel periodo tra il 1340 e il 1450 si conta una media di una crisi (definita come un rialzo dei decessi di tre volte o più rispetto al numero normale dei morti) ogni nove anni*" (Livi Bacci 1998, p. 113). Questi picchi di sovrammortalità furono in grado di disinnescare ogni crescita demografica, provocando in popolazioni ormai ad alta natalità cali demografici molto forti (soprattutto alla fine del XIV e nella prima metà del XVII); la presenza di pandemie così disastrose da una parte fu conseguenza dell'aumento demografico e dall'altra fu causa della "spirale inflattiva" di mortalità infantile e alta natalità: era talmente forte la mortalità che per mantenere stabile la popolazione erano necessari aumenti della natalità.

Il secolo XIV, che fu senza dubbio il secolo dello sviluppo urbano, economico e artistico italiano, fu anche il secolo delle pandemie e delle carestie e possiamo immaginare quali effetti ebbe su popolazioni che ne erano restate molto a lungo distanti, e avevano ormai iniziato - cambiando i loro costumi di vita - ad accrescere gli indici di natalità. L'impatto di queste malattie dovette essere sconvolgente sia dal punto di vista demografico che culturale: e la "comunanza con la morte" che per secoli aveva attraversato i ritmi rurali delle popolazioni medievali, divenne – nei nuovi centri urbani, nel contado appena arricchito o sfruttato senza pietà – orrore di una presenza falcidiatrice, una minaccia diabolica per la stessa possibilità di esistenza della specie umana.

Ma come si giunse a questo grande cambiamento ? Quali furono le ragioni della trasformazione del modello demografico italiano da quello altomedievale, legato ad una cultura "dei pochi figli", a quello bassomedievale, totalmente rovesciato ? E quale fu l'impatto di questo mutamento demografico sulla cultura dell'epoca e – per tornare al tema del paragrafo – sul rapporto quotidiano con la morte ?

A partire dal secolo XII l'incremento demografico si fece via via sempre più effettivo: trovare aree boschive ancora disponibili per allocare nuovi villaggi che potessero sfruttare l'elemento silvopastorale sia come diretto contributo alimentare che come luogo per allevare gli animali in uno stato semiselvatico si fece sempre più difficile; un nuovo ceto di contadini arricchiti, commercianti e signori inurbati mutò l'approccio feudale verso le risorse agricole; questo ceto non si interessava più soltanto al prelievo di cibo o denaro che garantisse a se stesso un benessere alimentare ed economico, e nemmeno gli bastò più la disponibilità di una certa quantità di beni di lusso: "*sotto la crescente influenza dell'attività commerciale e politica cittadina, si stabilì una nuova divisione dei compiti, che concentrò nelle città le manifatture e gli scambi e assegnò alla campagna la produzione dei viveri e delle materie prime. L'antica economia curtense non specializzata a grado a grado si dissolse: in larghe zone i metodi di conduzione assunsero carattere commerciale, o addirittura si svilupparono fino a cominciare a far uso di manodopera salariata o assunta, più frequentemente, con contratti competitivi e a breve termine (come la mezzadria e l' "affitto")*" (Jones 1974, p. 1687).

I nuovi signori, fossero i "mercanti bovattieri" del centro sud, gli artigiani "della Lana" o gli scaltri commercianti della Toscana e della pianura padana, avevano diretti interessi sulla produzione agricola;

questa non era più sottoposta alle vecchie strutture aristocratiche, che nel loro stagnante conservatorismo di fatto si disinteressavano delle produzioni agricole e della vita delle comunità rurali, ma una nuova mentalità imprenditoriale si inserì nel sistema agrario: si svilupparono produzioni di alcuni tipi di beni (la lana per esempio), si chiusero gli spazi boschivi al libero usufrutto dei contadini, si imposero nuove colture: l'urbanizzazione creò anche diversi bisogni alimentari, come quello del pane bianco, si diffusero nuovi cibi (i fritti, gli umidi) che necessitavano di produzioni specialistiche di pentole, che iniziarono sempre più massicciamente a soppiantare le pentole globulari utilizzate e prodotte da secoli dai contadini; lo sviluppo dei nuovi centri urbani che fondavano il proprio benessere sul commercio dette impulso ad una moderna capacità di sfruttare il contado; le aree rurali furono sempre più circoscritte nelle città fino a venirne espulse; di converso il surplus demografico da sempre prodotto nei villaggi rurali portò a percepire come una occasione di vita non più la terra ma l'entrata in città, il lavoro artigianale o commerciale. Si cercò di migliorare le rese agricole, soppiantando produzioni che nella loro modestia (segale, avena, miglio, sorgo) erano di scarso pregio commerciale, e vaste aree vennero lasciate alla pastorizia, all'allevamento degli animali, che si cercò sempre più efficacemente di utilizzare come forza lavoro o per la produzione di beni (i bovini per l'aratro, le pecore per la lana) lasciando al solo suino il principale fattore di contributo carneo, anch'esso – ma questo da sempre – commerciabile. Pane bianco, latte, formaggio, prosciutti e carni tenere, praticamente sconosciuti ai contadini altomedievali, divennero beni di consumo di una classe che si allargava sempre di più nelle città, e lasciava alle proprie spalle contadini forse più liberi dal punto di vista della condizione civile e legale, ma molto meno liberi nelle scelte personali e quindi, soggetti al mercato e indeboliti nella loro capacità di preservarsi dalla fame e dalle carestie con una produzione votata all'autoconsumo. Un grande cambiamento si stava preparando tra il XII ed il XIV secolo, con le dovute persistenze e gli inevitabili ritardi e differenze a seconda dei territori. La documentazione archeologica al riguardo è evidente: il consumo della carne bovina, tradizionale fonte di apporto carneo per le comunità medievali e altomedievali iniziò a calare: le bestie non venivano macellate più a 4-5 anni come era avvenuto per secoli (e tale età era la perfetta media tra un bovino da carne ed un bovino da lavoro) ma si macellavano giovani (vitelli e vitelloni da carne) o estremamente vecchi (vacche da latte ormai improduttive e buoi da aratro troppo anziani). Il suino non era mai stato in età medievale la componente maggiore del contributo carneo per le popolazioni umili, tuttavia era molto importante sia per l'apporto proteico che per il commercio minuto. Ma la chiusura degli spazi boschivi e il miglioramento (e indebolimento) della razza per motivi commerciali ne restrinse il consumo da parte dei contadini. Per fare in modo che ingrassasse prima venne progressivamente allontanato dai boschi ricchi di ghiande per rinchiuderlo nelle porcilaie: mangiava meglio, ingrassava più rapidamente e si macellava presto. In alcuni centri bassomedievali, a seconda del territorio, si diffusero - quasi su modello monoculturale – allevamenti di ovini per la lana ed il formaggio, o di vacche da carne; ritrovamenti faunistici in centri toscani posti a poca distanza ma con caratteri territoriali molto differenti l'uno dall'altro testimoniano come in età bassomedievale l'allevamento di animali fosse orientato molto meno all'autoconsumo e molto più al commercio (Tozzi 1981). Anche le forme ceramiche testimoniano il grande mutamento: ceramiche invetriate per la cottura in umido o per friggere, insieme ai primi veri forni da pane, soppiantarono via via l'accoppiata pentola per bollito – testo da pane: focaccia scura e bassa e brodo di carne secca furono cancellate mano a mano che si sviluppavano i centri urbani: fu la sconfitta della mentalità contadina, della ruralizzazione altomedievale; la campagna, da lì in poi, come in età romana, ridivenne marginale, socialmente soggetta, bacino di braccia per le città. Così come era avvenuto nella fase tardoantica, quando proprio il recupero di caratteri agrari preromani, con influssi germanici e provinciali-militari, aveva permesso di uscire dalla terribile crisi del mondo romano, le aree contadine rimasero in una sorta di "stand by" mantenendo una sotterranea vitalità potenziale durante le fasi di sviluppo urbano per poi riproporsi, almeno come elemento demograficamente vivace, nei momenti di declino delle città: declino – se non altro demografico – che interveniva temporaneamente durante le crisi militari, sanitarie o dovute ad epidemie, che si succedettero dalla metà del secolo XIV con frequenza impressionante. Come sostiene F. Braudel (1982), dopo il calo demografico del 1347-48 i consumi carnei aumentarono, così come la condizione dei sopravvissuti migliorò, e in questo frangente si attuò una sorta di ripresa rurale; dopo la fine dell'epidemia le città erano a corto di braccia,

bisognose di manodopera lautamente pagata: furono le aree rurali, pur così gravemente colpite dalle epidemie (ma mai così duramente come le città) a fornire la nuova popolazione. Ebbene, proprio in questi anni dovette avvenire la definitiva svolta nella mentalità rurale, la decisiva crisi della cultura, già così gravemente indebolita, "dei pochi figli": aumentò moltissimo la natalità, e l'incremento demografico venne subito assorbito dalle città, dove i figli dei contadini potevano sperare ed ottenere una vita migliore; questa condizione di endemica immigrazione nei centri urbani consentì però il riproporsi ossessivo di crisi di morbilità in questi stessi centri; la spirale alta natalità – alta mortalità era ormai inesorabilmente innescata.

Ma la "cultura dei pochi figli" era già stata indebolita dal mutamento commerciale ed imprenditoriale che aveva investito le campagne dal XII secolo in poi: per produrre monoculture, per sostenere i ritmi produttivi imposti dai commercianti e dai nuovi signori ben più capaci di controllo e riscossione, era diventato necessario essere in tanti: il numero di bocche da sfamare in ogni famiglia era diventato meno importante della quantità di braccia su cui poter contare; sotto questa spinta la natalità aumentò mentre anche i metodi naturali di contraccezione, come l'allattamento prolungato, non vennero più utilizzati, soprattutto perché non potevano più essere utilizzati; diminuito l'apporto proteico garantito dalla carne bovina (ma anche suina e ovina) le giovani madri non avevano più un latte di buona qualità da offrire a lungo ai loro figli. In questo modo aumentò la mortalità infantile e con lei la fertilità femminile, e si innescò un tragico cerchio che tendeva a chiudersi e riproporsi all'infinito: bisognava fare più figli per sopravvivere, e più se ne facevano e più ne morivano. Le classi contadine si aggrapparono sempre di più ai cibi di resistenza, divennero sempre più vegetariane e in definitiva sempre più povere. Affluirono in massa nei centri urbani dove finirono per essere falcidiate dalle epidemie – aiutate nel loro diffondersi dal sovraffollamento -; come le città anche le campagne divennero drammaticamente soggette – non potendo più contare sulle risorse silvopastorali - alle carestie, anche se i ceti rurali rimasero comunque meno gravemente colpiti dai contagi, che invece inferocirono a lungo sulle classi cittadine. Ma i due mondi ormai, nell'età moderna, erano inviolabilmente connessi. Una natalità altissima e una mortalità infantile terribile, insieme all'abbassamento medio della speranza di vita furono il prezzo che le popolazioni italiane dovettero pagare allo sviluppo commerciale, economico e culturale del XIV e XV secolo. Un mondo con molte più occasioni di cambiamento della propria vita rispetto a quello di cinque secoli prima, ma ben più duro nei confronti delle popolazioni umili.

Non è possibile quindi vedere nel profondo mutamento demografico che avvenne tra medioevo e bassomedioevo l'origine di un nuovo approccio verso la morte ? Se veramente la mortalità in età altomedievale percorreva un cammino per così dire biologico, cioè differenziato geneticamente, si è visto come in età bassomedievale la commercializzazione delle campagne e lo sviluppo di un capitalismo agrario portò nuove occasioni di vita e ricchezza e allo stesso tempo la fame e le carestie: i contadini, cui fu negato il sostentamento silvopastorale e l'autoconsumo divennero sempre più poveri e indigenti, anche a causa della crescita demografica, stimolata dal nuovo modello sociale. Alla morte "comune" del mondo altomedievale, si sostituì mano a mano che l'economia cittadina si sviluppava, la morte come compagna dei poveri, dei contadini, degli emarginati delle città. Potrebbe non essere casuale, quindi, il fatto che proprio in questa fase si sia sviluppata una nuova sensibilità in uno degli aspetti della mentalità medievale che costituiva il fattore di coesione culturale maggiore della società medievale: la religione. A partire dall'età bassomedievale, proprio nel momento di mutamento demografico e socioeconomico, si diffusero nuovi movimenti religiosi che, all'interno della tradizione cristiana, riprendevano i temi del pauperismo, del riavvicinamento alle fonti più sociali del cristianesimo, e di cui l'esito più importante fu – una volta risolti e repressi i movimenti più estremistici - il francescanesimo. Attenzione ai malati, ai poveri, agli emarginati, ai bambini, agli affamati, ma anche evangelizzazione delle nuove masse cittadine e, non ultima, lotta contro i movimenti centripeti che, attraverso il richiamo a queste masse, erano in grado di indebolire l'autorità ecclesiastica ben più pericolosamente di quanto avevano potuto fare le eresie teologiche altomedievali. I movimenti riformatori, sia quello domenicano che quello francescano, su versanti diversi, si assunsero questo compito che fu almeno in parte assolutamente nuovo per la chiesa medievale, perché nuove erano le emergenze sociali e nuova era la sensibilità verso ceti marginali della società che si stavano accrescendo in quei decenni in modo dirompente.

Soprattutto formidabile fu lo sforzo degli ordini mendicanti nella predicazione morale e teologica nei confronti di questi contadini inurbati, diseredati e socialmente senza radici: essi si accostavano alle città senza più legami con la loro cultura di origine, quella rurale, con un approccio potenzialmente distruttivo per gli ordinamenti sociali e culturali dell'epoca; potremmo dire che si ripeté – con un processo inverso – quanto era accaduto nel VI secolo, quando le masse urbane delle città tardoantiche in crisi si erano riversate nelle campagne altomedievali. Come la chiesa aveva evangelizzato il "pagus" italico nei secoli VI e VII (inseguendo la ruralizzazione ed affrontandola culturalmente) si dovette ora impegnare nel gigantesco sforzo di predicare tra le nuove instabili masse cittadine dell'Italia bassomedievale. Anche nel panorama religioso, nuove figure familiari alle mutate condizioni sociali ed economiche si fecero spazio: basti pensare al presepe di Greccio, all'impulso francescano al culto dell'infanzia, simbolizzato da Gesù Bambino, ed alla partecipazione degli ordini mendicanti alla povertà del popolo cristiano; perfino le biografie agiografiche cercarono di avvicinarsi alla realtà di quegli anni: *"Una vasta casistica agiografica dell'Italia centrale nei secoli XIII-XIV privilegia la rappresentazione dei personaggi la cui vicenda spirituale si poggia sul fondamento di un particolare tipo di infanzia: quella segnata dalla infirmitas materiale e reale della malattia e dell'abbandono – quindi della miseria e della oggettiva minaccia alla stessa sopravvivenza -, e (...) di quella simbolica e ideologica che una certa tradizione patristica aveva evocato in epoche più lontane, per definire la condizione spirituale dell'uomo nelle prime scansioni della sua esistenza alla ricerca di Dio. Tutta una gamma di derelitti si affaccia in questo periodo alla dimensione popolare di un culto"* (Benvenuti 1991, p. 85).

In questa società in prepotente crescita, lo scoppio delle pandemie a partire dalla metà del secolo XIV introdusse poi un nuovo concetto di morte, una morte assoluta, che quasi rischiava di cancellare l'umanità, spazzare via intere città e decimare le campagne. Abbiamo visto come la definitiva rottura del modello demografico altomedievale avvenne a seguito della Peste Nera, soprattutto a causa della disponibilità di manodopera che si ebbe negli anni successivi alla fine del morbo. Nonostante la gravità e la trasversalità di questi nuovi morbi, fu sui ceti più poveri che la malattia mantenne una pressione costante, perché indeboliti dagli stenti e perché erano mutati alimentazione e modi di vita. La povertà divenne un orizzonte quotidiano non perché prima non vi fossero poveri (anzi, la società nel suo complesso era povera) ma perché essi fecero ingresso nei centri urbani dove intanto stava fiorendo arte e lusso, e dove divennero presto vittime preferenziali di epidemie e contagi. L'orizzonte della povertà, della malattia, divenne parte del sentire comune cristiano, in quel momento più che mai. La diffusione di nuove sensibilità religiose, così importanti per la storia dell'Italia e dell'Europa bassomedievale, non può quindi essere disgiunta da questa nuovo orizzonte sociale, ma anche da un largo mutamento biologico: la morte si allargava intorno agli esseri umani, si espandeva, incrudeliva sulle masse sempre più diseredate di poveri, ma allo stesso tempo la società umana era stimolata dall'aumento numerico e dall'allargamento – anche grazie alle nuove scoperte geografiche ed agli scambi popolazionistici di XV e XVI secolo - del proprio patrimonio biologico, che fu infine in grado di provocare la progressiva scomparsa, senza che ne sia stato individuato il reale motivo (Livi Bacci 1998, p. 108), della peste. Ma anche quando le pandemie – dopo il XVII secolo - diminuirono per poi sparire, le malattie a maggiore impatto demografico e culturale rimasero quelle della povertà e della malnutrizione: l'orizzonte rurale altomedievale si era ormai perso per sempre, finendo per essere cancellato persino dalle congetture degli storici.

Capitolo V. LA DOCUMENTAZIONE

1. Riscontri archeologici: uomini, animali, ceramiche

La discussione e la lettura storica dei dati archeologici che è stata finora portata avanti sembra far emergere, per l'Italia medievale, un diretto legame tra il modello rurale e quello demografico; questa sensazione si basa su una serie di elementi, sia archeologici che storici. Occorre precisare che le tematiche storiche - molto complesse – che sono state coinvolte, sono state trattate solo per essere in grado di collocare i dati in nostro possesso in una cornice più valida dal punto di vista scientifico; la reale base del discorso che ci interessa non può essere che archeologica, cioè legata ai ritrovamenti antropologici, ma anche ai dati faunistici e ceramologici.

Nei paragrafi successivi si metteranno alla prova le indicazioni archeologiche sui principali aspetti della demografia medievale dal punto di vista statistico e matematico. Ora può essere utile riepilogare gli aspetti più propriamente archeologici, cioè le tracce che – nella cultura materiale nella sua accezione più larga – gli aspetti demografici e rurali così legati fra loro sembrano aver lasciato. E' evidente che una sintesi di questi ritrovamenti può essere utile anche come messa alla prova di queste indicazioni per quanto riguarda il futuro. Si sono utilizzati dati antropologici pubblicati sull'Italia medievale ma è chiaro che dati diversi che uscissero da future analisi sugli scheletri acquisirebbero il valore di verifica sperimentale di questi modelli che non si ha certamente alcuna pretesa di ritenere definitivi. Ma è necessario comunque sintetizzare rapidamente i principali elementi archeologici che andrebbero seguiti con particolare interesse per verificare o allargare la logica della ricostruzione che finora si è portata avanti.

I principali elementi archeologici sono i dati antropologici: seguendo i dati si è ipotizzata una presenza della componente infantile nei villaggi altomedievali e medievali relativamente bassa. Questo dato può essere confermato solo dallo scavo di sepolture sincroniche, cioè in grado di presentare un campione demografico del villaggio al momento dell'infuriare del morbo letale. Altro dato antropologico di grande validità è l'analisi - usura dentaria e cribra orbitalia su tutto – della dentizione degli infanti: questa analisi permette di ricostruire con una buona approssimazione il momento della fine dell'allattamento che, come si è detto, va considerato un elemento fondamentale per comprendere il tasso di fertilità femminile. E' ragionevole aspettarsi un allattamento prolungato fino ai due-tre anni, ricordando che si tratterà – è evidente - di bambini deceduti; per bilanciare questa lettura inevitabilmente basata su un campione "negativo" sarà importante affidarsi all'ipoplasia dello smalto negli individui adulti, per vedere se ed in quale periodo dell'infanzia si subiva una diminuzione dell'apporto alimentare o l'insorgere di patologie temporanee, più o meno gravi. Si ritiene, alla luce dei dati finora disponibili, che gli stress nutrizionali si possano spesso collocare ad una età tra i 3,5 ed i 5 anni, fase di uno dei picchi di mortalità nell'infanzia medievale, per motivi principalmente legati all'adozione di una dieta "da adulti". Nella analisi dei sepolcreti ha chiaramente grande importanza la lettura delle classi di età alla morte, che non dovrebbe discostarsi troppo dai dati che si presentano nelle tavole statistiche presenti in fondo al testo: le medie dovrebbero insomma aggirarsi intorno al 30 % di decessi tra la nascita ed i 5-6 anni, intorno all'11 % per l'età tra i 6 ed i 10-12 anni, al 7 % per l'età tra 13 e 22 anni, al 14 % tra i 22-23 ed i 30 anni; per classe post-30 anni, è immaginabile attendersi un 29 % tra i 30 ed i 50 anni ed infine un dato intorno al 9 % per gli ultra cinquantenni (tutto questo nelle analisi morfologiche condotte con le metodologie standard). Importante anche per vedere il rapporto tra demografia e alimentazione, è osservare la carie dentaria e la struttura ossea: la carie dovrebbe essere presente ma non eclatante (tra il 5 ed il 15 %), mentre la struttura ossea (e quindi anche la statura) di discreto o buono sviluppo. E' chiaro che dati vicini a questi, come anche distanti (ve ne sono e ve ne possono essere) andrebbero compresi ed argomentati ognuno nella propria prospettiva storica.

Di grande importanza sono i dati faunistici: consentono calcoli e restituzioni – attraverso diverse metodologie – della presenza dei diversi tipi di animali in un centro abitato, fatto di grande importanza per capire la struttura agraria di un sito ma anche per la ricostruzione del modello alimentare: il rapporto tra la disponibilità carnea relativa alle tre specie principali pare abbastanza uniforme per tutta l'Italia medievale: bovini al 50-60 %, suini al 20-30 %, restante di ovini: su questo si vedano le tavole faunistiche che si presentano in fondo al testo. In alcuni centri – vista la cultura almeno in parte silvopastorale - l'apporto di selvaggina può essere significativo. Lontani da queste proporzioni, si può immaginare di trovarsi di fronte ad un centro specializzato. L'età di macellazione dei bovini è il parametro di maggiore importanza, così come la divisione per sesso: un centro con un elevato numero di buoi macellati dai sette-otto anni in su poggiava la propria produzione agricola sui cereali, uno con vacche da latte uccise anziane sul consumo di latte e formaggi, uno con bovini uccisi frequentemente entro i due-tre anni era orientato alla produzione carnea. In età medievale l'età di macellazione si attesta spesso verso o poco sopra i 5 anni il che – come si è detto nelle pagine precedenti – rispecchia la duplice funzione (produzione cerealicola, consumo carneo) tipica del modello alimentare medievale: le vacche paiono minoritarie rispetto ai maschi perché la produzione dei formaggi poggiava con buona probabilità sugli ovini. Sul problema dello scarso consumo di latte bovino in Italia si è detto, e si è visto quanto sia legato all'allattamento prolungato da parte delle giovani madri dei loro infanti. Eventuali tracce di cottura, così come l'età poco giovane dei bovini (ma non decrepita) dovrebbero mostrare la preferenza della cottura di questi cibi per lessatura/bollitura: questo metodo permette di ammollare pizze di cereali minori e di mangiare carne poco tenera senza che si abbia una forte usura dentaria. L'allattamento prolungato umano è consentito solo da un buon contributo di cibo ma soprattutto di carne, e quindi il rapporto tra tutti gli indicatori antropologici di natura paleonutrizionale e i dati archeozoologici dovrebbero risultare compatibili.

Stesso discorso vale per i dati ceramologici: la preferenza agraria verso il modello rurale alimentare che pare alla base del modello demografico rende immaginabile il ritrovamento di pentole per la bollitura/lessatura, e non di ceramiche da fuoco per la cottura in umido o fritto. Queste pentole erano olle globulari in grado di resistere alla fiamma non diretta (la lessatura richiedeva tempo e una temperatura non altissima, altrimenti l'acqua evaporava), e di fattura molto semplice, perché dovevano essere autoprodotte dal villaggio, visto che erano la base più importante intorno alla quale ruotava l'economia e la sopravvivenza di questi centri. Al posto delle focacce cotte sotto la cenere o intorno al focolare (di cui potrebbero essere traccia archeologica delle pietre piatte disposte intorno al fuoco) presso alcune popolazioni italiane si usava il testo da pane, o il testello, un piccolo forno da pane costruito in modo di formare una camera in cui il pane lievitava meglio. Testo da pane e pentola globulare (di varie dimensioni) andrebbero considerati gli strumenti base della cucina altomedievale e medievale in Italia: così si cuocevano le pizze di cereali minori e i brodi carnei (di carne secca, in genere) di cui si nutrivano i contadini medievali e su cui contavano per sopravvivere ed allevare i loro figli.

E' purtroppo raro trovare siti archeologici medievali in cui si sia avuta l'occasione o la fortuna di rilevare insieme queste tre tipologie di dati. Tuttavia non manca una buona bibliografia di scavi pubblicati, da cui è stato possibile portare avanti tali comparazioni. I dati archeologici appaiono da questi tre punti di vista abbastanza uniformi, ed indicano la diffusione di modelli rurali, alimentari e demografici, almeno a partire dal secolo VIII per giungere fino al secolo XIII, molto uniformi nelle diverse regioni italiane. Per osservare come una attenzione verso dati del genere possa essere estremamente importante, si possono citare tre casi provenienti da aree territoriali diverse: una dell'Italia settentrionale (Piemonte), un'altra del centro dell'Italia (Lazio), ed un'altra nel meridione (Sicilia).

Nell'area di Trino sono stati portati avanti scavi archeologici che hanno interessato sia il villaggio medievale (Trino vercellese) che la locale chiesa, San Michele a Trino. Dal punto di vista cronologico le due indagini archeologiche hanno riguardato un periodo simile, che va dal X secolo al XIII secolo dopo Cristo. I risultati antropologici, che sono stati già citati diverse volte, hanno indicato "complessivamente, un gruppo umano che deve aver goduto di buone condizioni di vita"; dal punto di vista della dieta alimentare "le caratteristiche osservate nell'apparato dentario suggeriscono un'alimentazione mista, equilibrata, con sufficiente apporto proteico; nel tessuto non si riscontrano che sporadicamente, e con lieve entità, alterazioni che possano far pensare a carenze metaboliche" (Doro Garetto 1991, p. 428); proprio in questo centro la percentuale di morte tra 0 e 1 anno è risultata del 16 %; percentuale che ha insospettito gli antropologi su una possibile area di seppellimento differenziato per i neonati e che invece – come si è visto – l'insieme dei dati fa apparire come realistica e anzi, nella media del periodo per un gruppo in buone condizioni. Anche l'indagine archeozoologica – relativa al periodo tra metà X e XII secolo - è stata approfondita ed ha consentito di avere un quadro dei consumi alimentari e della produzione molto esauriente: nonostante l'apporto di animali selvatici (soprattutto cervi e caprioli) i bovini costituiscono da soli il 50 % dell'apporto proteico del sito (come quasi sempre nell'Italia coeva), e sono macellati in maggioranza sopra i due - sotto i quattro anni; sono assenti, come in altri contesti medievali, i bovini da lavoro macellati quando ormai inutilizzati. Ciò nonostante la dieta è costituita certamente anche da un discreto apporto di carboidrati, forniti in genere dai cereali, il che implica che questi bovini fossero utilizzati, almeno per qualche anno, per l'aratura dei campi; quel che è ancora più significativo è che anche qui, sia che fossero bovini, cervi o suini "*la cottura della carne sembra essere avvenuta preferibilmente per bollitura; le ossa sono infatti spezzate e molto scarse sono quelle che presentano tracce di bruciatura. Gli abbondanti rinvenimenti di pietra ollare rinvenuti a Trino, con frequenti tracce di fuoco, paiono ricollegarsi all'impiego di queste pentole anche per la bollitura*" (Ferro 1991, p. 414). I ritrovamenti di ceramiche da fuoco hanno quindi ulteriormente segnalato la netta preferenza di questa comunità verso il consumo di cibo bollito. Vedremo come questo insieme di caratteristiche si ripeteranno in altri centri peninsulari. Altri centri dell'Italia settentrionale si segnalano per coerenza di dati con questi siti piemontesi,. Ma esiste una significativa eccezione: S. Pietro di Cavallermaggiore, in provincia di Cuneo, dove sono state condotte importanti analisi antropologiche (Ronco 1993). Nelle pagine precedenti, si è già parlato di questo cimitero e di alcuni suoi caratteri distintivi: in gran sintesi, va ricordato che in questo centro tra X e XIII secolo non si raggiunse una discreta condizione alimentare e neanche, non a caso, una buona speranza di vita, almeno simile a quella di altri centri medievali; e proprio qui, oltre ad un forte squilibrio tra maschi e femmine nell'accesso al cibo, sono stati rinvenuti elementi che fanno pensare che non si riuscisse a ripercorrere il modello alimentare diffuso in altri contesti; a Cavallermaggiore non si seguiva una dieta più vegetariana, né una più carnivora rispetto a quella diffusa nella gran parte dei centri dell'epoca: non si mangiavano molti più cereali rispetto alla carne, come avveniva in Francia settentrionale o nel mondo bizantino, ma neanche ci si nutriva quasi soltanto di formaggi e carne di animali vecchi, come era accaduto agli schiavi della villa romana di Settefinestre; le analisi paleonutrizionali mostrano che a Cavallermaggiore non si raggiungevano livelli soddisfacenti né di carne rossa né di cereali (Bartoli 1992). In sintesi, in questo centro rurale padano, se non si era riusciti a raggiungere una buona condizione fisica ciò non era avvenuto perché si era cercato di seguire un altro modello alimentare e rurale: la "fame" era non riuscire a seguire il "proprio" modello. Proprio un

elemento legato all'infanzia ci mostra con chiarezza questo aspetto: a Cavallermaggiore sono stati trovati bassi livelli di ipoplasia dello smalto tra i 3 ed i 5 anni rispetto ad altri centri: cioè, nonostante qui si mangiasse poco e si viveva male e in altri posti meglio e di più, proprio qui i bambini alla fine dello svezzamento materno non subivano stress nutrizionali, ovvero l'ipoplasia dello smalto, abbondantemente segnalata (più o meno grave) in siti più "fortunati" e di cui si è individuata la responsabilità nei fattori antinutrizionali indotti dal pane di cereali minori mal lievitato, cioè il tipico pane povero (l'unico, per il 95 % della popolazione) che mangiavano tutti gli adulti dell'epoca. Cavallermaggiore appare così al di fuori dei dati omogenei degli altri centri italiani molto probabilmente perché non si produceva abbastanza pane, e questo forse perché non c'erano abbastanza bovini per coltivare i campi; e così la dieta equilibrata nel doppio apporto carne rossa/cereali non si raggiungeva; Cavallermaggiore non conosceva quindi i vantaggi del modello alimentare rurale medievale (stature buone, speranza di vita sopra i 25 anni, non elevata mortalità neonatale, buone condizione ossee, patologie orali non eclatanti), ma non ne conosceva neanche gli svantaggi (stress nutrizionali e picco di mortalità tra i 3 ed i 5 anni). Questa discrepanza nell'uniformità dei dati disponibili è quindi molto diversa da quella (di cui si tratterà poco più avanti) rappresentata dal centro sardo di Cornus; quest'ultima appare legata a fattori politici ed economici (la presenza, anche culturale, bizantina). Il complesso dei dati piemontesi avvalora la sensazione dell'esistenza di una serie di condizioni socioeconomiche e ambientali che permettevano ai contadini di seguire secolari pratiche nell'allevamento degli animali, nella produzione dei cibi e degli utensili e nel proprio modello culturale di famiglia e matrimonio. Era un equilibrio basato sul rapporto con l'ambiente circostante, sull'impatto demografico dell'uomo sul territorio; un equilibrio efficace, quanto fragile: una appena sensibile variazione in questo delicato equilibrio – un aumento demografico o il restringimento della libertà d'uso dei boschi, per esempio – ed il mondo della carestia e della fame si sarebbe riappropriato velocemente di quelle comunità.

Nel Lazio il processo di ruralizzazione sembra osservabile nel suo sviluppo storico. Sembrerebbe nascere nella disgregazione del tessuto delle ville tardoantiche sin dal VI secolo, penetrare nei centri

PICCOLA PENTOLA DI FORMA GLOBULARE
(da Mazzucato 1998, p. 8)

SEPOLTURA COLLETTIVA A CASTRO DEI VOLSCI CON CORREDO DI PICCOLE
PENTOLE
(da Recupero... 1984, p. 168)

urbani nel secolo successivo, affermarsi in età carolingia e diffondersi nella rielaborazione pontificia e feudale con la creazione delle urbani nel secolo successivo, affermarsi in età carolingia e diffondersi nella rielaborazione pontificia e feudale con la creazione delle domuscultae e l'incastellamento, mantenendo a lungo una forte vitalità, sino all'età bassomedievale avanzata.

Il sito di Castro dei Volsci presenta l'esempio di una comunità che raggiunse discrete condizioni di vita ma fu colpita da un contagio, su cui si è abbondantemente argomentato; le condizioni ossee degli individui colpiti dal contagio sono buone, così come quelle patologiche in generale; i segni di carenze nutrizionali sono minimi, ed un basso tasso di carie sembra indicare il successo del modello alimentare seguito; gli antropologi hanno segnalato che qui "*la bassa percentuale di lesioni cariose e di altri indicatori archeologici quali ad esempio la cribra orbitalia e crani farebbe supporre una dieta sicuramente parca ma ben bilanciata in protidi, glucidi e carboidrati*"(Rubini 1991, p. 79). Abbiamo già indugiato sulle cause della vulnerabilità di una comunità in condizioni fisiche così discrete rispetto alle epidemia, e – se si ricorda – si è ipotizzata una componente biologica, forse genetica, per spiegare questa esposizione alle malattie. La cosa molto importante da notare è che questi individui, nonostante siano stati sepolti affrettatamente, sono stati deposti con un corredo estremamente semplice, composto però dall'elemento quotidiano che forse era per loro più importante e caratteristico: una piccola pentola per cuocere cibi. Questa pentola, un pentolino monodose utile per cuocere carne secca, piccole zuppe o per ammollare focacce dure e secche (quali si ricavano dai cereali minori) in acqua o vino, è insomma il vero artefice della buona condizione scheletrica di questo gruppo, come di molti altri (Giovannini 1998a). Nel Lazio rurale, insomma, già a partire dal secolo VI la struttura del modello rurale e alimentare è oramai in fase di avanzata transizione. Come si è visto in diversi scavi realizzati a Roma, queste pentole da ebollizione faranno il loro ingresso prepotente nella città sin dall'età altomedievale, fino a soppiantare totalmente, con l'età carolingia, gli altri modelli da fuoco (Ricci 1998, p. 36). La ruralizzazione della città avrà un corrispettivo nella ruralizzazione dell'economia e del modello di sussistenza anche tra le mura aureliane; dell'adozione di modelli rurali anche da parte della chiesa romana al momento di organizzare i propri domini del suburbio si è già detto: testimonianza antropologica ne è

l'insediamento di Mola di Monte Gelato, dove si è notata una discreta condizione ossea degli abitanti. La Coonheney scrive che "*an overall impression of the adults studied is that they were stocky (...) with an average stature of c. 170 m. for males and c. 158 m. for females... both male and female bones are robust relative to size and show strong muscle attachments*" (1990, p. 479). Sulla buona condizione delle popolazioni laziali medievali abbiamo anche i dati di Satrico (Becker 1998): "*the robusticity and general height of these individuals is impressive, and suggests that ideas regarding an impoverished medieval occupation do not apply to the local people. Their diet enabled them to attain considerable statures, reflecting a pattern of growth equal to that of past populations in the same area, and perhaps superior to that known for central Italy during the 18th and 19th centuries*" (p. 370).

La cosa più interessante è che, mentre le ceramiche da fuoco per bollire si impongono in maniera totalitaria nell'economa urbana, anche i riscontri faunistici segnalano che i rapporti tra le tre principali specie animali seguono l'andamento già più volte osservato nei contesti medievali italiani: più della metà del contributo carneo è offerto dal bovino, macellato ad una età che si trova a metà strada tra il suo utilizzo per la carne ed il suo consumo solo in età estremamente avanzata; se si confrontano i dati faunistici di Ponte Nepesino, centro fortificato di VII-XII (Clark 1984), con quelli provenienti da Roma, databili alla fase tra XI e seconda metà del XII (Crypta Balbi 1990) e quelli della Tuscania bassomedievale, cioè tra metà XIII e metà XIV (Barker 1973), si può vedere l'uniformità dei rapporti tra le principali tre specie animali: la carne bovina offre sempre almeno il 40-50 % del totale della carne, anche se l'importanza degli ovini caratterizza Tuscania (dove c'era un forte produzione della lana). Come nelle altre aree, il modello rurale si è quindi imposto nel Lazio con una certa omogeneità, dimostrando una precoce diffusione, e una forte continuità attraverso le scelte agrarie della stessa Curia. In età bassomedievale gli archivi della dogana cittadina segnalano ancora la presenza di molti animali selvatici nei mercati romani della carne (Ait 1981), il che indica come una significativa componente di approvvigionamento silvopastorale segnò a lungo – come in altri territori - il modello alimentare dell'area laziale.

Molto interessante è cercare di osservare questo processo in Sicilia; come si vedrà, la nuova mentalità rurale in cui si dava molta importanza all'incolto ed a nuovi metodi di coltivazione e allevamento, non va limitata alla sola pianura padana "germanizzata" né al centro Italia delle città deserte e delle aree paludose e marginali, ma neanche è possibile cronologicamente restringerla solo all'interno dell'altomedioevo. In alcune aree, l'efficacia di questo modello rurale ed il suo utilizzo fino all'età bassomedievale è testimoniato. Un esempio di ciò è rappresentato – tra gli altri – dal sito siciliano di Brucato, ad una fase databile tra la fine del XIII e la prima metà del secolo XIV: si tratta senza dubbio di un centro rurale dove la produzione di carne si basava anche sull'apporto di selvaggina cacciata e da mitili raccolti in zona. Le percentuali faunistiche hanno indicato dati molto vicini a quelli della piemontese Trino; la carne disponibile grazie ai bovini è il 49,5 % a Trino, il 47 % a Brucato ed il 60 % nel coevo castello siciliano di Fiumedinisi (Villari 1988); le ceramiche rinvenute a Brucato sono di forma globulare ed anche qui sia la selvaggina che gli altri animali erano consumati bolliti: "*a partir des grains recueillis sur les sols, l'étude de l'alimentation a pu établir qu'une partie importante de l'alimentation était à base de soupes ou bouillies; en outre l'analyse ostéologique a montré que la viande était consommée de préférence bouillie. Le pot à cuire était surement l'ustensile utilisé à ces fins: soupes et viandes bouillies*" (Brucato 1984, p. 284); le ceramiche più diffuse sono quelle per la cottura dei cibi immersi in liquidi, mentre il ritrovamento di un testello piano ha documentato anche il consumo di focacce di cereali; la diffusione di una cultura rurale e alimentare con caratteri "italiani" può essere osservata dal fatto che indagini antropologiche relative alla Sicilia araba e normanna come Caliata (X-XIII secolo), ma anche ad altri siti dell'Italia meridionale, hanno indicato percentuali di zinco (minerale contenuto in forti quantità nella carne rossa) nettamente in linea con gli standard del resto della penisola: "*La concentrazione dello zinco nel campione di Caliata si avvicina a quello del campione di Paciuri in Calabria (VII secolo d.C.)*" (Bartoli 1992, p. 260); il livello di consumo carneo (o di prodotti di origine animale) che si raggiunge a Caliata tra X e XIII secolo è elevato: gli studiosi registrano una "*abbondanza di apporti proteici nel gruppo umano di Caliata*" (Bartoli 1992, p. 261) simile a quello di siti coevi della pianura padana ma che allo stesso tempo corrisponde a quello di un centro rurale altomedievale calabrese quale Paciuri; molto importante è che il sito dell'Italia medievale

insulare e meridionale che si distingue da questi dati (cioè da questo modello) è Cornus, in Sardegna, cronologicamente collocata tra VII e VIII secolo (Bartoli 1992, p. 262). Proprio a Cornus – come si è visto nei capitoli precedenti – si erano rinvenuti, grazie alle indagini antropologiche, parametri paleodemografici e patologici molto diversi rispetto al resto della penisola: tassi di fertilità femminile, svezzamento anticipato, carie dentaria, etc. Anche altri centri dell'Italia meridionale (come la molisana S. Maria in Città) hanno indicato per fasi altomedievali un modello di allevamento degli animali e (verosimilmente) consumo di carne nient'affatto legato alla cultura bizantina (come invece probabilmente vale per Cornus) ma bensì a quella altomedievale diffusa nell'Italia centrale o nella Pianura Padana. Anche la Sicilia e l'Italia meridionale insomma, dovettero subire tra fine dell'età romana e l'inizio del medioevo una rottura con la consuetudine alimentare e produttiva tardoantica. Anche qui, come in altre aree italiane, la fine di questo efficace e al tempo stesso modesto modello si ebbe solo con la piena età bassomedievale, in alcuni casi dalla metà del XIII secolo, in altri più attardati solo nella prima metà del XIV. E le origini ? Il caso di un sepolcreto tardoantico – posto in Contrada S. Agata, nel Comune di Piana degli Albanesi, provincia di Palermo – mostra come ancora nel secolo V condizioni ossee, patologie e mortalità rispecchiassero l'alimentazione cerealicola in uso anche nel resto della penisola fino al V-VI secolo. In questo gruppo si è rinvenuta un "*alto grado di usura dentaria (...) due bambini presentano ipoplasia dello smalto a bande lineari imputabili a carenza alimentare (vitamina D) (...) Sono stati osservati in due bambini e in soggetti giovani-adulti, sul tetto delle orbite, numerosi e piccoli forellini, i cribra orbitalia sia nella fase porosa che cribrosa (...) Poiché i cribra compaiono isolati nei reperti cranici, ciò sembra escludere, fra gli inumati in esame, la presenza di anemie emolitiche congenite come la talassemia, mentre si è concordi nell'attribuire la formazione dei cribra ad anemia secondaria per carente apporto di ferro in un'alimentazione prevalentemente vegetale, o a perdita abnorme di ferro nel corso di malattie anemizzanti quali ad esempio la gravidanza (probabilmente nel caso di giovani donne), la malaria, le infezioni intestinali*" (Greco et al 1991, pp. 169-170). Usura dentaria e carenze nutrizionali indicano forte consumo di cereali (non ammorbiditi) rispetto alla carne: il classico modello di alimentazione diffuso nel mediterraneo antico.

L'inserimento della Sicilia – anche di quella araba e normanna – nel modello rurale e alimentare (e demografico, molto probabilmente) che si diffuse in età altomedievale in ampie aree della penisola fa quindi pensare ad un mutamento che anche qui maturò in età altomedievale nell'ambito del complessivo fenomeno della ruralizzazione; un mutamento indigeno, molto poco legato a fattori climatici, politici o etnici, e invece assolutamente connesso col recupero (o l'invenzione ?) di una cultura basata sulla ricerca dell'equilibrio tra presenza umana e sfruttamento dell'ambiente circostante.

Come si è cercato di mostrare in questi brevi resoconti esemplificativi, la ricostruzione demografica della società rurale medievale non può limitarsi all'analisi antropometrica ed agli studi biologici e paloepatologici. Affrontare queste comunità rurali deve necessariamente portare alla ricostruzione delle loro produzioni di autosussistenza e dei loro modi e livelli di consumo alimentare. L'archeologia, insieme agli studi storici e soprattutto a quelli più interessati alla lettura delle mentalità, può davvero contribuire in modo decisivo – grazie ad apporti interdisciplinari, ma sempre mediati dalla lettura dei processi storici – ad affrontare tematiche altrimenti lasciate ad impressioni soggettive o a consolidate, quanto comode, suggestioni. Questo non vuol dire che le indicazioni archeologiche siano indiscutibili, anzi. L'importante è che qualsiasi tema si affronti non si eviti di valutare l'impatto scientifico dei dati. Anche per questo, i paragrafi successivi cercheranno di ricostruire i possibili andamenti demografici e i calcoli statistici in modo da presentarli nella loro asciutta - quanto vulnerabile, com'è giusto che sia – sinteticità.

2. Simulazioni e ricostruzioni demografiche

Metodologia:
Si è voluta tentare una simulazione demografica, per osservare l'andamento di una popolazione nel tempo con i parametri demografici che si sono via via desunti dalle indicazioni archeologiche. Va assolutamente anticipato che si tratta di un esperimento del tutto superficiale: e questo per una serie di problemi, anche se è immaginabile che in futuro lo strumento informatico possa essere utilizzato in modo più proficuo. I problemi sono

soprattutto nel fatto che il software – quello che è parso più efficace - è stato costruito per lo studio di popolazioni contemporanee. Si pensi solo che la speranza di vita minima che si può immettere è quella di nazioni fortemente sottosviluppate e colpite dall'Aids, per cui raggiunge i 32 anni e mezzo. Come si è detto, una serie di ragioni storico sociali rendono questa età improponibile per l'occidente preindustriale, e si può parlare – per il medioevo, che non è stato il momento peggiore, come si è visto - di una speranza di vita alla nascita intorno o sopra la metà della terza decade di anni di vita. Si è cercato – aggravando altri parametri – di ovviare a questo problema. Per il resto il software è molto affidabile, e i problemi saranno legati semmai al tipo di dati (realistici, si spera) che sono stati immessi. Ma l'obiettivo principale di queste simulazioni era osservare l'andamento demografico nel corso dei secoli di una popolazione con caratteri simili a quelli che sembrano delinearsi per l'Italia altomedievale: e cioè bassa natalità, ritardo età di matrimonio, ridotta fertilità femminile, non elevata mortalità infantile, speranza di vita relativamente consistente, sex ratio sproporzionata a favore dei maschi, mortalità generica abbastanza elevata. Si è anche osservato l'andamento ipotetico di una popolazione "modello antico regime" cioè quello che si è immaginato per anni comunemente per il medioevo italiano (alta natalità, alta fertilità, alta mortalità infantile, matrimonio anticipato, etc.).

Per la ricostruzione demografica é stato utilizzato il simulatore "Demproj" nella sua versione 4, parte del progetto informatico "Spectrum : System of Policy Models (ver. 1.24)", realizzato a cura della "US Agency for International Development".

Per la verifica dei dati e delle ipotesi che si sono presentate e discusse in questa ricerca si è immaginata una cittadina di 1000 persone, e si è sviluppato l'andamento demografico di questa popolazione lungo due secoli e mezzo sulla base di una serie di parametri vicini quanto più possibili alle due diverse ipotesi (sia quella di "regime naturale" d'impostazione storico-demografica che quella "dei pochi figli" indicata dai dati archeologici). In questo modo sembra possibile osservare sia la credibilità storica che la validità statistica e matematica delle indicazioni bioarcheologiche finora discusse. Si é preso - come puro punto di riferimento - il periodo tra l'800 ed il 1050 d.C.

Per i modelli "testati" si sono utilizzati i parametri demografici stabiliti dal programma di simulazione, e cioè i principali aspetti demografici di una popolazione:

1) La "*First Year population*": la popolazione, divisa per età e sesso, presente nell'ipotetico villaggio nel primo anno di osservazione. Si é scelto – per comodità matematica - di usare per i modelli una cittadina composta da 1000 persone.

2) Il "*Total Fertility Rate*": si tratta del tasso di fertilità femminile inteso come numero di figli che una donna era in grado di fare se fosse vissuta fino a 50 anni.

3) L' "*Age distribution of Fertility*": E' la distribuzione dell'età preferenziale a cui le donne partorivano.

4) La "*Sex Ratio at birth*": il rapporto numerico tra i due sessi alla nascita.

5) Tra i parametri del programma – realizzato per lo studio di popolazioni contemporanee - esiste il "tasso d'immigrazione", che però non é stato utilizzato, per ragioni storiche, nell'elaborazione dei modelli.

6) Il "*Model life table*": rispecchia l'andamento delle probabilità di morte per classi di età, che è connesso a due fondamentali parametri: il "*Crude Death Rate*" (l'indice di mortalità), e l' "*Infant Mortality Rate*" (il tasso di mortalità infantile).

7) La Speranza di vita alla nascita ("*Life expectancy*") a seconda del sesso.

Sono stati impostati diversi modelli demografici. Ma come si diceva sono fondamentalmente due: Il Modello "Antico Regime" rappresenta una condizione di alta natalità, alta mortalità infantile. In sostanza sarebbe appunto una situazione da "Antico Regime" demografico, senza una azione particolarmente violenta dei "freni malthusiani", cioè non sottoposto a crisi gravi di mortalità o a diminuzioni volontaria della fecondità; è stato però considerato almeno un evento recessivo una volta ogni 50 anni: è immaginabile almeno una carestia, una epidemia, o una guerra in grado di incidere sul tasso di Fertilità femminile (attraverso il ritardo del matrimonio, per esempio, o la morte di un numero cospicuo di maschi adulti). Sulla base di questo modello ne è stato immaginato uno simile ma più realistico: il Modello "Antico Pestilenza". Si tratta di un tipico modello di crescita da "antico regime demografico", cioè ad alta natalità ed alta mortalità dove, oltre ad un evento negativo ogni 50 anni (di cui s'è detto) si fa agire un altro evento negativo recessivo ogni 50 anni, non gravissimo, ma in grado di abbassare il tasso di fertilità femminile a 3 figli per donna. Se l'evento negativo era in grado (due volte al secolo) di bloccare sostanzialmente la crescita della popolazione, è realistico immaginare

un calo significativo ma non dirompente della fertilità: una limitata carestia sarebbe in grado di provocare – per esempio – la amenorrea da fame; ma anche pestilenze cicliche (epidemie di tifo petecchiale, per esempio) potrebbero incidere per qualche anno sulla mortalità infantile. Quattro episodi della durata di cinque anni ciascuno, due molto gravi due meno, nel corso di un secolo non sembrano assolutamente irrealistici.

Il Modello "Italia Medievale" presenta invece una condizione di bassa natalità, non elevata mortalità infantile, cui si aggiungerebbe un evento "positivo" ogni 50 anni. Dovrebbe somigliare alle condizioni che si vennero a creare secondo le ipotesi archeologiche e storiche finora presentate nell'alto e pieno medioevo italiano. Si è scelto di aggiungere un aumento della natalità e della fecondità ogni 50 anni per rendere realistico un certo dinamismo economico-demografico della popolazione medievale, presupponendo che apertura di nuove aree fertili o crisi epidemiche saltuarie potessero permettere un allentamento dei normali freni che comprimevano la natalità.

Si è voluto proporre – visti i risultati del modello precedente anche una proposta per l'innalzamento della speranza di vita – in fasi temporanee – della popolazione femminile medievale; ipotizzando che questa si elevasse fino a 35 anni, si potrebbe apprezzare un lentissimo ma deciso innalzamento della popolazione complessiva nell'arco di due secoli e mezzo (Modello Italia "Migliorato"). Non si vuole con questo sostenere che questa età posso rispondere alla media della condizione femminile per questa età; è però vero che il dato di 26 anni desunto dai dati bioarcheologici comprende siti dove la condizione femminile – come San Pietro Cavallermaggiore - è nettamente sfavorita. Se si potesse calcolare sulla base di altre necropoli il dato sulla speranza di vita femminile potrebbe essere più favorevole (ed attestarsi intorno ai 28-29 anni) che talvolta – in alcuni centri rurali ed in condizioni particolari – potrebbero essere stati ancora di più.

Ovviamente, per tutti i modelli, si tratta di sviluppi demografici assolutamente ipotetici; tuttavia si sono utilizzate statistiche quanto più possibile vicine alla realtà, il che ha comportato senza dubbio delle ulteriori forzature rispetto alle ipotesi discusse finora, ma ne anche permesso la verifica. Ora si presentano i dati immessi nella simulazione voce per voce.

La "*First Year Population*" é stata immessa sulla base di un campione abbastanza tipico nel caso del modello "Antico regime". Nel caso del Modello "Italia medievale" si é invece tentata una restituzione corretta di un campione con basso impatto della componente infantile. In tutti e due i modelli la popolazione di partenza é di 1000 individui; nel primo modello la sex ratio è lievemente più vicina allo standard, mentre nel secondo modello si é immaginato un indice di mascolinità ancora più accentuato.

ETA'	Modelli antico regime		Modelli Italia medievale	
	Maschi	Femm.	Maschi	Femm.
0-4	105	95	82	65
5-9	80	70	64	48
10-14	65	60	58	46
15-19	45	40	52	40
20-24	38	30	47	38
25-29	30	27	41	36
30-34	25	25	33	30
35-39	24	23	31	27
40-44	22	21	25	24
45-49	19	19	22	22
50-54	16	17	19	20
55-59	12	13	16	17
60-64	9	11	14	15
65-69	8	10	10	11
70-74	7	8	10	10
75-79	5	6	8	9
80+	2	3	5	5
Totale	522	478	537	463

Il TFR (tasso di fertilità) è presso alcune popolazioni attuali del Terzo Mondo di 6,5 figli a donna. Per il modello "Antico Regime" si é pensato credibile un tasso di 6 figli a donna. Per rappresentare un freno recessivo maltusiano, si è fatto cadere questo tasso a 1 figlio ogni 50 anni. Un altro episodio negativo meno grave porterebbe (Modello Antico-Pestilenza) il TFR a 3 figli per donna, anch'esso ogni 50 anni.

Nel modello Italia medievale invece si é ipotizzato un TFR abbastanza basso - ma costante - di 4 figli a donna.

3) Per la distribuzione della fertilità per età si sono usati dati vicini a quelli storici. Per il modello "Antico Regime" il risultato é vicino alla attuale situazione dell'Africa Subsahariana. Il CBR è risultato di 34,3.
Nel modello "Italia Medievale" si presenta invece una condizione abbastanza vicina all'attuale media complessiva del pianeta. La distribuzione che si presenta nella tabella sottostante é calcolata dal programma:

ETA'	Modello Antico Regime	Modello Italia Medievale
15-19	16,42	8
20-24	27,72	17
25-29	22,12	28
30-34	17,32	17
35-39	11,71	7
40-44	6,21	3
45-49	1,5	0,7

Si tratta in ambedue i casi di dati realistici ma per il modello "Italia Medievale" si é scelta una età di matrimonio meno precoce rispetto a quella dell'altro modello, che invece presenta in questo e in altri dati, parametri standard vicini a quelli immaginati dalle ipotesi di alcuni storici del medioevo.

4) La Sex Ratio alla nascita é stata calcolata con un valore di 115 maschi ogni 100 femmine, cioè sopra la norma biologica ma comunque sotto il valore ipotizzato per il medioevo da molti dati archeologici e storici.

5) Il tasso di immigrazione non é stato considerato, anche perché nella maggioranza dei siti medievali va probabilmente considerato non significativo dal punto di vista statistico.

6) Il "Model Life Table" é anch'esso precalcolato dal programma sulla base dei precedenti parametri corretti con dati reali di attuali popolazioni. Questi ultimi sono stati scelti sulla base della similitudine con le due differenti ipotesi per il medioevo. Così

per il modello "Antico Regime" la "correzione" si é realizzata con il metodo "Coale Demeny East"; con un risultato di un *Crude Death Rate* di 31,0 e di un tasso di mortalità infantile di 29,3 per 100 nati vivi. Per il modello "Italia Medievale" invece il dato é stato "corretto" con quello offerto dalle statistiche delle Nazioni Unite per l'Asia dell'Est, cioè corrispondente ad un *Crude Death Rate* di 33,5 e ad un *Infant Mortality Rate* di 16,9; si tratta quindi di un dato abbastanza vicino a quello emerso finora dai dati discussi.

7) Come si è già detto, la Speranza di Vita non é stata mai calcolata come inferiore ai 32,5 anni, perché questa rappresenta il valore minimo documentato in questo momento nel pianeta e quindi disponibile nel programma. Quindi in tutti e due i modelli é stato inserito il dato più basso, sia per i maschi che per le femmine: 32,5 anni. Per il modello "Italia Migliorato", però, si è voluta immaginare un miglioramento della speranza di vita femminile ogni mezzo secolo, di due punti e mezzo. Il dato della Speranza di Vita è senza dubbio il più falsato all'interno di queste simulazioni demografiche; si è cercato di bilanciarlo con diminuzioni del TFR e di altri parametri.

Risultati:
Le 4 tavole principali che si presentano mostrano lo sviluppo di una popolazione di 1000 persone in 250 anni secondo i due principali modelli demografici.
Il Modello "Antico Regime" (simulazione demografica n. 1) presenta una classica condizione di aumento della popolazione in situazione di mancanza di consistenti freni negativi. Nonostante l'elevata mortalità infantile e una crisi cinquantennale, la popolazione aumenta un modo considerevole, fino a diventare in 250 anni 12 volte quella di origine. Si tenga conto che l'età di matrimonio è abbastanza bassa ma non precocissima, e che la fertilità femminile, pur essendo abbastanza elevata (6 figli), non é la massima raggiungibile. Neanche il modello "Antico Pestilenza" (simulazione demografica n. 2) è in grado di limitare la crescita della popolazione: la cittadina di 1000 abitanti diviene di 8000 in 250 anni. La considerazione che va fatta è che, nonostante una mortalità infantile elevatissima, solo una speranza di vita estremamente bassa (20 anni ?) o il ciclico susseguirsi di condizioni endemiche di aumento della mortalità o diminuzione della natalità (fame, guerre, pestilenze) potrebbe rendere "governabile" l'aumento di queste popolazioni.

Ma mentre per il periodo bassomedievale e rinascimentale possiamo avere dei dati che ci facciano supporre queste condizioni di cicliche crisi di mortalità, e questo vale anche per il mondo antico (dove è anche documentata- in alcuni contesti – una speranza di vita molto bassa); questo non vale per la società italiana altomedievale e medievale. Né i dati sulla natalità o sulla fertilità – che però sono indiretti -, né quelli sulla mortalità infantile o sulla speranza di vita sorreggono queste ipotesi. Inoltre, la documentazione storica esclude gravi crisi epidemiche tra la metà del secolo VIII e la crisi di peste nera del XIV. Quanto a fame e carestie il discorso sull'alimentazione non carente di quei secoli è ormai dato per scontato. In sostanza, si può concludere che non solo i modelli da "antico regime demografico" andrebbero in assoluto contrasto con tutte le evidenze archeologiche, ma sarebbero comunque scarsamente realistici dal punto di vista storico.
Il Modello "Italia Medievale" (simulazione demografica n. 3) presenta invece una non elevata mortalità infantile (16,9 su 100, e quindi relativamente "non elevata", s'intende), e una bassa natalità (per l'età di matrimonio abbastanza avanzata e la fertilità non fortissima - 4 figli a donna -); questo modello mostra una netta stagnazione demografica. La popolazione iniziale di 1000 abitanti resta sostanzialmente invariata, senza dover per forza chiamare in causa epidemie o altri freni recessivi. Solo un certo dinamismo in grado di elevare la età media femminile sarebbe in grado di produrre un significativo aumento della popolazione, anche se comunque molto relativo (simulazione demografica n. 4): ci vorrebbero 5 secoli per avere delle vere conseguenze demografiche. In mancanza di questi eventi "eccezionali", il basso tasso di riproduzione di questo gruppo l'avrebbe condannato ad una lenta ma inevitabile scomparsa, a meno che non si debbano immaginare fenomeni migratori, o consistenti aumenti della fertilità o addirittura una speranza di vita più alta di quella sia pur molto discreta che si é qui calcolata.
Si può commentare questo andamento ricordando che eventi eccezionali come nuove fondazioni, movimenti popolazionistici, apertura di nuovi spazi per l'agricoltura non dovettero mancare nell'Italia alto e pieno medievale. Accelerazioni improvvise dovettero fare da contraltare ad una certa stagnazione della natalità. E comunque, per quanto poco significativo dal punto di vista demografico, un aumento della popolazione del 20-30 % in

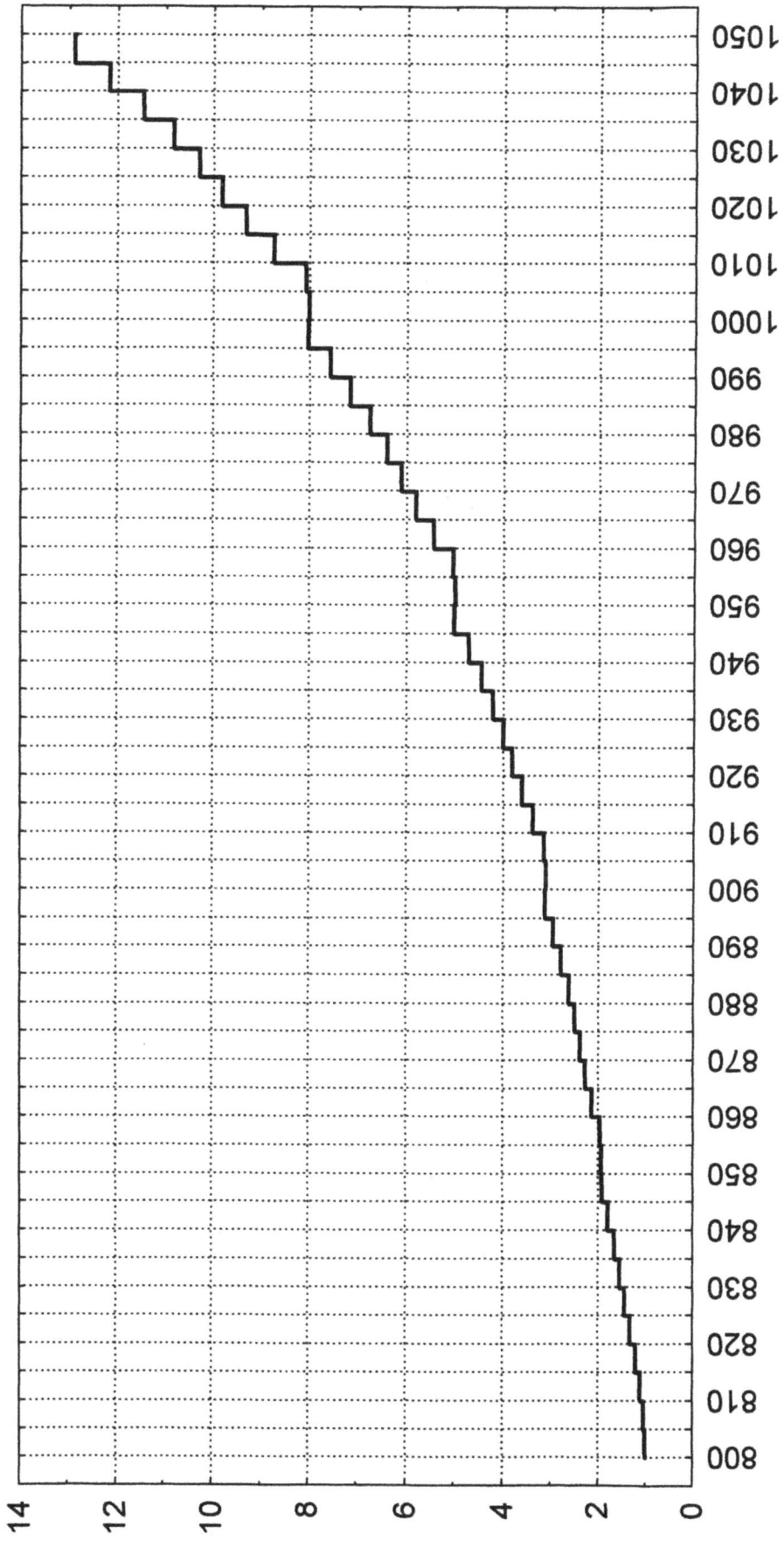

simulazione demografica n. 1

crescita della popolazione secondo il modello demografico "antico regime"

simulazione demografica 2

crescita della popolazione secondo il modello demografico "antico regime"

con pestilenze cicliche

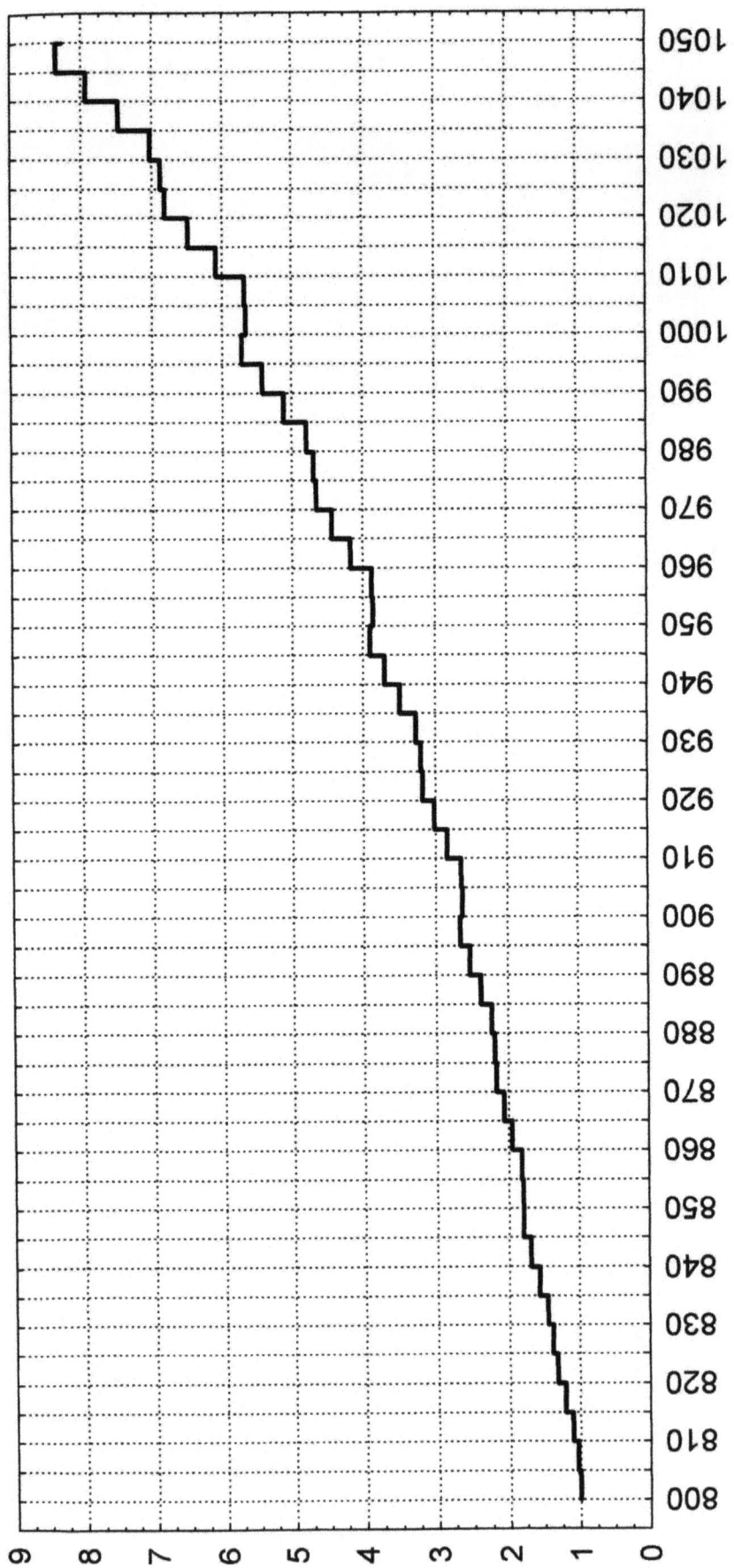

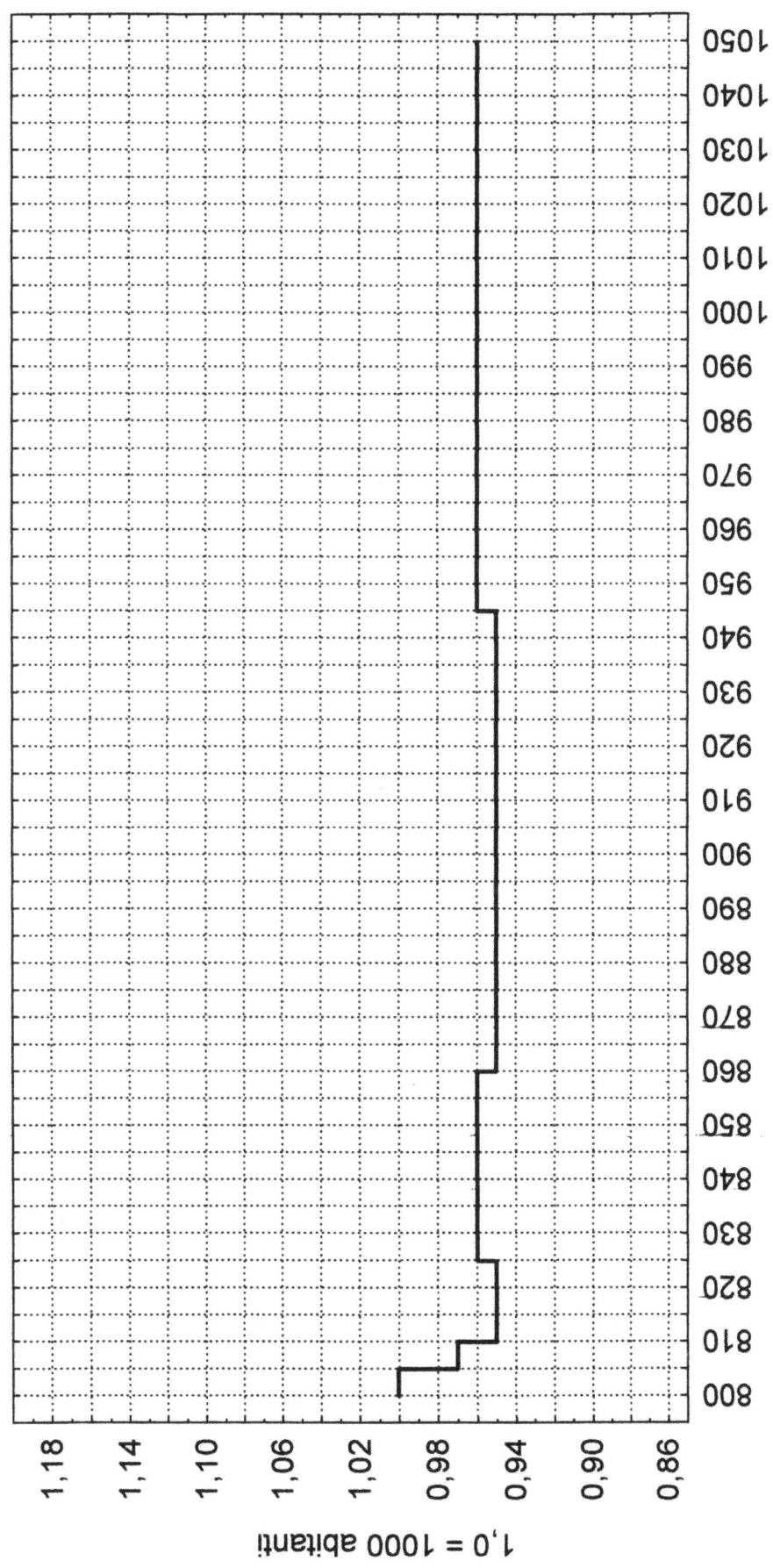

simulazione demografica n. 3

stagnazione della popolazione secondo il modello demografico "Italia medievale"

1,0 = 1000 abitanti

simulazione demografica n. 4

tendenza di crescita a lungo termine della popolazione secondo il modello
"Italia medievale" grazie ad un aumento ciclico della speranza di vita femminile

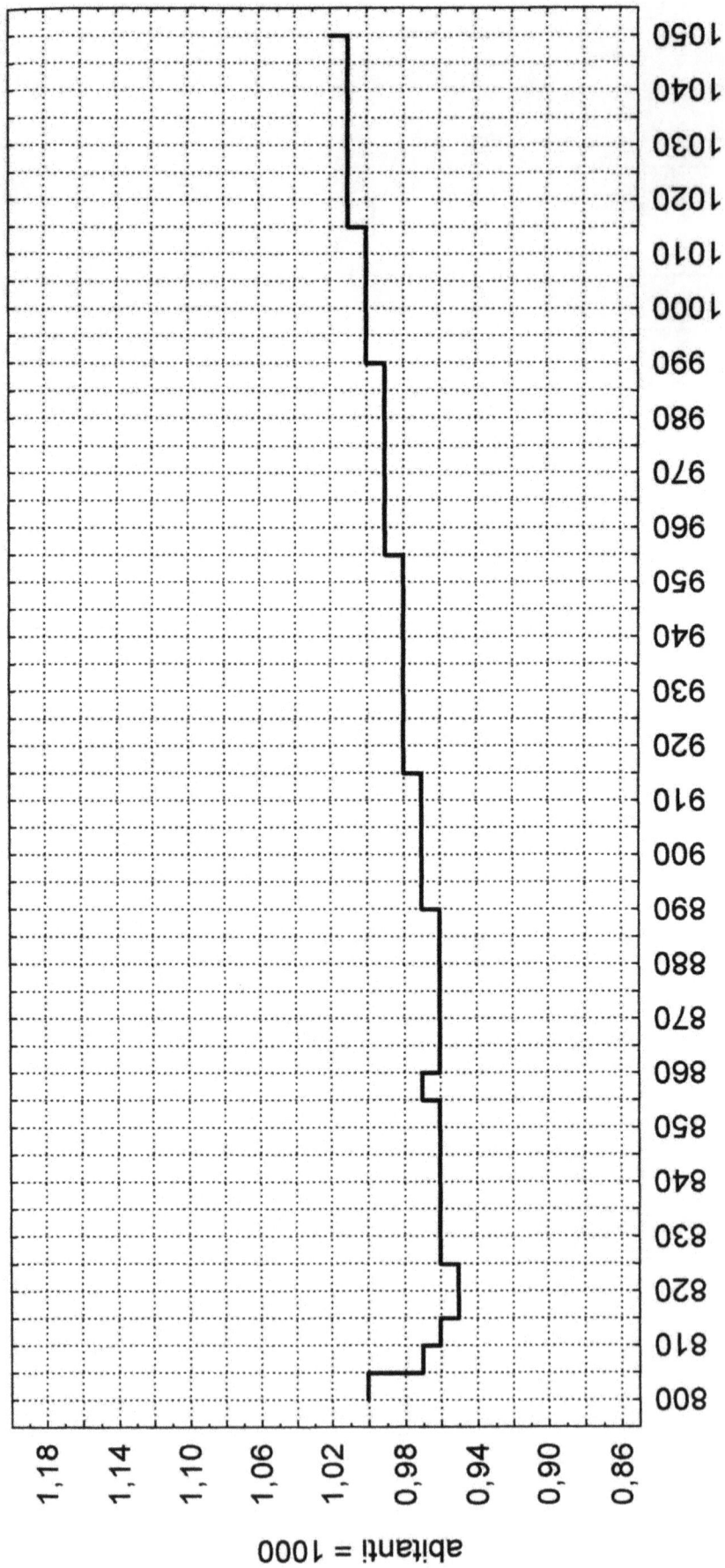

quattro-cinque secoli é da considerarsi significativo, soprattutto se rapportato ad una vasta scala. Una ultima considerazione su questo modello è che, con tutti i limiti, risulta di gran lunga più affidabile e realistico – ed anche concorde con le ipotesi degli storici della demografia sull'andamento della popolazione italiana tra VI e
XI secolo – rispetto a quello "antico regime". Bisogna aggiungere che se si guarda alla struttura della popolazione sviluppata dal software nel corso dei secoli, si osservano impatti di alcune classi di età molto realistici e affidabili: la popolazione senile (sopra i 65 anni) supera appena il 3 % del campione, mentre i bambini sotto i 4 anni si mantengono intorno al 10-11 % della popolazione. Il dato sulla popolazione senile – simile a quello "atteso" dalla pessimistica letteratura demografica per questi secoli – induce ancora una volta a mettere in luce la affidabilità della simulazione. Lascia però immaginare che forse la speranza di vita andrebbe davvero riconsiderata; ma si tratta di un argomento forse ancora troppo delicato.

Le simulazioni demografiche sembrano dimostrare come le ipotesi emerse nel corso dell'analisi e della discussione dei dati archeologici disponibili per l'Italia medievale siano scientificamente accettabili: il Modello "Italia medievale" rappresenta quindi una – almeno possibile – spiegazione della stagnazione demografica dell'Italia medievale tra VI e XI secolo coerente con i dati antropologici rinvenuti negli ultimi 20-30 anni.

3. Grafici e tavole statistiche

Per la costruzione e i calcoli delle Tavole Statistiche si é usato il programma "Statistica" della Statsoft nella versione 5.0. Si sono ricavate una serie di tavole esposte in successione logica con il testo della ricerca: per i dati si deve far riferimento alla bibliografia già citata nel testo.
Più che per le potenzialità grafiche, si é scelto di presentare con chiarezza i calcoli della media, della deviazione standard e dell'errore standard per cercare di mostrare i risultati statistici dei dati archeologici finora disponibili, ed allo stesso tempo per mettere a disposizione "range" confrontabili con i dati che saranno disponibili nei prossimi anni.
Le Tavole 1 - 7 sono la presentazione delle Medie, con l'Errore standard (cioè la deviazione della media) e la Deviazione standard (cioè l'oscillazione massima dei singoli dati) delle percentuali di individui rinvenuti nelle necropoli studiate in rapporto alla loro età.

I dati pubblicati sono stati tutti utilizzati, senza essere sottoposti ad una selezione; le età vanno considerate sempre orientative, perché alcuni studi hanno classificato, per esempio, il gruppo degli infanti nella classe 0-6 anni piuttosto che per quella 0-5, e qui invece é stato necessario tenere poco conto di questi limiti per effettuare i raffronti. Il tipo di grafico per queste 5 tavole é sempre il Box Whisker che consente una facile visualizzazione dei tre tipi di media.

Tavola 1. Media, Deviazione standard ed Errore standard della mortalità tra 0 e 5/6 anni
Si basa su 7 siti archeologici: Sacca di Goito, Savona, S.Pietro di Cavallermaggiore, La Selvicciola, Aosta (secc. VI-VII), Aosta (secc. VII-VIII), Mola di Monte Gelato; una certa sottorappresentazione di neonati, molto probabile a La Selvicciola e a San Pietro, può essere bilanciata grazie alla conseguente sovrarappresentazione di individui tra 1 e 5 anni in questi due centri e ai dati di Mola, dove i neonati e bambini sono probabilmente sovrarappresentati. I dati appaiono abbastanza uniformi: la media percentuale é di 29,7, con una oscillazione (grazie all'errore standard) compresa in un range di 27,4 e 32. La media calcolata con la più sensibile oscillazione della Deviazione Standard si colloca tra valori di 23,1 e 36,3. Si può dire così che, dai sette dati disponibili, la percentuale di infanti che moriva entro i 5 anni va considerata tra 1 su 5 e 1 su 3. La media del 30 % di mortalità in questa classe può essere considerata – proprio per l'omogeneità dei dati – abbastanza realistica.

Tavola 2. Media, Deviazione standard ed Errore standard della mortalità tra 6 e 10/12 anni
Anche per questa età sono stati presi i dati dai 7 siti citati per la tavola precedente. La media é intorno all'11,4 %, con oscillazione tra 9,4 e 13,3. La media con la Deviazione Standard é abbastanza "larga", ma comunque leggibile, collocandosi tra il valore minimo di 5,8 e il massimo di 16,9. In conclusione, sempre dai sette siti, si evince che a questa età morivano da 1 a 3 bambini su 20.

Tavola 3. Media, Deviazione standard ed Errore standard della mortalità tra 13 e 22 anni
I dati utilizzati per questo calcolo sono purtroppo relativi a soli 3 siti (Mola di Monte Gelato, Aosta VI-VII e Aosta VII-VIII). Quindi la Media, sia con l'Errore standard che perfino con la Deviazione standard ha una forbice abbastanza ristretta: la

media é 7,2; l'errore la fa oscillare tra 6,6 e 7,9 e la deviazione tra 5,3 e 9,2. Per quanto poco valido, vista la ristrettezza del campione, la tavola segnala comunque che c'è una discreta possibilità che la morte colpisse, su 20 ragazzi tra i 12/13 e i 20/22 anni, un minimo di 1 e un massimo di 2 individui.

Tavola 4. Media, Deviazione standard ed Errore standard della mortalità tra 20/22 e 30 anni
Per questa fascia d'età sono disponibili i dati di 5 siti (La Selvicciola, S. Pietro di Cavallermaggiore, Collecchio, Sacca di Goito e Savona). I dati appaiono molto vicini tra loro: la media é del 14 %, con l'errore standard si pone tra 12,3 e 15,7 e con la deviazione standard tra il 9,2 ed il 18,8 %. In questi siti, la mortalità tra i 20 ed i 30 anni colpiva quindi da un minimo di 1 ad un massimo di 2 individui su 10.

Tavola 5. Media, Deviazione standard ed Errore standard della mortalità tra i 30 ed i 50 anni
Questo grafico presenta i dati di 4 siti (Sacca di Goito, Savona, S. Pietro di Cavallermaggiore, La Selvicciola). Si tratta di percentuali molto affini, per cui la media é di 28,7, con l'errore é tra 27,9 e 29,5, e con la deviazione oscilla tra 26,4 e 31 %. Questo dato indicherebbe che circa 3-4 persone su 10 morivano a questa età.

Tavola 6. Andamento della mortalità sulla base dei dati archeologici
Questo grafico bidimensionale presenta la sintesi delle tavole precedenti, con la media e la sua correzione grazie alla deviazione standard. L'andamento pare abbastanza chiaro: la mortalità entro i 6 anni é all'incirca del 30 %, quella tra i 6 ed i 21 anni é del 20 % circa. Per 100 individui nati vivi ne arrivano ai 20-22 anni la metà. La mortalità tra i 20 ed i 30 anni é vicina al 15 % mentre tocca percentuali vicine al 28 % tra i 30 ed i 50 anni. La percentuale di persone che muoiono dopo i 50 anni é circa del 9 %, dato che si ottiene grazie alla semplice addizione delle percentuali di morti per le età precedenti.

Tavola 7. Ipotesi di correzione dell'andamento della mortalità
Per la nota difficoltà di individuare l'età alla morte di individui morti in età anziana e senile attraverso analisi macroscopiche dei resti scheletrici, si presenta qui una ipotesi di possibile correzione; questo indice di correzione è ricavato sulla base della differenza tra età morfologica ed età istologica

così come è stata determinata nel cimitero alamanno altomedievale di Wenigumstadt. Si ipotizza di poter ridimensionare di qualche punto la classe di età 22-30, e di riequilibrare il 40 % che si ottiene per la classe post-30 in due gruppi, con una ipotesi di 20 % per il gruppo 30-50 e di un altro 20 % per l'età post-50 anni, percentuale vicina sia alle analisi istologiche che ai dati catastali bassomedievali. Il calcolo della speranza di vita – che si attesterebbe sui 26 anni – si ricava da questa discutibile, quanto proponibile, ipotesi di correzione delle classi anziane.
Le tavole che seguono intendono invece presentare graficamente alcuni dati che sono stati discussi nel testo e che rivestono una particolare importanza dal punto di vista storico:
Tavola 8. Andamento della popolazione italiana in milioni, secondo le ipotesi del Beloch
Questa semplice restituzione grafica mostra una delle più accreditate ipotesi sulla demografia italiana negli ultimi 2000 anni. Il momento "peggiore" sarebbero i secoli VII-VIII, con due importanti crisi nel secolo XIV e alla metà del XVII.

Tavola 9. Andamento della popolazione europea in milioni, secondo le ipotesi del Bennett
Restituzione grafica dei calcoli del Bennett relativi al periodo dal 1000 al 1800; é molto chiaro il decremento demografico nel secolo XIV a seguito delle crisi agrarie e della Peste Nera. In confronto alla Tavola precedente é osservabile l'aumento della popolazione europea nel secolo XVII rispetto al decremento di quella italiana.

Tavola 10. Sepolture infantili nel cimitero di Aosta (Mont Blanc) tra II e VIII secolo
Questo grafico mostra come sia ipotizzabile l'uso di seppellire neonati e infanti in aree diverse da questa necropoli per il periodo classico e tardoantico, mentre il sensibile aumento di sepolture infantili (sia dei neonati che dei bambini tra 1 e 5 anni) rende difficile immaginare una tale pratica per l'Aosta altomedievale. Da ciò si dovrebbe dedurre la sostanziale affidabilità (con una sottostima evidente ma non così importante) del dato sulla mortalità infantile di Aosta tra VI e VIII secolo. Non si può d'altra parte pensare ad un grave aumento della mortalità infantile in età altomedievale perché il dato di età classica é certamente sottorappresentato.

Tavola 11. Sex Ratio (in percentuale) nella necropoli Mont Blanc di Aosta tra II e VIII secolo
La sex ratio appare abbastanza equilibrata anche se lievemente a favore dei maschi in età classica; ma la situazione si capovolge tra IV e VII secolo. Tra VII e VIII secolo, invece, la sex ratio raggiunge un indice di mascolinità che, per quanto non elevatissimo, é più alto di quello raggiunto in età classica (quasi 6 maschi per 4 donne).

Tavola 12. Percentuale di anziane all'interno del gruppo femminile nella necropoli di Aosta (Mont Blanc) tra II e VIII secolo
Questo grafico mostra la percentuale di donne definite come "senili o quasi" in rapporto al totale del campione femminile riconosciuto come tale, e quindi post 15/18 anni. Come si vede, é già alto in età classica e tardoantica ed aumenta tra VI e VII secolo; diminuisce invece tra VII e VIII, restando però sempre un notevole 20 %.

Tavola 13. Percentuale di anziani all'interno del gruppo maschile nella necropoli di Aosta (Mont Blanc) tra II e VIII secolo
Questo grafico é simile al precedente, ma è riferito al gruppo maschile. I maschi "anziani" sono abbastanza numerosi in età romana ed hanno un aumento dopo il VI secolo. Arrivano fino al 40 % del campione maschile (percentuale, va notato, identica a quella femminile coeva) tra VI e VII per poi proseguire ad aumentare (mentre le donne calano) e superare il 50 % nel secolo successivo.

tavola 1

media (con calcolo errore) della mortalità tra 0 e 5/6 anni

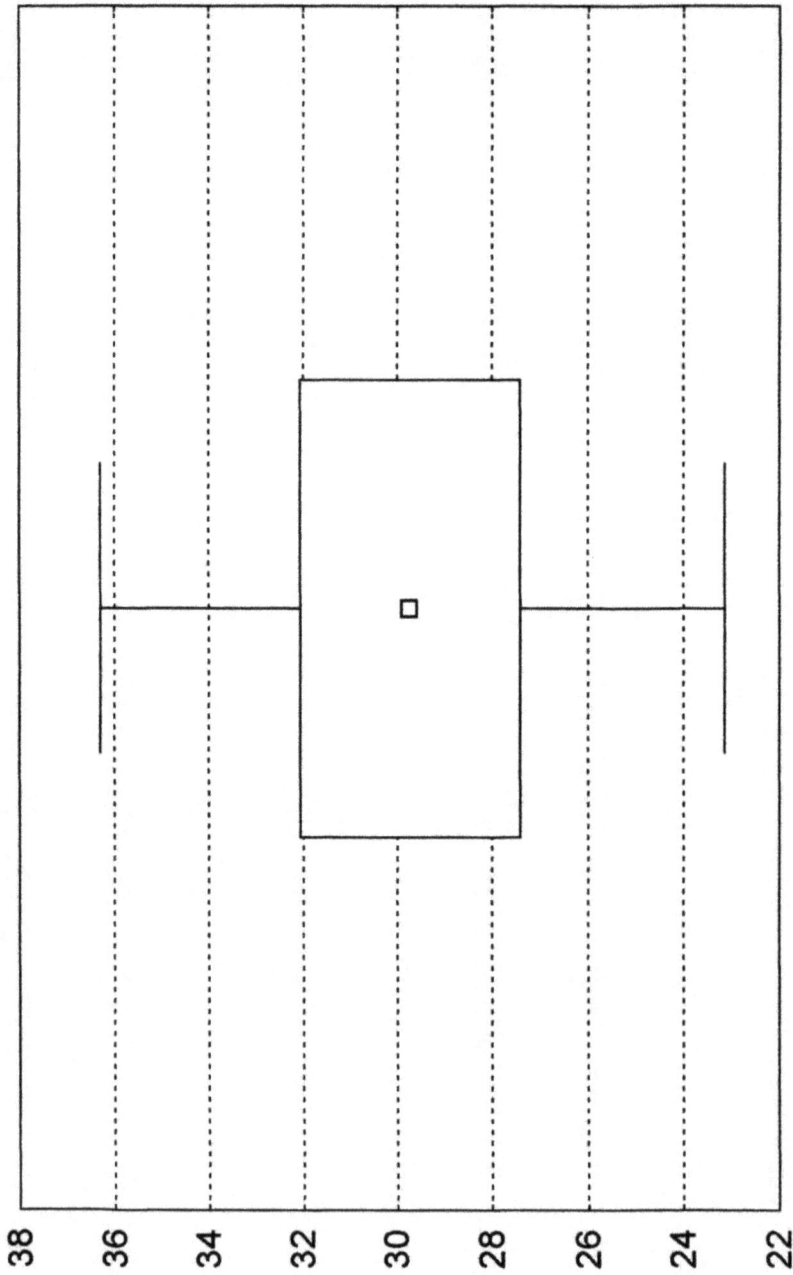

sette siti

Media+DS = 36,29914	
Media-DS = 23,158	
Media+ES = 32,0516	
Media-ES = 27,4055	
Media = 29,72857	

tavola 2

media (con calcolo errore) della mortalità tra 6 e 10/12 anni

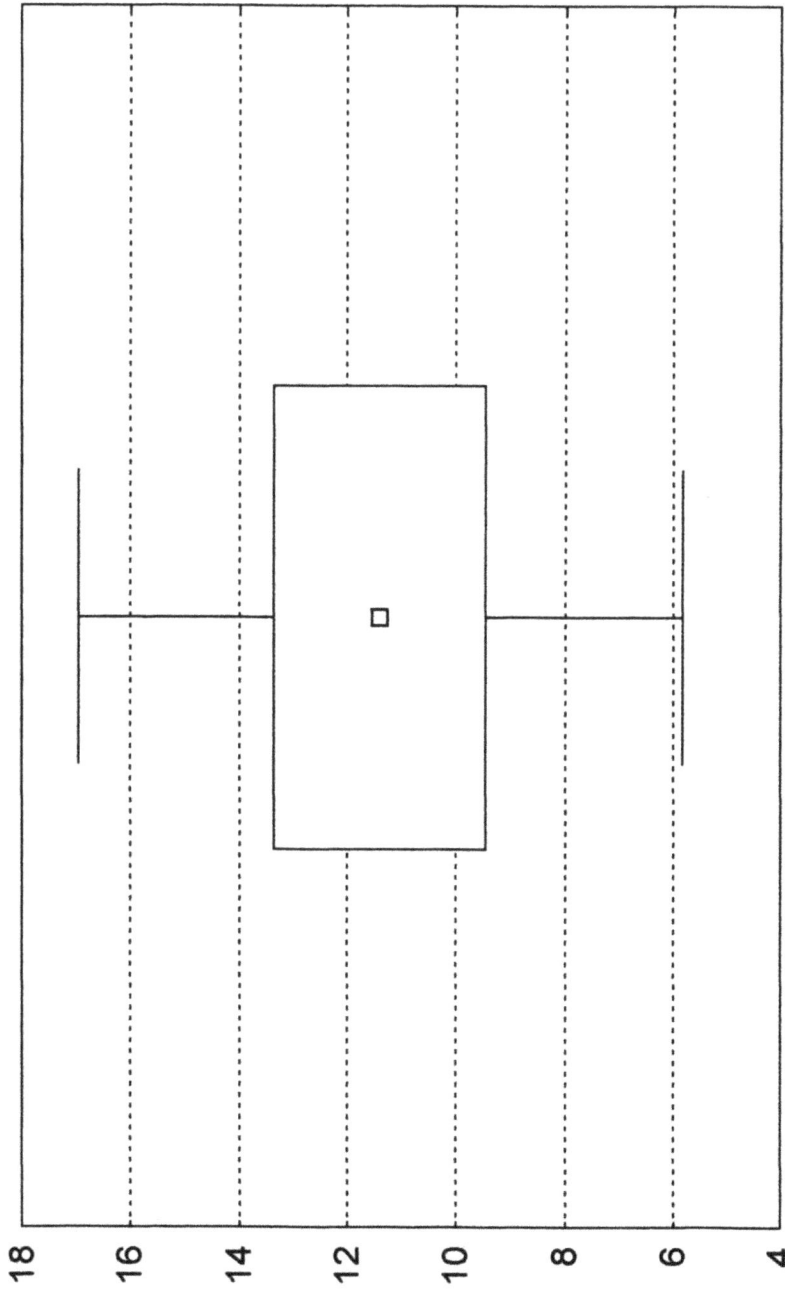

sette siti

⊥ Media+DS = 16,9398
  Media-DS = 5,83161

☐ Media+ES = 13,3494
  Media-ES = 9,42204

☐ Media = 11,3857

tavola 3

media (con calcolo errore) mortalità tra 13 e 22 anni

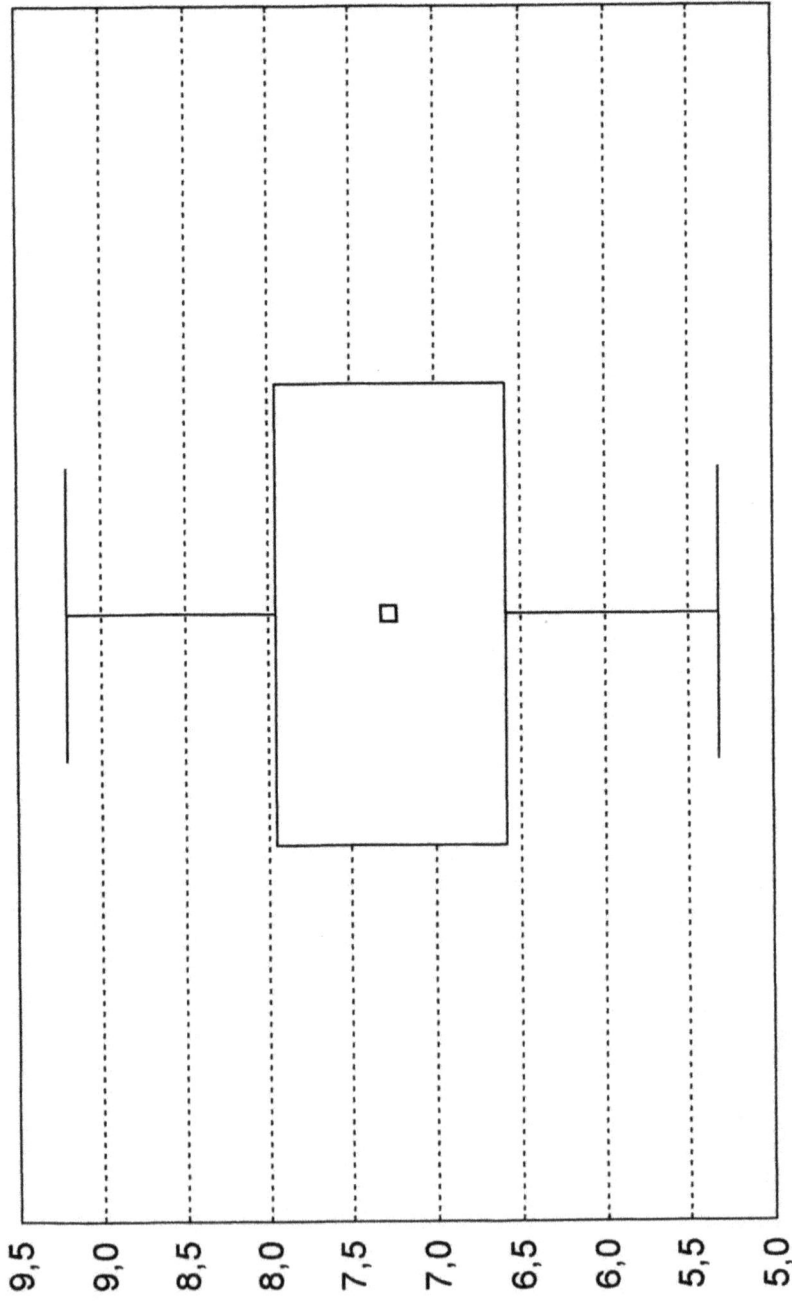

tre siti

Media+DS = 9,2066
Media-DS = 5,32674
Media+ES = 7,95254
Media-ES = 6,5808
Media = 7,26667

tavola 4

media (con calcolo errore) mortalità tra 20/22 e 30 anni

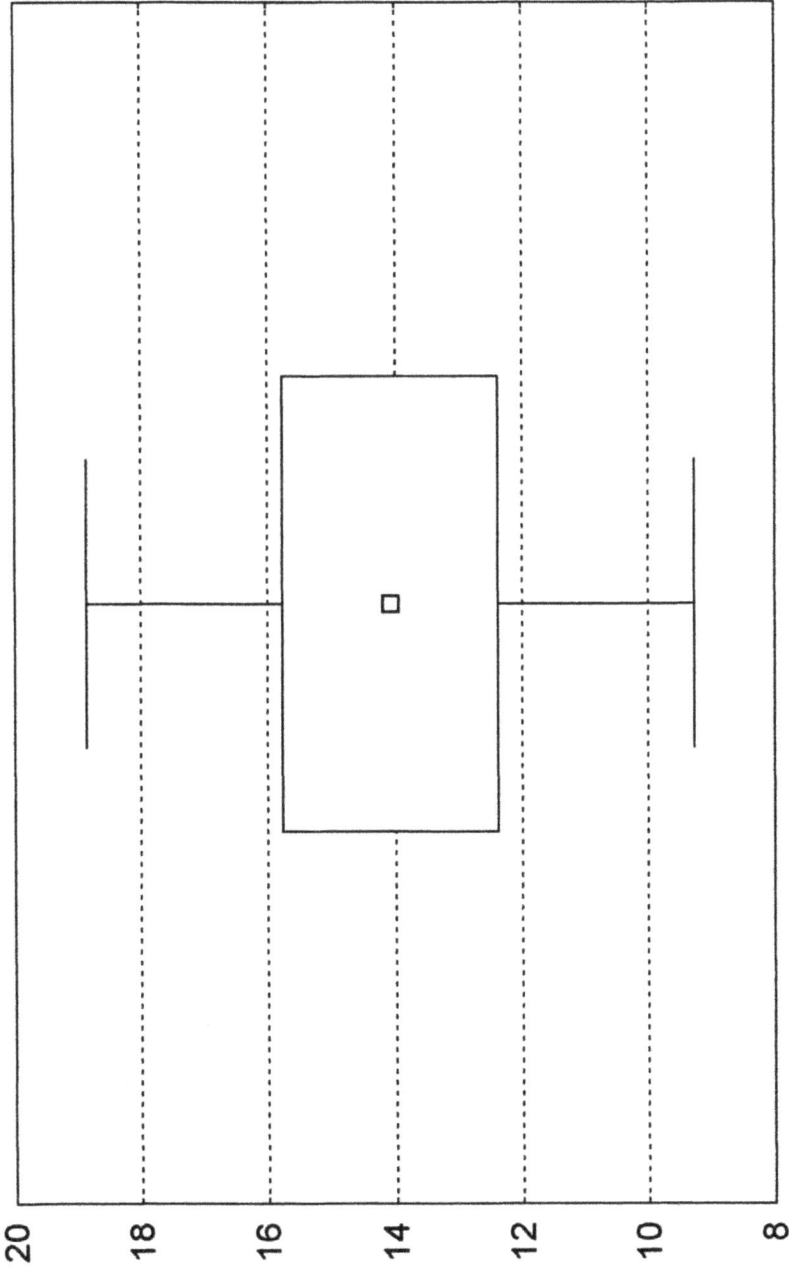

cinque siti

$\sqcap$ Media+DS = 18,85197
Media-DS = 9,26803

□ Media+ES = 15,7542
Media-ES = 12,3658

□ Media = 14,06

tavola 5

media (con calcolo errore) mortalità tra 30 e 50 anni

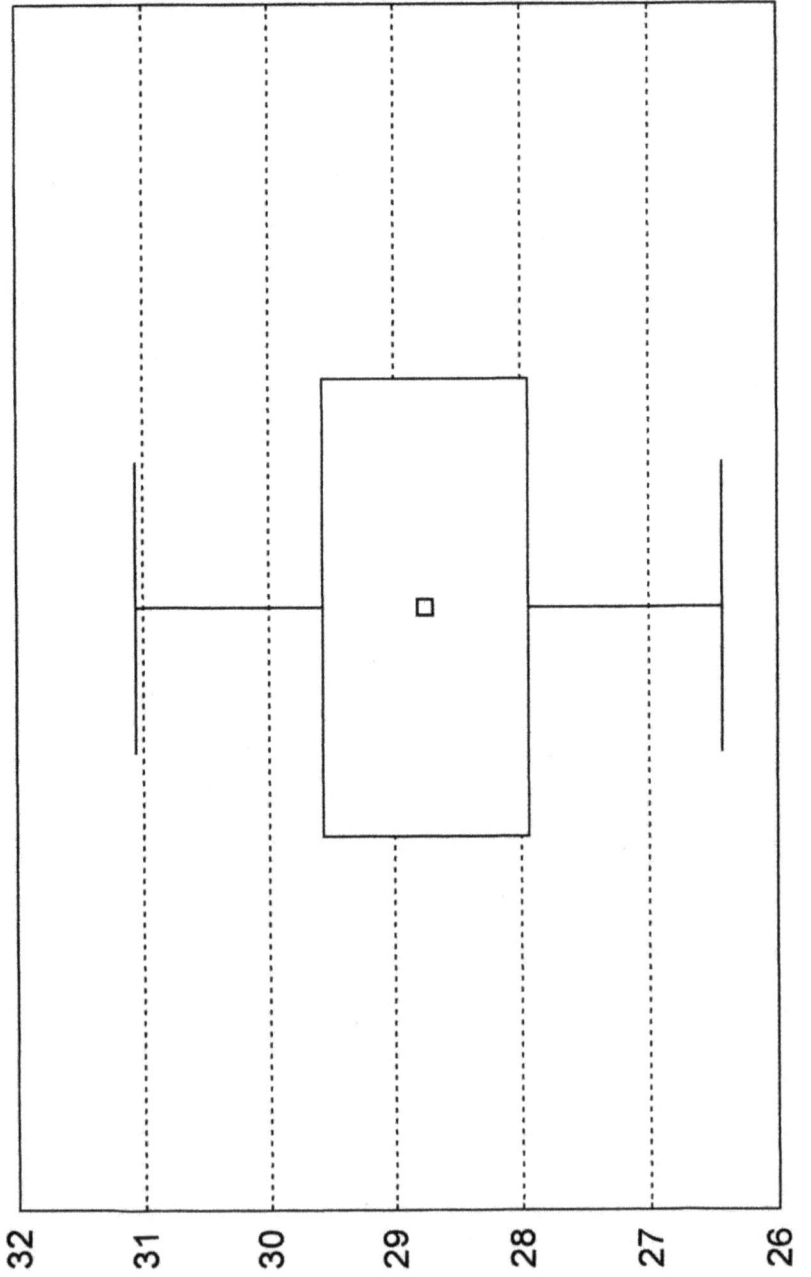

quattro siti

Media+DS = 31,0601
Media-DS = 26,43987

Media+ES = 29,56675
Media-ES = 27,93324

Media = 28,75

90

tavola 6

Percentuali classi di età alla morte in Italia medievale da analisi morfologica

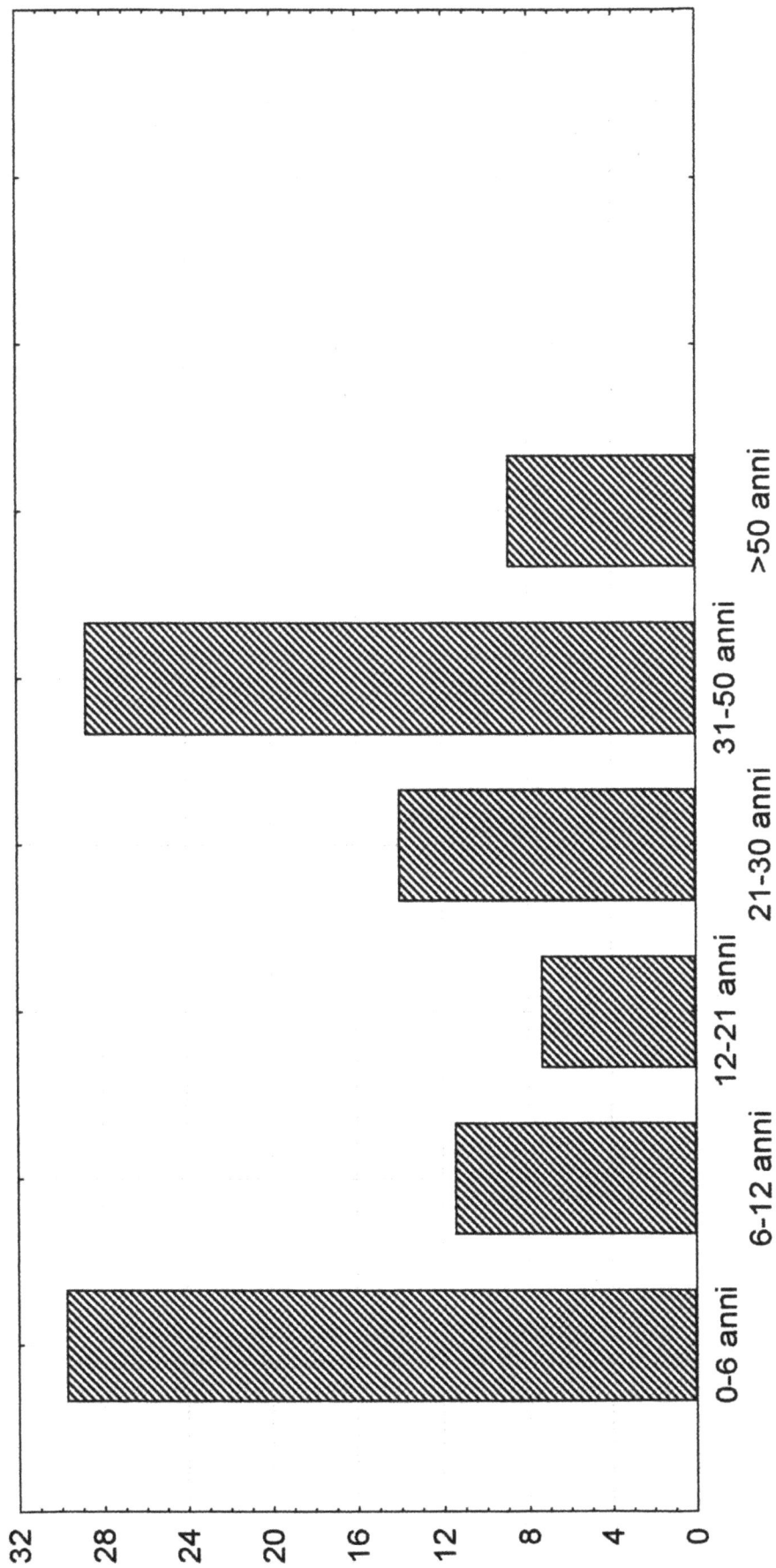

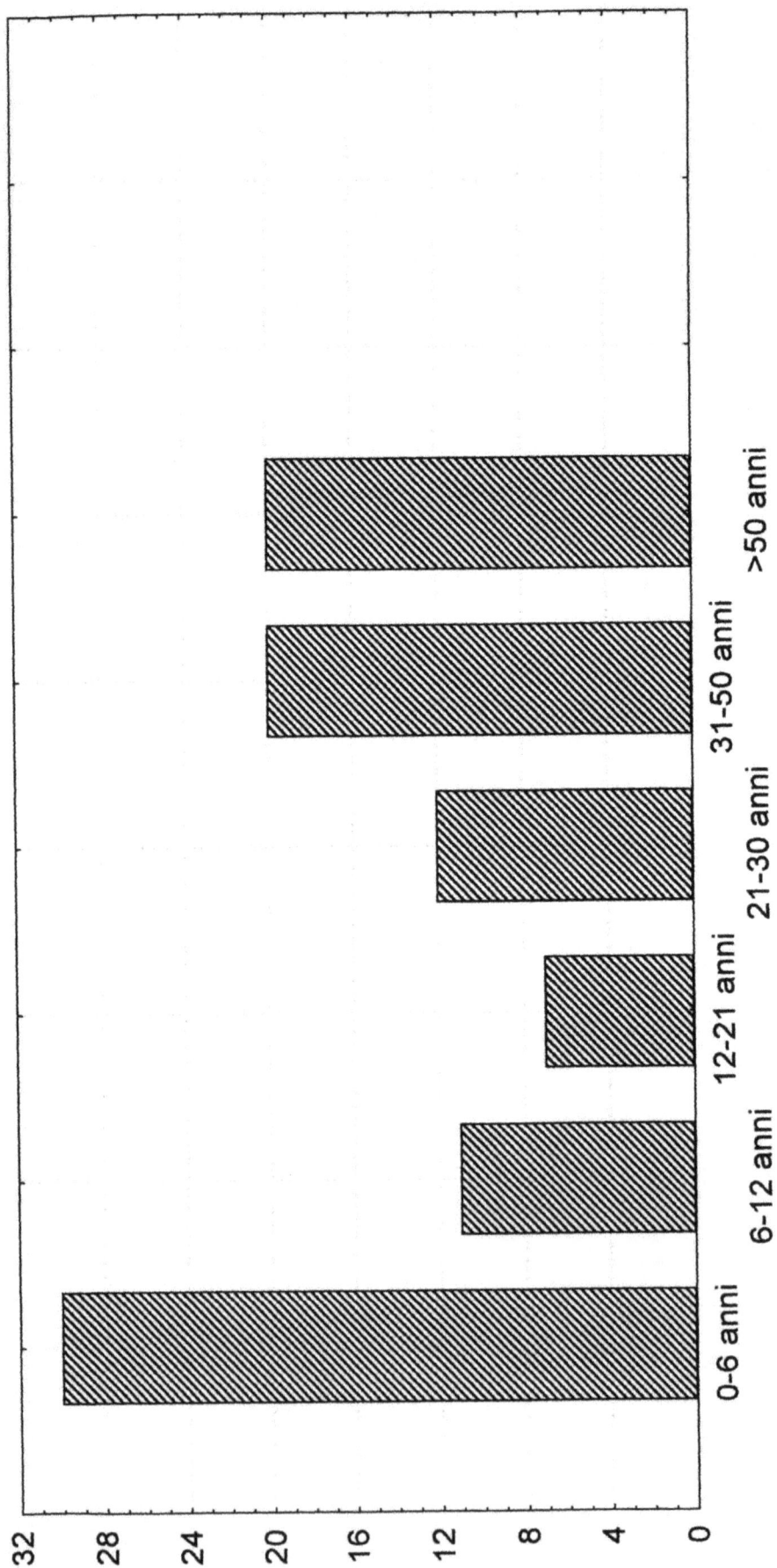

tavola 7

Percentuali classi di età alla morte in Italia medievale, ipotesi con correzione

tavola 8

Andamento della popolazione in Italia (in milioni) secondo la ipotesi del Beloch

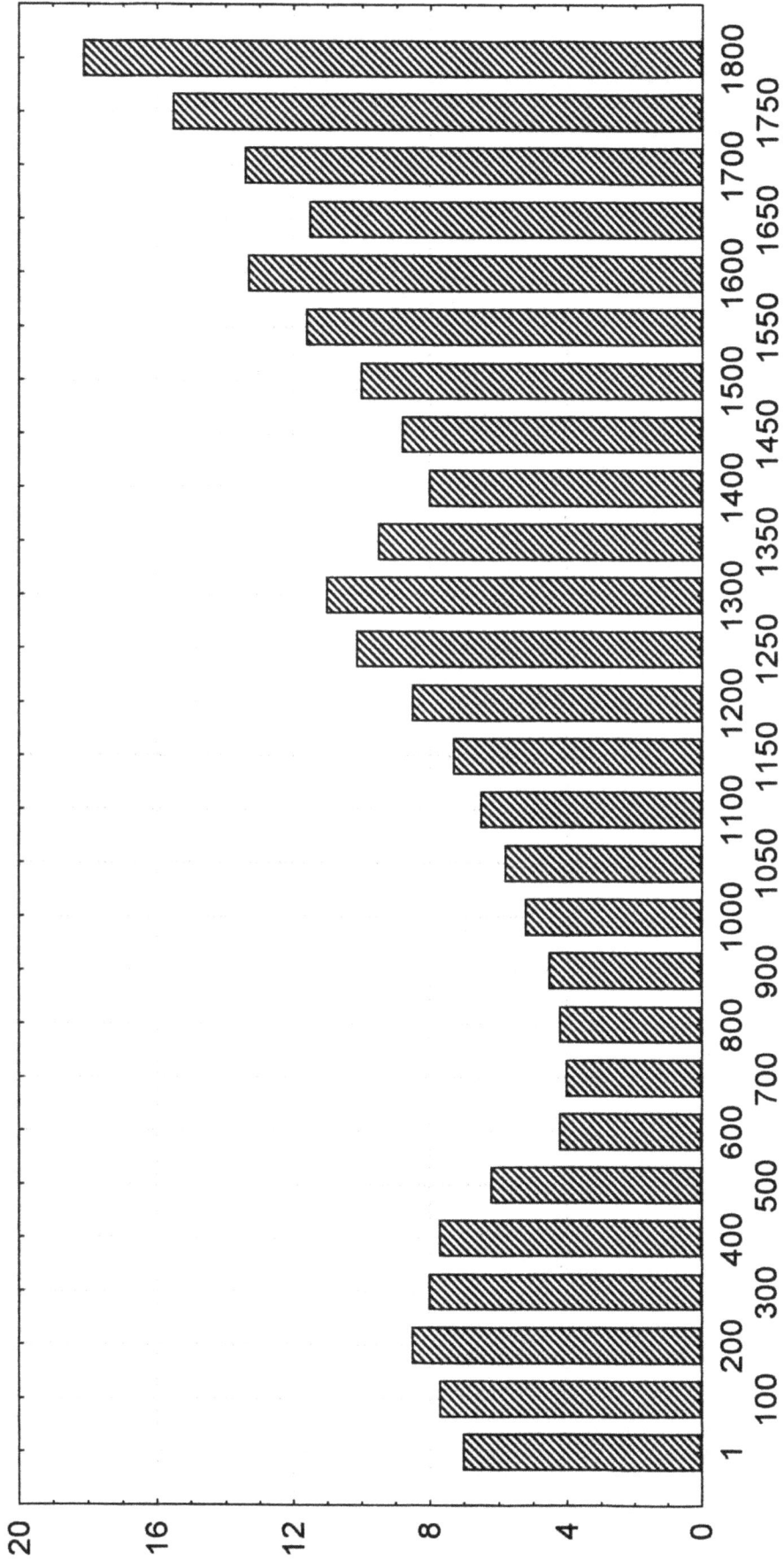

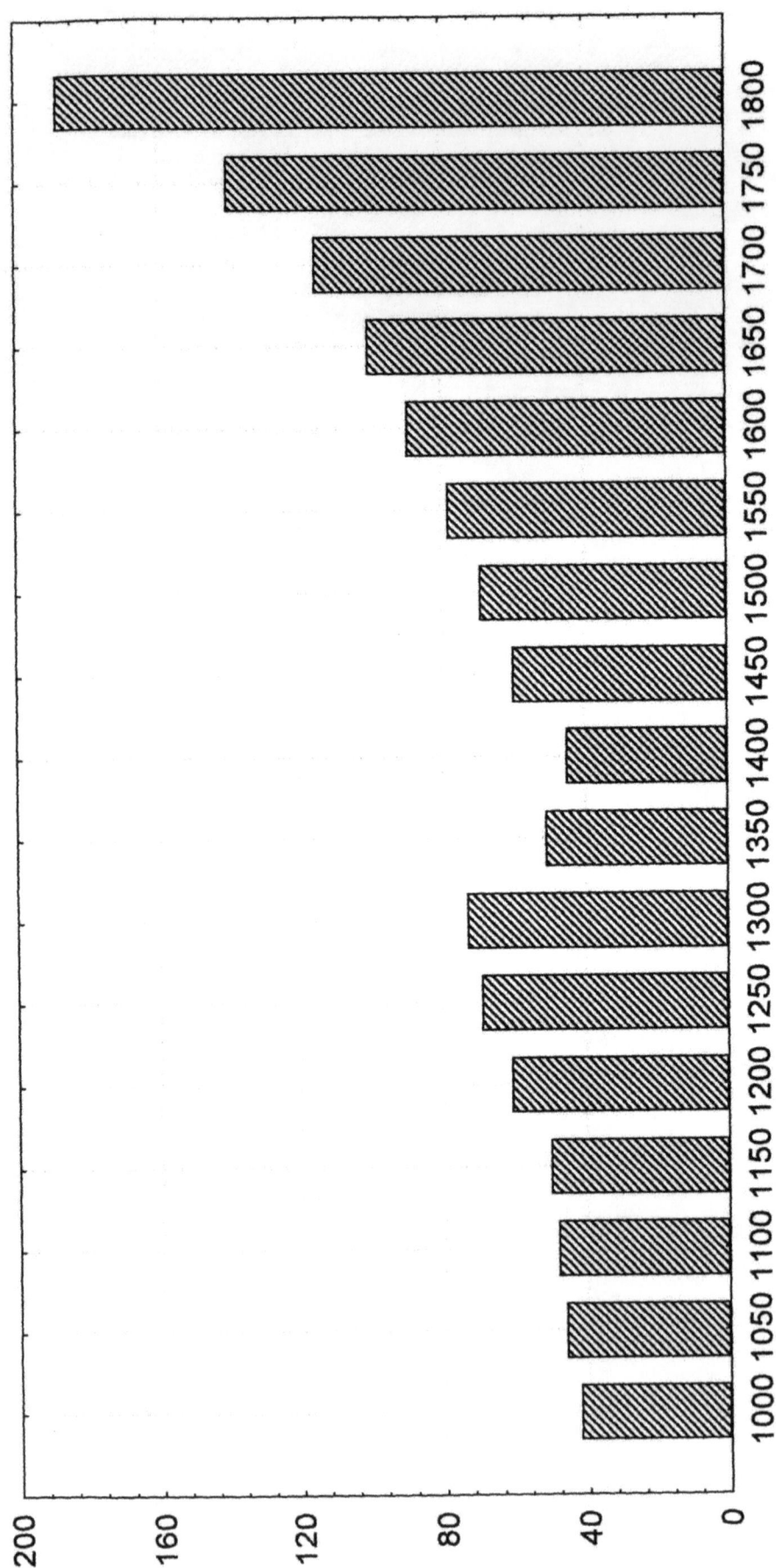

tavola 9

Andamento popolazione europea (in milioni) secondo ipotesi Bennett

tavola 10

Sepolture infantili nel cimitero di Aosta (Mont Blanc) tra II e VIII secolo

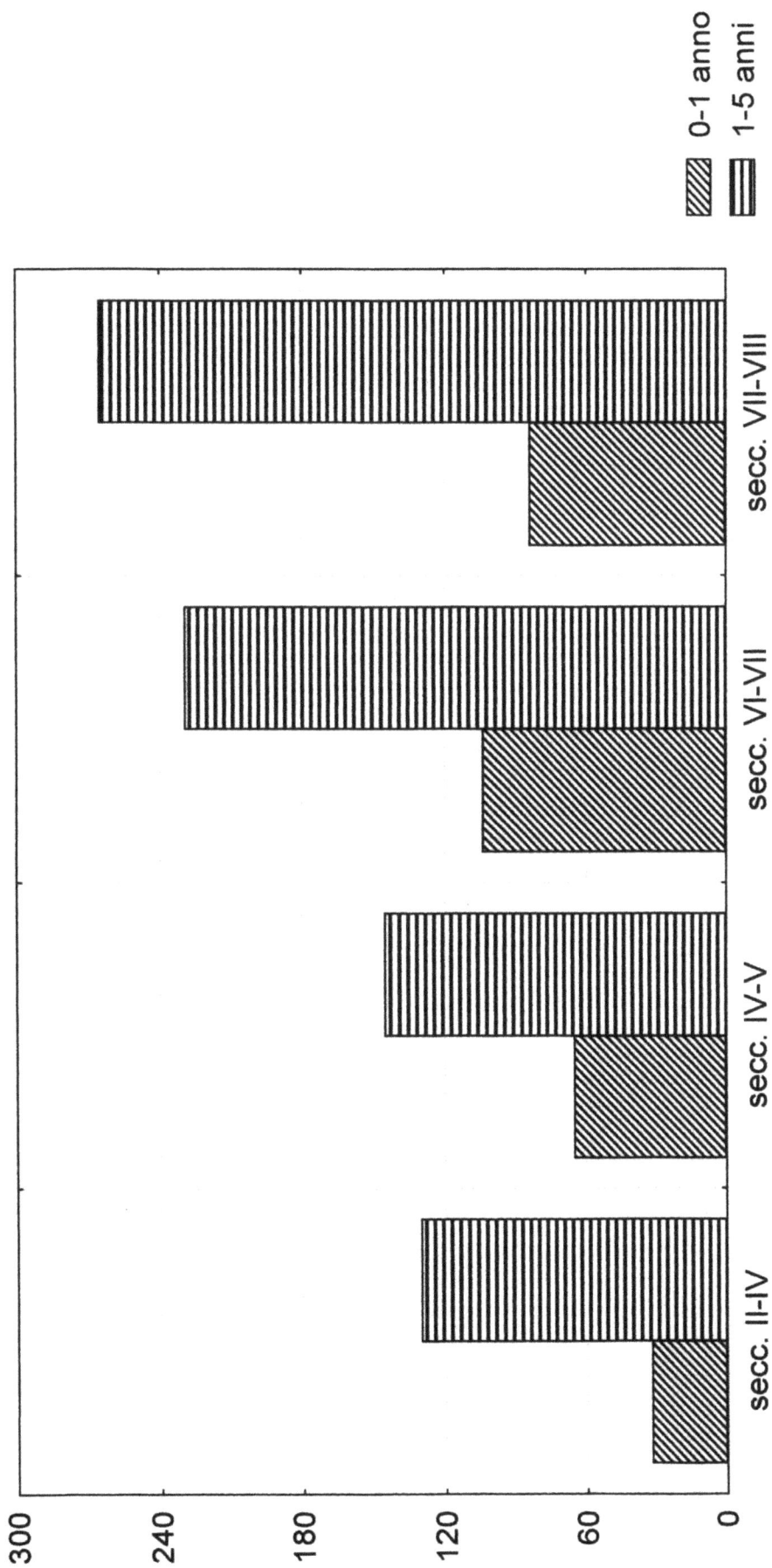

Legend: 0-1 anno, 1-5 anni

tavola 11

Sex Ratio (in percentuale) nella necropoli Mont Blanc di Aosta tra II e VIII sec

numero totale individui = 159

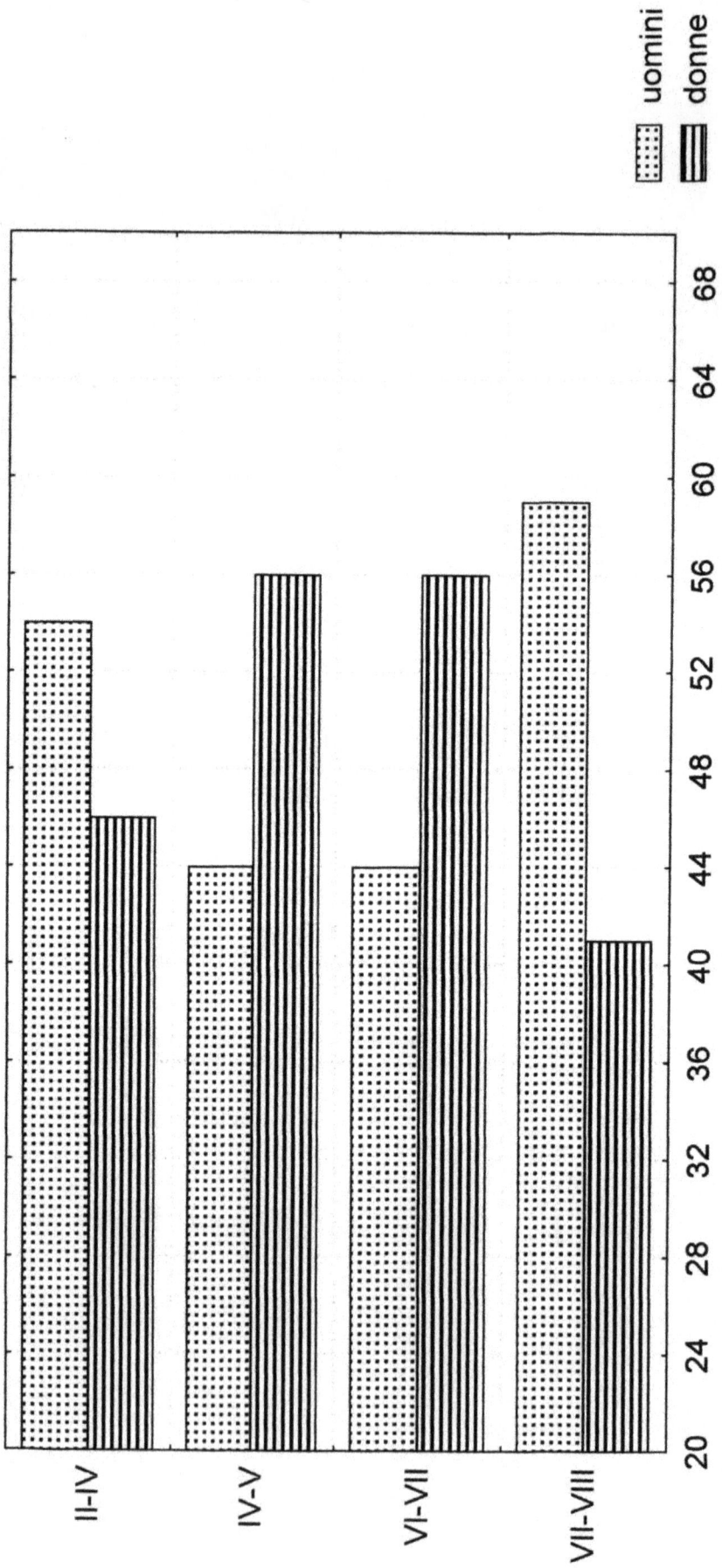

uomini

donne

tavola 12

Percentuale di anziane all'interno del gruppo femminile nella necropoli
di Aosta (Mont Blanc) tra II e VIII secolo

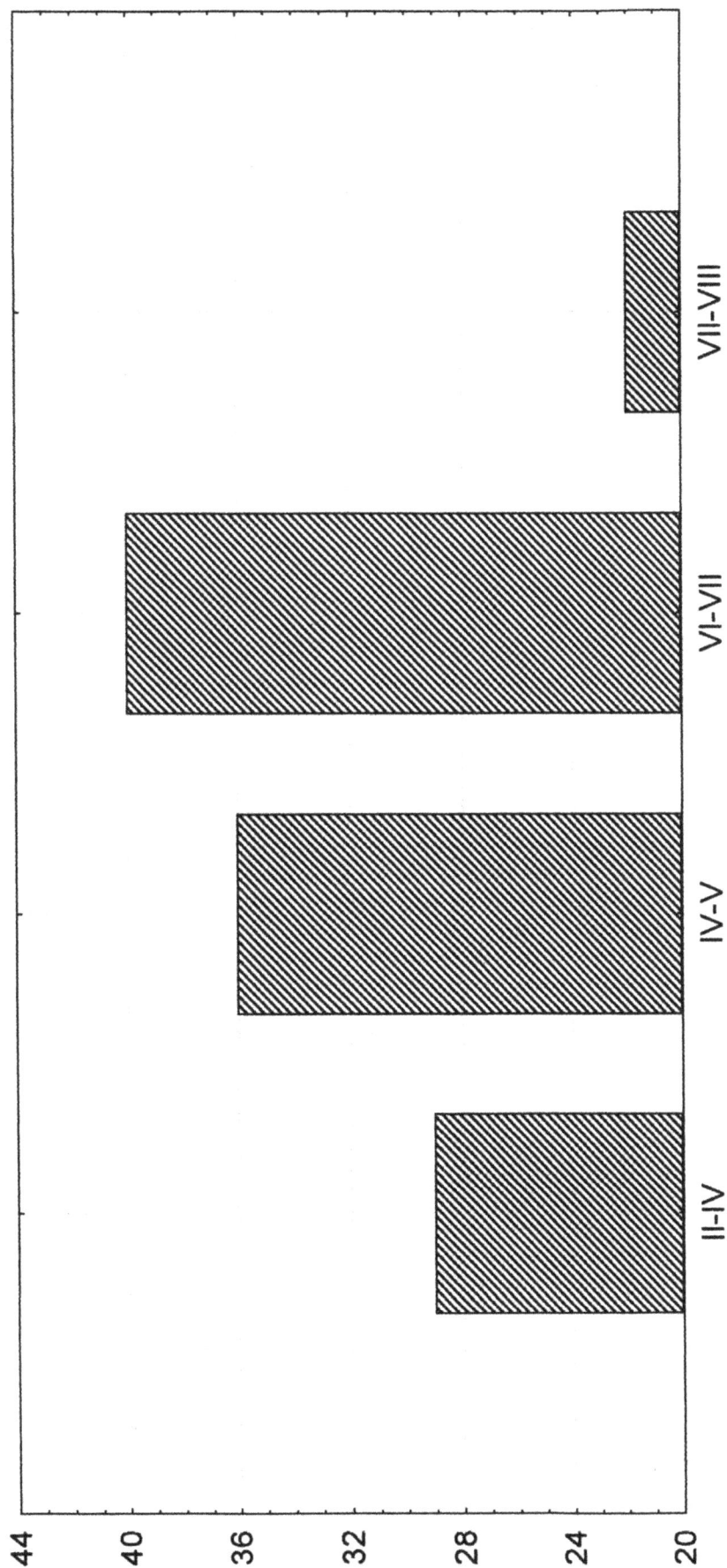

tavola 13

Percentuale di anziani all'interno del gruppo maschile nella necropoli
di Aosta (Mont Blanc) tra II e VIII secolo

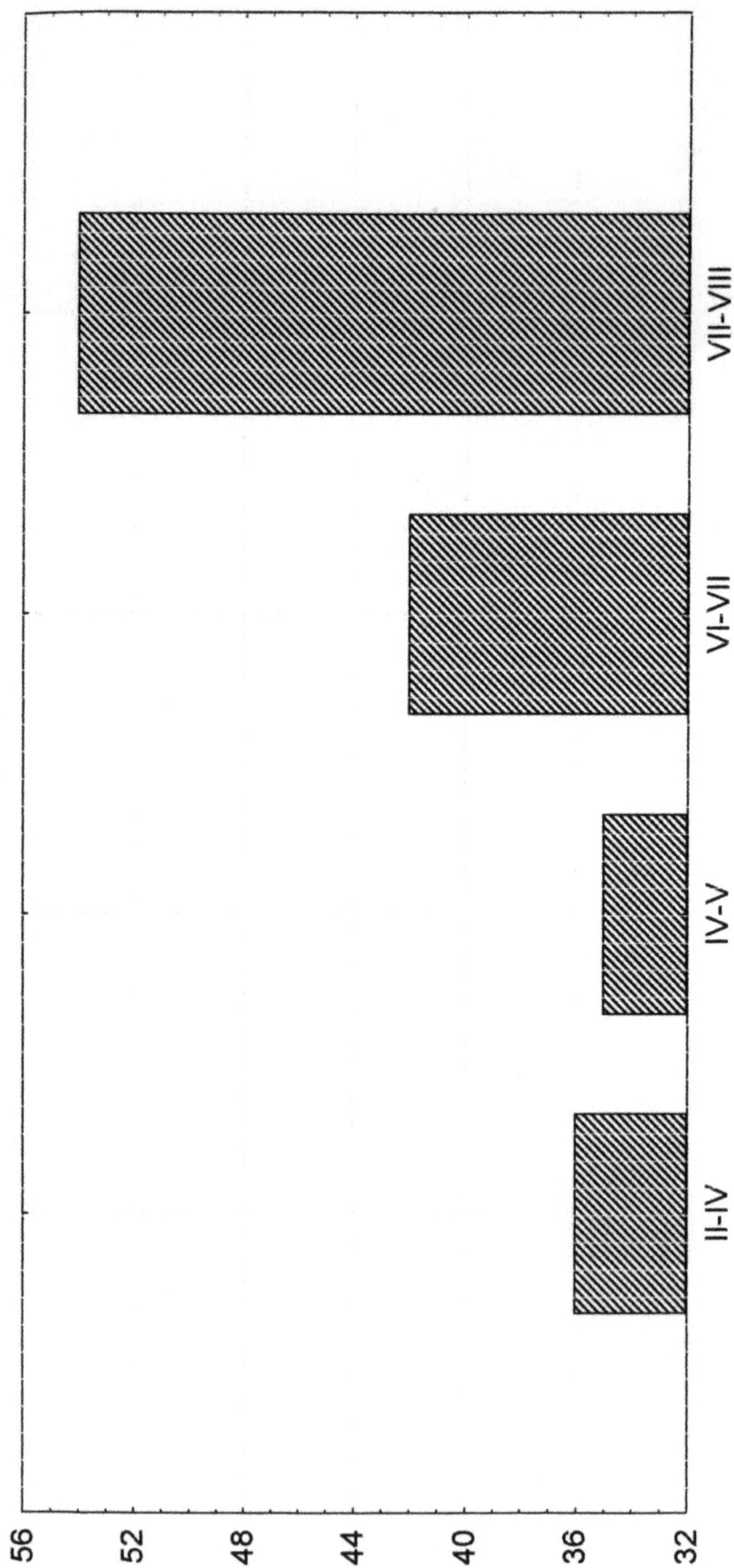

Per ampliare la documentazione disponibile sul modello rurale diffuso in Italia medievale si presentano qui anche delle tavole faunistiche.

Tavola 14. Diffusione delle tre principali specie animali in 10 siti medievali italiani
I 10 siti appartengono a diverse tipologie ed a diversi periodi cronologici. La seguente tabella è forse in grado di fornire un quadro della documentazione utilizzata per le restituzioni grafiche (si veda anche la cartina):

Sito	Tipologia	Area	Secoli	Calc. NMI	Bibliogr.
Santa Maria in Città	Villaggio rurale	Molise	VI-VIII		Hodges et al 1980
Verona	Centro urbano	Veneto	VI – VII	SI	Riedel 1994
Ponte Nepesino	Centro fortific.	Lazio	VIII - XII	SI	Clark 1984
San Michele a Trino	Villaggio rurale	Piemonte	Metà X –XII	SI	Ferro 1991
Roma	Centro urbano	Lazio	metà del X secolo al XII		Crypta Balbi 1990
Pavia	Centro urbano	Lombar-dia	Fine XI – metà XII		Barker, Wheeler 1978
Tuscania	Centro urbano	Lazio	Metà XIII – 1a metà XIV		Barker 1973
Fiumedinisi	Centro fortific.	Sicilia	Fine XIII – 1a metà XIV		Villari 1988
Brucato	Villaggio rurale	Sicilia	1a metà XIV		Brucato 1984
Rocca d'Asolo	Centro fortific.	Veneto	XIV-XV		Bedini 1990

Tavola 15. Disponibilità di carne edibile delle tre specie in 10 siti medievali italiani

In questo grafico si presenta solo una restituzione in Carne commestibile effettuata dai diversi studiosi che hanno avuto in esame i resti archeozoologici: esistono delle oscillazioni (per esempio per il bovino si va dai 170 ai 230 Kg di carne edibile) e sono dovute sia alla sensibilità dei faunisti che alle taglie degli animali allevati. Nonostante queste difformità – ed il calcolo del Numero Minimo d'Individui, da alcuni effettuato, da altri no – i dati appaiono molto omogenei. Il bovino risulta di gran lunga l'animale che forniva il più importante contributo carneo in questa epoca. Anche dal punto di vista geografico e nonostante le diverse tipologie dei siti presi in esame questa indicazione appare netta.

DISTRIBUZIONE DEI PRINCIPALI SITI CON MATERIALE ARCHEOZOOLOGICO
CHE SONO STATI PRESI IN ESAME PER L'ELABORAZIONE DELLE STATISTICHE
SULLA FAUNA

tavola 14

presenza numerica delle tre principali specie animali

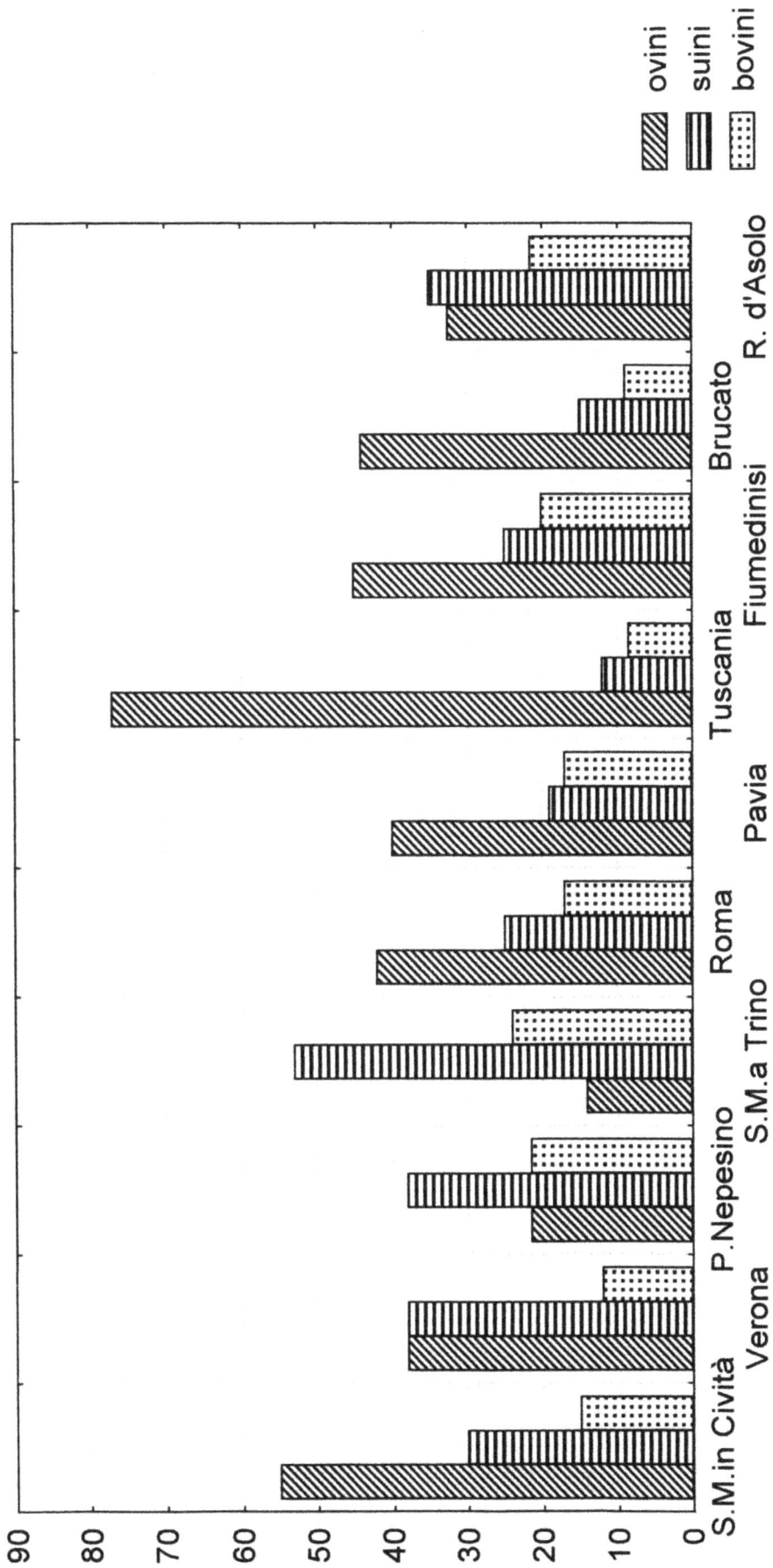

ovini

suini

bovini

tavola 15

disponibilità di carne sulla base della presenza numerica

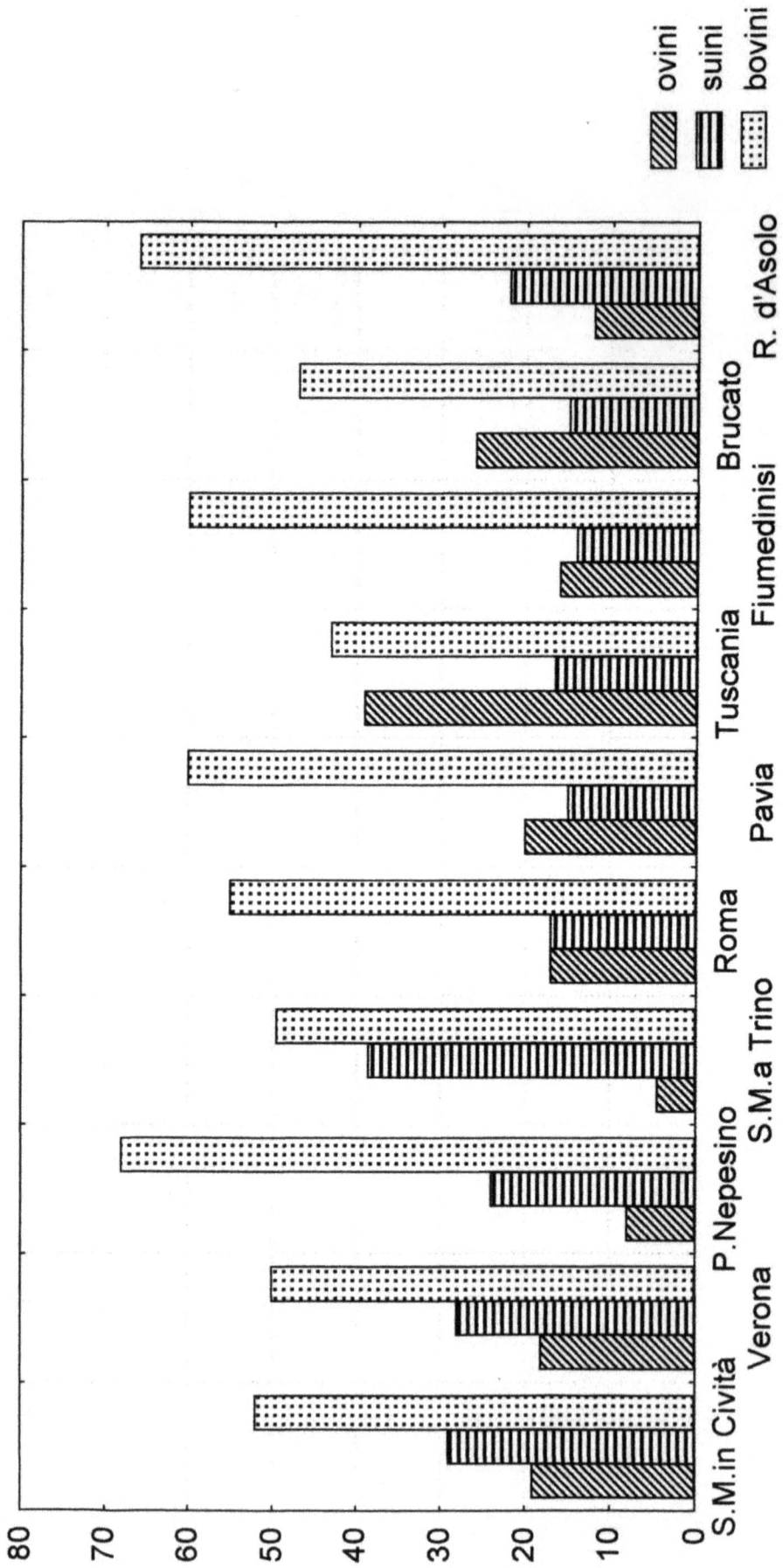

CONCLUSIONI

La consistenza di dati antropologici relativi all'Italia nel periodo medievale consente di portare avanti una discussione sugli aspetti demografici dell'Italia medievale. Nonostante limiti di carattere metodologico e scientifico, i dati bioarcheologici hanno mostrato andamenti statisticamente coerenti che fanno pensare alla necessità di rivedere alcune consolidate idee sulla struttura popolazionistica delle comunità medievali.

Molte ipotesi sulla demografia medievale in Italia sono state finora basate su una determinata immagine della società dell'epoca: un mondo di matrimoni precoci, di alta natalità, di una forte mortalità infantile e da parto, di pochissime persone in grado di raggiungere una età anziana, di una speranza di vita alla nascita poco superiore ai 20 anni. Solo così, d'altra parte, si era in grado di spiegare la stagnazione demografica che caratterizzò l'Italia tra il VI e l'XI secolo. Più che su basi documentali, vista la loro scarsezza per questo periodo, tale ricostruzione poggiava sull'evidenza – anche archeologica - della grande crisi urbana avvenuta con la fine del mondo romano, con l'impoverimento dei commerci, dell'edilizia, delle produzioni, della cultura. La stagnazione demografica e la ruralizzazione della società facevano pensare a condizioni di vita difficili, a carestie, epidemie e guerre in grado di colpire la popolazione che già a fatica riusciva a riprodursi, tenendo conto dei livelli della mortalità infantile.

Questa ricerca ha raccolto i dati paleodemografici – e non solo – attualmente disponibili per il territorio italiano tra VI e XIV secolo: i risultati statistici sono stati sorprendenti: la mortalità tra i 0 ed 5 anni non pare superasse il 30 %; è credibile attendersi che almeno il 15-20 % della popolazione raggiungesse e superasse i 50 anni di età, anche se la distribuzione della morte tra le varie classi di età imponeva comunque una speranza di vita alla nascita che va collocata realisticamente intorno ai 26 anni. La mortalità da parto va senza dubbio ridimensionata; le donne non mostrano una condizione peggiore rispetto agli uomini, anche se la sex ratio tra i due gruppi fa pensare alla diffusione di fenomeni quali l'abbandono o la soppressione delle primogenite. L'età di matrimonio era decisamente ritardata, sia per i maschi che per le femmine, e soprattutto si ha la sensazione che il modello rurale contadino che si impose con successo, per ragioni storiche, in Italia sin dal VI-VII secolo avesse come patrimonio

comune l'idea che fosse vantaggioso avere pochi figli. La contraccezione, ottenuta con metodi naturali o indotta, doveva essere diffusa in modo sensibile. Nonostante le condizioni fisiche spesso buone delle popolazioni italiane, sia nel nord che nel sud (con le dovute eccezioni) il livello di morbilità risulta elevato: la ristrettezza numerica degli abitati rurali e il ridotto scambio genetico (anche per il basso tasso di natalità, intorno al 28 per 1000) portava progressivamente ad impoverire il patrimonio genetico di questi isolati gruppi umani ed a renderli vulnerabili a patologie infettive altrimenti di scarso impatto. Tutto il mondo rurale (la dieta, la produzione agricola) sembra costruito intorno ad un modello di scarso impatto demografico; in questo l'Italia – per ragioni legate alla diversa fuoriuscita dalla crisi di V-VI secolo - appare per certi versi omogenea ma allo stesso tempo diversa da altre aree quali la Francia. Carestie ed epidemie non sembrano essere patrimonio comune delle popolazioni altomedievali e medievali italiane, quanto invece delle popolazioni bassomedievali; in età bassomedievale si capovolse infatti il rapporto proficuo ma statico tra mondo rurale e agglomerati urbani che s'era instaurato dalla fine dell'età romana, e che aveva avuto il suo massimo successo con il fenomeno della ruralizzazione, che era stato il segno fisico della conquista da parte della campagna degli spazi urbani. Dal XIII secolo si tornerà ad un modello sociale e rurale centrato sulla città e su nuovi ceti emergenti in grado di governare i processi agrari. Tornerà, anche per ragioni economiche, un modello ad alta natalità e ad alta mortalità infantile che, grazie alla sua maggiore vivacità demografica, sarà in grado di sostenere il forte aumento della popolazione italiana fino alla prima metà del XIV secolo. La Peste Nera ed il successivo spopolamento dell'Italia e dell'Europa farà sì che lo stimolo demografico riprenda ancora più forte, cancellando per sempre – anche dalle ricostruzioni degli storici – il ricordo del ritmo demografico altomedievale, in cui il rapporto tra presenza umana e risorse naturali era cercato e disperatamente perseguito per la sopravvivenza di ogni singola comunità.

Le indicazioni demografiche che derivano dalla discussione dei dati archeologici appaiono molto coerenti con alcuni caratteri della vita medievale – desunti dalle fonti documentali – che invece apparivano in contrasto con le ipotesi consolidate sulla condizione di vita della popolazione di quei secoli. Anche alcune fonti scritte fanno immaginare, almeno per l'età altomedievale, il raggiungimento di discreti livelli alimentari, il ritardo nell'età di matrimonio, la diffusione di famiglie con pochi figli. L'estensione ed il successo del fenomeno della ruralizzazione – proprio dal punto di vista demografico – spiegherebbe inoltre come mai, particolarmente in Italia, le città antiche abbiano potuto subire un così drastico ridimensionamento senza che siano mai scomparse. Ma il dato forse più sorprendente è quella della mortalità infantile: in Italia altomedievale l'indice di mortalità entro il 1° anno di vita potrebbe essere stato vicino a quello che la penisola raggiungerà – in tutt'altro contesto demografico – solo con l'inizio del secolo XX (160 per 1000 circa). Per chiarire la specificità e la necessaria valutazione critica delle differenze nei diversi sistemi demografici va però tenuto conto del fatto che la speranza di vita alla nascita – nonostante il dato affine della mortalità infantile – era di più di 33 anni all'inizio del secolo XX, mentre non superava i 26 anni nei secoli tra VI e XI. Questo mostra ancora una volta come l'alto e pieno medioevo italiano abbia avuto delle precipue specificità demografiche, molto probabilmente riflesso di altrettanto nette specificità culturali.

FONTI

Beda. *Historia Ecclesiastica Gentis Anglorum.* C. Plummer, ed. Oxford 1896
Cartulaire de Saint-Victor de Mairseilles. B. Guérard ed. Paris 1857
Giovanni di Paolo Morelli. *Ricordi.* V. Branca ed. Firenze 1956
Gregorii Magni Dialogi, U. Moricca ed. Roma 1924
Gregorii Turonensis opera. In: M.G.H., Script. rer. merov., I. W. Arndt, B. Krusch eds. Hannover 1885
Il Regesto di Farfa compilato da Gregorio da Catino. I. Giorgi, U. Balzani eds. Roma 1879-1888
Ivo di Chartres, *Decretum.* In: Patrologia Latina, CLXI. J.-P- Migne ed. Paris 1855
Liber Legum Novellarum Divi Maioriani Augusti, VI. In: Codex Theodosianus, T. Mommsen, P. Meyer eds., Berlino 1905
Liber legum novellarum Divi Severi Augusti, I. In: Codex Theodosianus, T. Mommsen, P. Meyer eds. Berlino 1905
Placentini Summa Codicis. F. Calasso ed. Torino 1962
Poliptych de l'abbaye de Saint-Germain-des-Prés. A. Longnon ed. Paris 1886-1895
Roberto di Flamborough. *Liber Poenitentialis.* J.-J. Firth, ed. Toronto 1971: Pontifical Institute of Medieval Studies and Texts, 18

BIBLIOGRAFIA

ABEL, I., 1976. *Congiuntura agraria e crisi agrarie,* ed. it. Torino: Einaudi
ABOIRE, G., 1988. Le restes anthropologiques. *In:* R. GUADAGNIN, ed. *Un Village au temps de Charlemagne. Moines et paysans de l'Abbaye de Saint-Denis du VII siecle à l'An Mil.* Paris: R.M.N., 180-183
ACSADI, G., NEMESKERI, J., 1970. *History of human life span and mortality.* Budapest: Akadémiai Kiadò
AIT, I., 1981. Il commercio delle derrate alimentari nella Roma del '400. *Archeologia Medievale,* VIII, 155-172
ALBINI, G., 1984. La mortalità in un grande centro urbano nel '400: il caso di Milano. *In:* R. COMBA, G. PICCINNI, G. PINTO eds. *Strutture familiari, epidemie, migrazioni nell'Italia medievale.* Napoli: Edizioni Scientifiche, 117-134

ALDUC-LE BAGOUSSE, A., 1984. Nouvelles donnés sul paléoanthropologie des populations Normandes. *Bullettins et mémoires de la Société d'anthropologie de Paris,* 1, sèr. XIV, 25-36
ARDEN MILLER, C., 1985. Infant mortality in the U.S. *Scientific American,* 253, 31-37
ARIES, P., 1978. *Storia della morte in occidente dal Medioevo ai giorni nostri.* Ed. it. Milano: Rizzoli
ASHBY, H. T., 1915. *Infant mortality.* Cambridge: Cambridge University Press
BAGNALL, R., FRIER, B., 1994. *The Demography of Roman Egypt.* Cambridge: Cambridge University Press
BAR-ILAN, M., 1990. Infant Mortality in the Land of Israel in Late Antiquity. *In:* S. FISHBANE, J. N. LIGHTSTONE, eds. *Essays in the Social Scientific Study of Judaism and Jewish Society.* Montreal: Concordia University, 3-25
BARKER, G., 1973. The economy of medieval Tuscania: the archaelogical evidence. *Papers of the British School at Rome,* XXXI, 155-177
BARKER, G., WHEELER, A., Informazioni sull'economia medievale e postmedievale di Pavia: le ossa dello scavo. *Archeologia Medievale,* V, 249-266
BARNISH, S.J.B., 1987, Pigs, plebeians and potentes: Rome's economic hinterland, c. 350-600 AD. *Papers of the British School at Rome,* LV, 157-185
BARTOLI, F., 1992. Indagini paleonutrizionali sul campione di età Arabo-normanna e sveva della necropoli di Caliata presso Montevago (AG). *In: Atti del Convegno Nazionale: dagli scavi di Montevago alla Rocca d'Entella, un contributo alla storia dei musulmani della Valle del Belice dal X al XIII secolo,* Montevago ottobre 1990. Agrigento: Comune di Montevago, 257-264
BECKER, M. J., 1998. The medieval people of "Satricum", Borgo Le Ferriere (Lazio), Italy: biological evidence for cultural continuities. *Archeologia Medievale,* XXV, 369-373
BEDINI, E., 1988. I resti scheletrici altomedievali di Villanova di Farra (Gorizia). *Archivio per l'Antropologia e l'Etnologia,* CXVIII, 171-191
BEDINI, E., 1990. I reperti faunistici della Rocca d'Asolo (campagna di scavo 1987). Nota preliminare. *Archeologia Medievale,* XVII, 331-346
BELLETTINI, A., 1973. La popolazione italiana dall'inizio dell'era volgare ai giorni nostri. Valutazioni e tendenze. *In: Storia d'Italia, I documenti,* 5. Torino: Einaudi, 489-536

BELOCH, K. J., 1908. La popolazione dell'Europa nell'Antichità, nel Medio Evo e nel Rinascimento. In: *Biblioteca dell'Economista*. Torino: UTET

BENDER, D.E., DUSCH, E., MCCANN, M.F., 1998. From efficacy to effectiveness: selecting indicators for a community based lactational amenorrehoea method promotion programme. *Journal of Biosocial Science*, 30, 193-225

BENNETT, K., 1954. *The World's Food*. New York: Harper & Brothers

BENVENUTI, A., 1991. Bambine sante nell'Italia dei secoli XIII e XIV; quando la santità non è una scelta. *In*: A. BENVENUTI, E. GIANNARELLI, eds. *Bambini Santi. Rappresentazioni dell'infanzia e modelli agiografici*. Torino: Rosenberg & Sellier, 85-98

BOCQUET, J.P., MASSET, C., 1977. Estimateurs en paléodémographie. *L'Homme*, 17, 65-90

BORGOGNINI TARLI, S. M., GIUSTI, P., 1986. Le necropoli altomedievali di Matera. *In: Matera, piazza S. Francesco d'Assisi: origine ed evoluzione di uno spazio urbano*. Matera, 147-208

BORST, A., 1990. *Forme di vita nel medioevo*. Ed it. Napoli: Guida

BOSWELL, J., 1991. *L'abbandono dei bambini in Europa occidentale*. Ed. it.. Milano: Rizzoli

BOUCQUET, J. P., MASSET, C., 1982. Farewell to Paleodemography. *Journal of Human Evolution*, 11, 321-333

BRASILI GUALANDI, P., CALANCHI, E., 1989. The Early middle ages necropolis of Collecchio (Parma). Human remains. *International Journal of Anthropology*, 4, 195-208

BRAUDEL, F., 1982. *Civiltà materiale, economia, capitalismo. Le strutture del quotidiano*. Ed. it. Torino: Einaudi

BROTHWELL, D. R., 1971. Palaedemography. *In:* W. BRASS, ed. *Biological Aspects of Demography, Social Study in Human Biology*. London: Taylor and Francis, 111-130

BROTHWELL, D. R., 1981. *Digging Up Bones. The Excavation, Treatment and Study of Human Skeletal Remains*. Oxford: Oxford University Press

BRUCATO, HISTOIRE ET ARCHEOLOGIE D'UN HABITAT MEDIEVAL EN SICILE, 1984. J.-M-. Pesez, ed. Roma: Collection de l'Ecole Francaise, LXXVIII

BUCHET, L., 1978. La nécropole gallo-romaine et mérovingienne de Frénouville (Calvados), étude anthropologique. *Archéologie Médiévale*, VIII, 5-53

BULLOUGH V., CAMPBELL, C., 1980. Female Longevity and Diet in the Middle Ages. *Speculum*, 55, 317-325

BUONOCORE, V., SILANO, V., 1993. Fattori antinutrizionali nei cereali. *Le Scienze: Quaderni (Alimentazione e Salute)*, 72, 87-94

CAPASSO, L., 1985. *L'origine delle malattie*. Chieti: Marino Solfanelli Editore

CATALANO, P., BAGGIERI, G., BONDIOLI, L., CAPASSO, L., MACCHIARELLI, R., PACCIANI, E., RUBINI, M., 1997. Nutritional patterns, health status and mortality in the anthropological and paleopathological research activity of the Italian Ministero per i Beni Culturali e Ambientali. *In: Origins of Food Typologies in the Mediterranean Area. The Road of Food Habits in the Mediterranean Area*, 7 giugno 1997. (abstract) Napoli.

CAVALLI-SFORZA, L., 1996. *Geni, popoli e lingue*. Milano: Adelphi

CIPRIANO-BECHTLE, A., GRUPE, G., SCHROETER, P., 1996. Ageing and life expectancy in the early Middle Ages. *Homo*, 46 (3), 267-279

CLARK, G., 1984. Il Castello di Ponte Nepesino. La fauna. *Archeologia Medievale*, XI, 127-147

CONHEENEY, J., 1990. The human bone from the excavation at the Mola di Monte Gelato, Southern Etruria: a preliminary report. *Archeologia Medievale*, XVII, 477-481

COPPA, A., 1990. Lo studio della dieta e degli stress nutrizionali nelle antiche popolazioni. In: *Atti III convegno Ecologia e Alimentazione*, Firenze giugno 1989. Firenze: Società Italiana Ecologia Umana, 159-188

COPPA, A., CUCINA, A., LUCCI, L., VARGIU, R., 1993. Aspetti nutrizionali e di stress nella popolazione di S. Lorenzo in Damaso nella seconda metà del '400, in base all'esame dei resti antropologici. In: *La popolazione di Roma dal medioevo all'età contemporanea: fonti, problemi di ricerca, risultati*, Roma 22 aprile 1993.

CORRAIN, C., CAPITANIO, M., 1988. I resti scheletrici umani della necropoli tardo-romana e alto-medievale di Mont Blanc (Aosta). *Quaderni di Scienze Antropologiche*, 14, 79-235

CRYPTA BALBI, 1990. L'esedra della Crypta Balbi nel medio evo (XI-XV secolo). *In:* L. SAGUI', L. PAROLI, eds. *Archeologia urbana a Roma: il progetto della Crypta Balbi*, 5. Firenze: All'Insegna del Giglio

DANUBIO, M. E., DI MARCELLO, S., GRUPPIONI, G., PETTENER, D., 1995. Analisi biodemografica di comunità isolate della Val Roveto (AQ) negli ultimi due secoli. *Rivista di Antropologia*, LXXIII, 291-304

DE ROBERTIS, F. M., 1972. *La produzione agricola in Italia dalla crisi del III secolo all'età dei Carolingi.* Roma: L'Erma di Bretschneider

DEDET, B., 2001. *Tombes et pratiques funéraires protohistoriques des Grands Causses du Gévaudan.* Paris: Editions de la Maison des sciences de l'Homme

DEL PANTA, L., 1980. *Le epidemie nella storia demografica italiana.* Torino: Einaudi

DEL PANTA, L., LIVI BACCI, M., PINTO, G., SONNINO, E., 1996. *La popolazione italiana dal Medioevo a oggi.* Bari-Roma: Laterza

DEVROEY, J. P., 1981. Les méthodes d'analyse démographique des polyptyques du Haut Moyen Age. *In:* M. A. ARNOULD, ed. *Histoire et Méthode.* Brussels: Acta Historica Bruxellensia, 4, 71-78

DI SALVO, R., GERMANA', F., 1992. I Musulmani di Castello S. Pietro (Pa), antropologia e paleopatologia. *In: Atti del Convegno Nazionale, dagli scavi di Montevago alla Rocca d'Entella: un contributo alla storia dei musulmani della Valle del Belice dal X al XIII secolo,* Montevago, ottobre 1990. Agrigento: Comune di Montevago, 265-278

DORO GARETTO, T., 1991. L'insediamento romano e altomedievale di S. Michele a Trino (Vercelli). Indagini antropologiche. *Archeologia Medievale,* XVIII, 424-428

DORO GARETTO, T., DARDANO, G., 1983. La necropoli altomedievale del Villaro del Ticineto (AL). Notizie sulle indagini antropologiche. *Quaderni della Sovrintendenza Archeologica del Piemonte,* 2, 107-112

DUBY, G., 1966. Le probleme des techniques agricoles. In: *Settimana di Studio del Centro italiano di studi sull'Alto Medioevo, XIII. Agricoltura e Mondo Rurale in Occidente nell'Alto Medioevo,* Spoleto aprile 1965. Spoleto: Cisam, 267-293

DUBY, G., 1972. *L'Economia rurale nell'Europa Medievale.* Ed. it. Roma-Bari: Laterza

FABBRI, P., 1992. Resti umani nelle necropoli musulmane di Entella (Pa) e di Caliata (Ag): osservazioni antropologiche. *In: Atti del Convegno Nazionale, dagli scavi di Montevago alla Rocca d'Entella: un contributo alla storia dei musulmani della Valle del Belice dal X al XIII secolo,* Montevago ottobre 1990. Agrigento: Comune di Montevago, 249-256

FANTUZZI, V., 1801. *Monumenti ravennati dei secoli di mezzo.* Venezia: F. Andreola

FARWELL D. E., MALLESON T. I. 1993. *Excavations at Poundbury, The Cemeteries. 2.* Dorset: Dorset Nat. Hist. and Arch. Soc. Monogr.

FELLER, L., 1994. La population abruzzaise durant le haut Moyen Age: les conditions de possibilité d'une croissance démographique (VIIIe-IXe siècles). *In:* R. COMBA, I. NASO, eds. *Demografia e Società nell'Italia Medievale, secoli IX-XIV.* Cuneo: SIDES, 327-350

FERRO, A. M., 1991. L'insediamento romano e altomedievale di San Michele a Trino (Vercelli). La fauna. *Archeologia Medievale,* XVIII, 412-415

FIORE CAVALIERE, M. G., 1992. La necropoli altomedievale di Casale Madonna del Piano (Castro dei Volsci). Notizie preliminari. *Archeologia Medievale,* XIX, 507-522

FORNACIARI, G., 1980. Considerazioni antropologiche e paleopatologiche sugli inumati del "chiostro piccolo" di Santa Maria all'Impruneta (Firenze, metà-2a metà sec. XV). *Quaderni di Scienze Antropologiche,* 4, 78-93

FORNACIARI, G., BROGI, M. G., BALDUCCI, E., 1984. Patologia dentaria degli inumati di Pontecagnano (Salerno) VII-IV a.C. *Archivio per l'Antropologia e l'Etnologia,* CXIV, 95-120

FORNACIARI, G., MALLEGNI F., 1987. Indagini paleonutrizionali su campioni di popolazioni di età imperiale romana. *In: L'alimentazione nel mondo antico. I romani, l'età imperiale.* Roma: Istituto Poligrafico e Zecca dello Stato, 63-68

FORNACIARI, G., MALLEGNI, F., 1986. Su un gruppo di inumati della necropoli di Cornus. Aspetti antropologici, paleopatologici e paleonutrizionali. In: *Atti del convegno di Cuglieri: l'archeologia romana e altomedievale nell'Oristanese,* 22-23 giugno 1984. Taranto, 213-229

FORNACIARI, G., TREVISANI, E., CECCANTI, B., 1984. Indagini paleonutrizionali e determinazione del piombo osseo mediante spettroscopia ad assorbimento atomico sui resti scheletrici di epoca tardoromana (IV sec. dC) della "Villa dei Gordiani" (Roma). *Archivio per l'Antropologia e l'Etnologia,* CXIV, 149-176

FRIER, B., 1992. Recensione a Tim G. Parkin, Demography and Roman Society. *Bryn Mawr Classical Review* (on line). 03.05.13. Available from:
http://ccat.sas.upenn.edu/bmcr/1992/03.05.13.html (10.12.2000)

FUMAGALLI, V., 1976. *Terra e Società nell'Italia Padana. I secoli IX e X.* Torino: Einaudi

GALLIEN, V., 1994. La femme: témoin de l'évolution du cimetière de la basilique, à Saint-Denis. *In:* L. BUCHET, ed. *La femme pendant le moyen age et l'époque moderne.* Paris: Eds. du CNRS, 69-86

GARNSEY, P., 1995. La cura dei bambini nell'Italia antica. *In*: D. I. KERTZER, R. P. SALLER, eds. *La famiglia in Italia dall'antichità al XX secolo*. Firenze: Le Lettere, 59-78

GEUSA, G., BONDIOLI, L., CAPUCCI, E., CIPRIANO, A., GRUPE, G., SAVORE', C., MACCHIARELLI, R.. 1999. *Osteodental biology of the people of Portus Romae (Necropolis of Isola Sacra, 2nd – 3nd Cent. AD). II. Dental cementum annulations and age at death estimates* (CD ROM). Roma: Soprintendenza speciale al museo nazionale preistorico etnografico Luigi Pigorini, sezione di antropologia

GINATEMPO, M., SANDRI, L., 1990. *L'Italia delle città: il popolamento urbano tra Medioevo e Rinascimento (secoli XIII-XVI)*. Firenze: Le Lettere

GIOVANNINI, F., 1997. L'importanza del bovino nell'Europa occidentale medievale: allevamento, forza-lavoro, contributo alimentare. *In*: G. DE BOE, F. VERHAEGHE, eds. *Environment and Subsistence in Medieval Europe. Papers of the Medieval Europe Brugge 1997 Conference*, 9, Bruges 1-4 ottobre 1997. Zellik: I.A.P., 31-43

GIOVANNINI, F., 1998a. Funzioni delle forme ceramiche e modelli alimentari medievali. *In*: E. DE MINICIS, ed. *Atti del III convegno su: Le Ceramiche di età medievale e moderna a Roma e nel Lazio*, III, Roma 12-13 aprile 1996. Roma: Edizioni Kappa, 15-22

GIOVANNINI, F., 1998b. L'impatto del modello germanico di organizzazione rurale e di alimentazione sulle popolazioni italiche e galloromane a seguito delle invasioni di V-VI secolo. In: *Atti del XIII Congresso Unione Internazionale Scienze Preistoriche e Protostoriche*, 5, Forlì 8-14 settembre 1996. Forlì: Abaco, 29-33

GIOVANNINI, F., in stampa. Studio di resti scheletrici umani di età tardoantica provenienti dall'Alto Adige: malattie, alimentazione, aspetti demografici ed etnici. *In*: L. DAL RI', S. DI STEFANO, eds. *L'Archeologia romana in Alto Adige. Studi e contributi*. Bolzano

GRECO C., MAMMINA G., DI SALVO, R., 1991. Necropoli tardoromana in contrada S. Agata (Piana degli Albanesi). In: *Di Terra in terra, nuove scoperte archeologiche nella provincia di Palermo*, Palermo 18 aprile 1991. Palermo, 161-184

HAJNAL, J., 1965. European Marriage Patterns in Perspective. In: V. GLASS, D. EVERSLEY, eds. *Population in History: Essays in Historical Demography*. London: Edward Arnold, 101-143

HANNI, C., 1994. Utilisation de l'ADN ancien en Anthropologie. *Bullettins et Mémoires de la Societé d'Anthropologie de Paris*, n. s., 6 (1-2), 5-28

HANSEN M. H., 1989. Demography and Democracy; a reply to Eberhard Ruschenbusch. *Ancient History Bullettin*, 3.2, 40-44

HERLIHY D., 1987. *La famiglia nel medioevo*. Ed. it. Roma-Bari: Laterza

HERLIHY D., KLAPISCH-ZUBER C., 1978. *Les Toscans et leur familles. Une étude du catasto florentin de 1427*. Paris: Fondation Nationale des Sciences Politiques. Ehess

HILLSON, S., 1986. *Teeth*. Cambridge: Cambridge University Press

HODGES, R., BARKER, G., WADE, K., 1980. Excavations at D85 (santa Maria in Città): an early medieval hilltop settlement in Molise. *Papers of the British School at Rome*, XXXV, 70-124

HOLLIGSWORTH, M. F., HOLLIGSWORTH, T. H., 1971. Plague mortality rates by age and sex in the Parish of St. Botolph's without Bishopgate, London, 1603. *Population Studies*, 25, 131-146

HOPKINS, K., 1983. *Death and Renewal. Sociological studies in Roman History*. Cambridge: Cambridge University Press

HUGGETT, J. W., 1992. *A Computer Based Analysis of Early Anglo-Saxon Inhumation Burials* (on line). North Staffordshire Polytechnic. Available from: http://www.gla.ac.uk/archaeology/staff/jwh/summary.html (10.12.2000)

IVINEC, J. H., 1988. L'élevage et la chasse. *In*: R. GUADAGNIN, ed. *Un Village au temps de Charlemagne. Moines et paysans de l'Abbaye de Saint-Denis du VII siecle à l'An Mil*. Paris: R.M.N., 227-234

JONES, P., 1974. La storia economica dalla caduta dell'impero romano al secolo XIV. *In: Storia d'Italia, dalla caduta dell'impero romano al secolo XVIII*. Torino: Einaudi, II, 1469-1812

KEMKES-GROTTENTHALER, A., 1996. Critical evaluation of osteomorphognostic methods to estimate adult age at death: a test of the "complex method". *Homo*, 46/3, 280-292

KISZELY, I., 1969. Esame antropologico degli scheletri longobardi di Brescia. *Natura Bresciana*, VI, 125-153

KISZELY, I., 1971. Esame antropologico dei resti scheletrici della necropoli longobarda di Castel Trosino. *Atti e memorie dell'Accademia Toscana di Scienze e Lettere "La Colombaria"*, 36, 131-161

KISZELY, I., 1979. *The Antropology of the Lombards*. Oxford: British Archaelogical Reports, International Series 61

KISZELY, I., SCAGLIONI, A., 1969. Note antropologiche sul sepolcreto longobardo di Testona (To). *Atti e memorie dell'Accademia Toscana di Scienze e Lettere "La Colombaria"*, 34, 247-277

KLAPISCH, C., 1981. Declino demografico e struttura della famiglia: l'esempio di Prato (fine XIV sec. - fine XV sec.). *In*: G. DUBY, J. LE GOFF, eds. *Famiglia e parentela nell'Italia medievale*. Bologna: Il Mulino, 169-183

KRIEDTE, P., 1983. *Peasants, landlords and merchant capitalists*. London: Berg Publisher Ltd.

KRUGER, F., 1986. *Die Germanen*, Berlin

KURZAWSKI, V., BLONDIAUX, J., MARQUET, N., 1982. Etudes en cours sur les populations anciennes du nord de la France, du neolithique a l'époque médiévale. *Bulletins et Mémoires de la Société d'Anthropologie de Paris*, 9, XIII, 51-55

LE MATERIEL ANTHROPOLOGIQUE provenant des édifices religieux, 1986. *In*: L. BUCHET, ed. *Actes des deuxièmes journées anthropologiques de Valbonne, 6-8 juin 1983*. Paris: Centre de recherches archéologiques

LE ROY LADURIE, E., 1977. *Storia di un paese: Montaillou. Un villaggio occitanico durante l'Inquisizione (1294-1324)*. Ed it. Milano: Rizzoli

LIVI BACCI, M., 1987a. *Popolazione e Alimentazione*. Bologna: Il Mulino

LIVI BACCI, M., 1987b. Il legame nutrizione-mortalità nel passato: un commento. *In*: R. I. ROTBERG, T. RABB, eds. *La Fame nella Storia*. Roma: Editori Riuniti, 105-110

LIVI BACCI, M., 1998. *La popolazione nella storia d'Europa*, Roma-Bari: Laterza

MAC DONNELL, D., 1913. On the expectation of life in Ancient Rome and the province of Hispania and Lusitania. *Biometrika*, 9, 366-380

MACCHIARELLI, R., PASSARELLO, P., 1988. Analisi paleodemografica comparativa della popolazione di Shahr-i Sokhta (Sistan, Iran, III millennio a.C.). *Rivista di Antropologia*, LXVI, 5-36

MALLEGNI, F., PAGLIALUNGA, L., RONCO, D., VITIELLO, A., 1994. Su una sepoltura collettiva di bambini di epoca tardo medievale rinvenuta durante lo scavo archeologico di Piazza Dante a Pisa. *Rivista di Antropologia*, LXXII, 119-134

MALTHUS, T. R., 1996 (ed. or. 1798). *An Essay on the Principle of Population*. London: Routledge

MANZI, G., SALVADEI, L., SPERDUTI, A., SANTANDREA, E., PASSARELLO, P., 1995. I longobardi di La Selvicciola (Ischia di Castro, Viterbo). 1. Aspetti generali e note paleodemografiche. *Rivista di Antropologia*, LXXIII, 255-264

MARTIN, R., SALLER, K., 1959. *Lehrbuch der Anthropologie*. Stuttgart: Fischer

MASSET, C., 1986. Estimateurs paléodémographiques. *In:* D. FEREMBACH, C. SUSANNE, M. C. CHAMLA, eds. *L'Homme, son évolution, sa diversité*, Paris: CNRS, 65-69

MAZZUCATO, O., 1977. *La ceramica laziale nell'altomedioevo*. Roma: CNR

MAZZUCATO, O., 1998. Forme ed usi della ceramica grezza a Roma nel medioevo. In: E. DE MINICIS, ed. *Atti del III convegno su: Le Ceramiche di età medievale e moderna a Roma e nel Lazio*, III, Roma 12-13 aprile 1996. Roma: Edizioni Kappa, 7-14

MENEGHELLO, L., 1989. Perizia antropologica su numerosi resti scheletrici di neonati rinvenuti nelle località di S. Zeno e Mezzocorona (Trento) e databili al IV-V sec. d.C. *Quaderni di Scienze Antropologiche*, 15, 21-24

MICHELETTO, E., 1984. Indagine archeologica nel Priorato di S. Pietro di Cavallermaggiore (CN). *Quaderni della Soprintendenza Archeologica del Piemonte*, 3, 67-76

MONTANARI, M., 1979. *L'alimentazione contadina nell'alto medioevo*. Napoli: Liguori

NAVARI PADRONI, E., MALLEGNI, F., MENICAGLI, E., FORNACIARI, G., CECCANTI, B., 1982. Necropoli di età romana in regione S. Cassiano di Alba. P. I. Studio antropologico e paleopatologico dei resti scheletrici umani; P. II. Ricerca degli elementi mediante spettroscopia ad assorbimento atomico. *Quaderni della Soprintendenza Archeologica del Piemonte*, 1, 51-69 e 70-88

NEGRO PONZI MANCINI, M. M., 1983. La Necropoli altomedievale del Villaro del Ticineto (AL). *Quaderni della Soprintendenza Archeologica del Piemonte*, 2, 79-106

NENCIONI, L., 1998. Life conditions in the early middle ages: survey and analysis of skeletal indicators of stress in two populations from northern Italy.) In: *Atti del XIII Congresso Unione Internazionale Scienze Preistoriche e Protostoriche*, 5, Forlì 8-14 settembre 1996. Forlì: Abaco, 71-76

OPITZ, C., 1994. La vita quotidiana delle donne nel tardo medioevo (1250-1500). *In*: G. DUBY, M. PERROT, eds. *Storia delle donne in occidente. Il Medioevo*. Roma-Bari: Laterza, 330-401

PANI ERMINI, L., 1986. Introduzione. *In: Atti del Convegno di Cuglieri. L'archeologia romana e* altomedievale nell'oristanese, Cuglieri, 22-23 giugno 1984. Taranto, 69-74

PARKIN, T. G., 1992. *Demography and Roman Society*. Baltimore and London: The Johns Hopkins University Press

PEARSON, K., 1901-1902. On the change in expectation of life in man during a period of circa 2000 years. *Biometrika*, 1, 261-264

PILET, C., 1992. Le village de Sannerville, "Lirose", fin de la période gauloise au VIIe siécle. *Archéologie Médiévale*, XXII, 1-190

PILET, C., ALDUC-LE BAGOUSSE, A., BLONDIAUX, J., BUCHET, L., GRÉVIN, G., PILET-LEMIÈRE J., 1990. La nècropoles de Giberville (Calvados) fin du Ve siècle-fin du VIIe siécle. *Archéologie Médiévale*, XX, 3-140

PILET, C., ALDUC-LE BAGOUSSE, A., BUCHET, L., HELLUIN, M., KAZANSKI, M., LAMBART, J.-C., MARTIN, G., PILET-LEMIERE, J., VIPARD, P., 1994. *La Nécropole de Saint-Martin-de-Fontenay (Calvados). Recherches sur le peuplement de la plaine de Caen du Ve s. avant J.-C. au VIIe s. après J.-C.* Suppl. à Gallia, 54, Paris: CNRS Éditions

POUYE, B., ALLOUIS, M.-F., BONIFAY, M., BOUVILLE, C., CALVET, A., LOPEZ, A., LOPEZ, C., 1994. Une nécropole de l'antiquité tardive à Cadarache (Saint-Paul-Lès-Durance, Bouches-du-Rhone). *Archéologie Médiévale*, XXIV, 51-136

RECUPERO dei materiali scheletrici umani in archeologia, 1994. F. MALLEGNI, M. RUBINI eds. Roma: Cisu

REUER, E., FABRIZII-REUER S., 1988. The Pella burial ground: a preliminary report. *Rivista di Antropologia*, LXVI, 261-266

RICCI, M., 1998. Appunti per una storia della produzione e del consumo della ceramica da cucina a Roma nel Medioevo. *In*: E. DE MINICIS, ed. *Atti del III convegno su: Le Ceramiche di età medievale e moderna a Roma e nel Lazio*, III, Roma 12-13 aprile 1996. Roma: Edizioni Kappa, 34-42

RIEDEL, A., 1994. Archaezoological investigations in north-eastern Italy: the exploitation of animals since the neolitic. *Preistoria Alpina*, 30, 43-94

RING, R., 1979. Early Medieval Peasants Households in Central Italy. *Journal of Family History* 4.1, 2-25

RONCO, D., 1990. Studio antropologico del materiale scheletrico di epoca medievale (X-XIII sec.) da S. Pietro di Cavallermaggiore (Cuneo, Piemonte). *Rivista di Antropologia*, LXVIII, 241-252

ROTBERG, R.I., RABB, T.K. 1987. *La Fame nella storia*. ed. it., Roma: Editori Riuniti

ROUCHE, M., 1988. L'alto medioevo occidentale. *In*: P. ARIES, G. DUBY, eds. *La vita privata dall'Impero romano all'anno mille*. Bari-Roma: Laterza, 311-419

RUBINI, M., 1991. *La necropoli di Castro dei Volsci: problematiche ed aspetti di antropologia fisica*. Roma: Sovrintendenza Archeologica del Lazio

RUSSELL, J. C., 1958. *Late ancient and medieval population*. Transactions of the American Philosophical Society, n.s. 48, part 3. Philadelphia: American Philosophical Society

SALLER, R. P., SHAW, B. D, 1984. Tombstones and Roman Family Relations in the Principate. Civilians, Soldiers and Slaves. *Journal of Roman Studies*, 74, 124-156

SALMON, P., 1974. *Population et Dépopulation dans l'Empire romain*. Bruxelles: Collection Latomus, -137

SALVADEI, L., SANTANDREA, E., MANZI, G., PASSARELLO, P., 1995. I longobardi di La Selvicciola (Ischia di Castro, Viterbo). III. Morfologia e morfometria dentaria. *Rivista di Antropologia*, LXXIII, 281-290

SANDRI, L., 1991. Baliatico mercenario e abbandono dei bambini alle istituzioni assistenziali: un medesimo disagio sociale ?. *In*: M. G. MUZZARELLI, P. GALETTI, B. ANDREOLLI, eds. *Donne e lavoro nell'Italia medievale*. Torino: Rosenberg & Sellier, 93-104

SCHOFIELD, R., 1987. L'impatto della penuria e dell'abbondanza sul cambiamento demografico in Inghilterra (1541-1871). *In*: R. I. ROTBERG, T. K. RABB, eds. *La Fame nella storia*. Ed. it. Roma: Editori Riuniti, 79-104

SGARLATA, M., 1991. *Ricerche di demografia storica: le iscrizioni tardoimperiali di Siracusa*. Città del Vaticano: Studi di Antichità Cristiana 45

SHAW, B., 1995. Il significato culturale della morte. Età e distinzione per sesso nella famiglia romana. *In*: D. I., KERTZER, R. P., SALLER, eds. *La famiglia in Italia dall'antichità al XX secolo*. Firenze: Le Lettere, 79-102

SHERRATT, A., 1981. Plough and pastoralism: aspects of the secondary products revolution. *In*: I. HODDER, ed. *Pattern of the past. Studies in honour of David Clarke*. Cambridge: Cambridge University Press, 261-306

SKINNER, M., 1997. Dental wear in immature late Pleistocene European Hominines. *Journal of Archaelogical Science*, 24, 677-700

SOREN, D., SOREN, N., 1999. *A Roman Villa and a Late-Roman Infant Cemetery: Excavation at Poggio Gramignano, Lugnano in Teverina (Bibliotheca Archaeologica 23)*. Rome: "L'Erma" di Bretschneider

SUSANNE, C., 1993. Croissance et Nutrition. *Homo*, 43/1-2, 69-83

TANNAHILL, R., 1985. *Storia dei costumi sessuali*. Ed it. Milano: Rizzoli

THOMASSET, C., 1994. La natura della donna. *In*: G. DUBY, M. PERROT, eds. *Storia delle donne in occidente. Il Medioevo*. Roma-Bari: Laterza, 56-87

TOZZI, C., 1981, L'alimentazione nella Maremma medievale. Due esempi di scavi. *Archeologia Medievale*, VIII, 299-303

TREXLER, R. C., 1973. The Foundlings of Florence, 1395-1455. *History of Childhood Quarterly: the Journal of Psycohistory*, 1, 259-284

UBELAKER, D. H., 1984. *Human Skeletal Remains. Excavations, Analysis, Interpretation.* Washington: Taraxacum

ULLRICH, H., 1975. Estimations of fertility by means of pregnancy and childbirth alterations at the pubis, the ilium and the sacrum. *Ossa*, 2, 23-39

UN VILLAGE au temps de Charlemagne. Moines et paysans de l'Abbaye de Saint-Denis du VII siecle à l'An Mil, 1988. R. GUADAGNIN, ed. Paris: R.M.N.

VILLARI, P., 1988. Resti faunistici da uno scarico medievale del castello di Fiumedinisi (Messina). *Archeologia Medievale*, XV, 609-642

WARD, R. H., WEISS, K. M. 1976. The demographic evolution of human populations. *Journal of Human Evolution*, 5, 1-23

WICKHAM C. 1983. *L'Italia nel primo medioevo: potere centrale e società locale (400-1000).* Ed. it. Milano: Jaca Book

WICKHAM, C., 1999. Early Medieval Archaelogy in Italy: The Last Twenty Years. *Archeologia Medievale*, XXVI, 7-20

WITTWER-BACKHOFEN, U., 1988. Stable or stationary populations in palaeo-demography ? The variability of demographic patterns in small groups, *Supplemento a Rivista di Antropologia*, LXVI, 175-184

WURM, H., 1989. Konstitution und Ernahrung IV: Koperhonen und Langenbreitenindices bei volkerwanderungszeitlich-fruhmittealterlichen nordischen und germanischen Stammesverbanden. *Homo*, III-IV, 40, 186-213

ZERNER-CHARDAVOINE M. 1981. Enfants et jeunes au IXe siècle, la démographie du polyptyque de Marseille, 813-814. *Provence Historique*, 31, 355-384

ENGLISH ABSTRACT

Birth-rate, Death-rate and Demography in Mediaeval Italy based on Archaelogical Data.

Hypotheses surrounding the demography of Mediaeval Italy have been, up till now, based on an image consolidated largely by the society of that time, that is, a world of premature marriage, high birth-rate, very high infant mortality and of very few cases of people actually surviving to old age.

Thus, we have been able to explain the stagnant demography that characterized Italy from 600 to 1000 A.D.

Rather than basing speculation on documented evidence (given the scarcity of such pertaining to this period), the aforementioned reconstruction leant heavily on the great urban crisis following the end of the Roman World: impoverishment in trades such as building, manufacture and culture.

Demographic stagnation and ruralisation of this society evokes images of lives of hardship, of famine, epidemics and wars which hit a population already struggling for its existence through reproduction (due to the level of infant mortality).

The lack of documented sources (and also contradictions in the few remaining examples) gives necessity to archaelogical findings.

Anthropological data in all its methodological limitations, is able to constitute a factor open to discussion and scientific in basis which has otherwise not been confronted. This research has ammassed paleodemographic data and, furthermore, that pertaining to Italian territory between the 6th and 14th century.

The statistic results were surprising. The death-rate for children between the ages of 0-5 years does not exceed 30 per cent. It is also plausible that at least 15-20 per cent of the population lived past the age of fifty years old.

Varied distribution in death among different age groups meant life-expectancy-at-birth

with the average age realistically set at 26.

The death-rate at childbirth is, without doubt, in need of appraisal. Circumstances for women are not proven to have been any worse for women than for men, though the sex ratio between the two groups brings to mind such phenomena as infant abandonment or infanticide of the first-born female.

The age for matrimony was decidedly later than is supposed - both for men and women. In fact, the average rural peasant of the 6th - 7th century had the strong opinion that it was certainly to his advantage to bear fewer children. Contraception, whether obtained through natural methods or otherwise, was remarkably widespread.

In spite of the good physical condition of the Italian population, both in the North and South the number of mortality was, however, high.

The low number of inhabitants in rural areas and, consequently, the reduced genetic exchange in coupling (though the birth-rate reached only 2.8 per cent) caused an impoverishment in the genetic make-up of this isolated group and rendered it vulnerable to patheological infections which would otherwise have had little impact.

All the rural world at this time was constructed around a model of low demographical impact. In this, Italy (for reasons linked to the political exites of the 5th - 6th centuries) appears substantially similar to - and at the same time diverse from - other areas such as France.

Famine and epidemics do not seem to be inherent in the population of the early Middle Ages and Mediaeval Italy as much as is present in the late Middle Ages.

The late Middle Ages saw a reversal of the profitable but static relationship between the rural world and the urban which was founded at the end of the Roman era having seen the peak of its success with the phenomenon of ruralisation being the concrete sign of the campaign for urban space.

The 13th century saw the return to a social and rural model which was centred toward the city and its new classes in a position to govern its farming process. There was also a return (due to economic factors) to a pattern of high birth-rate and high death-rate in childhood which, as a result of its ebullient demography, was in a strong position to sustain the strong growth of the Italian population up until the first half of the 14th century.

The Black Death and its consequential depopulation of Italy and Europe saw to it that the demographic incentive resumed with more force, erasing forever - and even blotting out the reconstructions of historians - the memory that the demographical pace of the late Middle Ages. A memory where the relationship between the human existence and Nature's resources was sought after and desparately pursued for the survival of every single community.

RESUME EN FRANCAIS

Natalité, mortalité et démographie dans l'Italie
médiévale sur la base des données archéologiques

Les hypothèses sur la démographie médiévale
ont été basées jusqu'à maintenant, sur une image
consolidée depuis des siècles de la société médiévale: mariages précoces, haute natalité, haute
mortalité infantile et d'accouchement, difficulté
(or plus souvent impossibilité absolue) d'atteindre l'âge avancé. D'autre part seulement à tra-
vers cette image catastrophique du monde mé-
diéval on a été en mesure d'expliquer la stagnation démographique qui a caractérisé l'Italie
du VIIᵉ siècle au XIᵉ. Cette interprétation a été
basée sur l'évidence de la grand crise urbaine
produite à cause de la fin du monde romain (ap-
pauvrissement des commerces, du bâtiment, de
la production, de la culture) plus que sur la lec-
ture des données documentaires, très peu nombreux pour cette période.
La stagnation démographique et la ruralisation
de la société ont fait penser à des conditions de
vie très difficiles, à des disettes, à des épidémies,
à des guerres, et par conséquence à un très haute
taux de mortalité.
Le manque de données documentaires, et aussi
les contradictions des peu nombreuses sources
qui nous sont restées, rendent nécessaire l'usage
des sources archéologiques. Les données antro-
phologiques, avec toutes leurs limites sur le plan
méthodologique, peuvent constituer un élément,
susceptible d'une certaine marge d'erreur, mais
capable de fournir des réponses scientifiques.
Cette recherche a recueilli les données paléodémographiques – et pas seulement – disponi-
bles actuellement pour le territoire italien entre
VIᵉ et XIVᵉ siècle. Les résultats statistiques ont
été surprenants: la mortalité entre 0 et 5 ans ne
dépasse pas les 30%; au moins les 15-20% de la
population atteint et dépasse les 50 ans; la distribution de la mortalité entre les diverses classes
d'âge imposait quand même un espoir de vie à la
naissance qui doit être placé avec réalisme autour des 26 ans. La mortalité à l'accouchement
doit être sans doute réduite; les femmes ne mon-
trent pas une condition pire par rapport aux
hommes, bien que la *sex ratio* entre les deux
groupes fasse penser à des phénomènes comme
l'abandon ou la suppression des premières-nées.
L'âge du mariage était nettement retardée tant
pour les mâles que pour les filles, et – surtout –
le modèle rural paysan qui s'imposa avec succès
en Italie à partir de VIᵉ-VIIᵉ siècle avait comme
patrimoine commun l'idée qu'il était avantageux
de faire peu d'enfants. La contraception, tant
celle pratiquée avec des méthodes naturelles,
que celle obtenue avec des artifices, était large-
ment diffusée. Malgré les bonnes conditions
physiques de la population italienne, tant dans le
nord que dans le sud (avec les inévitables exce-
ptions), le niveau de morbidité était élevé:
l'étroitesse numérique des agglomérations rura-
les et l'étroit échange génétique (aussi dû au bas
taux de natalité: 2,8 %) portaient à un appau-
vrissement du patrimoine génétique de ceux
groupes humains isolés et les rendaient vulnéra-
bles à pathologies infectieuses autrement de peu
d'effet. Le monde rural entier (la diète, la production agricole) était bâti autour d'un modèle
de peu nombreux impact demographique. Pour
cette raison, le train démographique en Italie –
pour raisons liées à la différente issue de la crise
des Vᵉ-VIᵉ siècle – apparaît fondamentalement
homogène et en même temps différente des au-
tres zones comme la France. Disettes et épidémies ne paraissaient pas être du patrimoine des
populations du haut moyen-âge et du moyen-âge
italien, mais plutôt des populations du bas
moyen-âge. Pendant le bas moyen-âge en effet
se renversa le rapport avantageux mais statique,
entre monde rural et agglomérations urbaines,
qui s'était instauré à la fin de l'âge romain.
Rapport qui avait eu son plus grand succès avec
le phénomène de la ruralisation, qui avait été le
signe matériel de la conquête des espaces ur-
bains par la campagne. A partir du XIIIᵉ siècle
on retournera à un modèle social et rural centré
sur les villes et sur les nouvelles classes émer-
geantes en mesure de gouverner les processus
agraires. On retournera, aussi pour des raisons
économiques, à un modèle capable de haute
natalité et de haute mortalité infantiles qui, grâce
à sa plus grande vivacité démographique, sera
capable de soutenir la forte augmentation de la
population italienne jusqu'à la première moitié
du XIVᵉ siècle. La Peste Noire et le dépeuple-
ment conséquent de l'Italie et de l'Europe créera
les conditions pour lesquelles l'impulsion démographique sera encore plus forte, en effaçant
pour toujours – aussi dans les reconstructions
des historiens – la mémoire du rythme démographique du haut moyen-âge, dans le cadre duquel
le rapport entre présence humaine et ressources
naturelles était systématiquement cherché et
désespérément poursuivi pour garantir la survie
de chaque communauté.